가치 기반 수용전념치료

가치를 효과적으로 다루는 심리치료 **ACT**

Jenna LeJeune · Jason B. Luoma 공저

ACT인지행동치료연구회

송승훈 · 한송이 · 류은영 · 김명지 · 김민정 · 진시영 공역

VALUES IN THERAPY

학지사

Values in Therapy:
A Clinician's Guide to Helping Clients Explore Values, Increase Psychological Flexibility, and Live a More Meaningful Life
by Jenna LeJeune PhD and Jason B. Luoma PhD

역자 서문

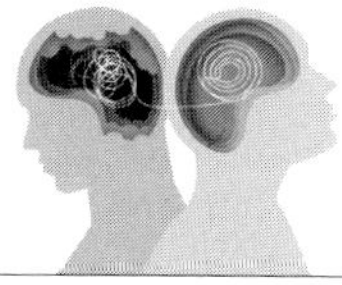

이 책은 심리치료에서 가치를 체계적으로 다루는 것에 관한 좋은 안내서입니다. 다양한 심리치료 이론이 있지만 수용전념치료(이하 ACT)에서는 가치를 체계적으로 중요하게 다룹니다. 구심점과 방향을 가치로 삼는다는 측면에서 가치-중심 치료, 가치-기반 치료라고 부를 수 있습니다. 언어에 매이는 우리는 가치라는 말에서 가치-평가를 연상하게 됩니다. 그러나 여기서 가치는 '중요한 것'을 말하며, 가치가 평가의 대상이 아니라 개인이 주관적으로 중요하게 생각하는 것을 명료화하기 위해 의미 부여하고 발견하고 선택하는 것을 말합니다. 생의 위기에서 이 가치는 나침반, 지표의 기능을 합니다. 내담자의 가치는 존중받아야 하며, 내담자의 삶을 치료자의 가치 방향으로 끌고 오지 않도록 주의하면서 개인의 가치대로 살도록 도와야 합니다. 그것이 가치에 가깝게 자유의지를 가지고 살맛 나게 살게 하는 효과적인 방법이라고 수용전념치료자들은 알고 있습니다.

모든 심리치료가 그렇듯이 ACT에서도 가치를 다루고 있지만 가치만을 체계적으로 공부하기에 제약이 많았습니다. 연구소 수련생들과 교육생들로부터 "ACT에서 가치가 중요한 것을 알고 동의하지만 실제로 상담 때 어떻게 대화하고 응용할지 모르겠습니다."라는 말을 자주 들어왔습니다. 저자도 그랬다고 합니다. 그래서 그 답변을 위해 이 책을 집필했다고 합니다. 이 책을 발견하고 수고와 고통을 덜어 준 두 저자들에게 감사했습니다. 저자 제나 르준Jenna LeJune은 성심으로 ACT의 트레이너로 활동하고 있으며, 체계적으로 교육한 경험을 책에 잘 녹여

냈습니다. 제이슨 루오마Jason B. Luoma는 ACT의 초기 교과서 격인 『ACT 배우기(Learning ACT: An Acceptance and Commitment Therapy Skills Training Manual for Therapists)』의 공저자입니다. ACT는 탁월하지만 적용하기 쉽지 않습니다. 또 치료 이론이 나오기 전에 엄청난 양의 누적된 연구 맥락이 있습니다. 그럼에도 저자들은 쉬지 않고 간명하게 임상가들에게 잘 전달하기 위해 연구와 노력을 게을리하지 않았습니다.

이 책은 이론의 기초를 시작으로 다양한 사례에서의 매우 신선한 대화나 기법으로 구성되어 있습니다. 제1부에서는 ACT와 가치 이론의 기초를 다루며, 작업을 효과적으로 안내하는 데 필요한 핵심을 담았습니다. 제2부에서는 가치 작업의 응용과 실제가 포함되어 있습니다. 이 책의 장점은 까다로운 가치에 대한 작업, 실습 방법을 체계적으로 쉽게 대화하듯 알려 주고 있다는 점입니다. 가치는 ACT의 독점적 주제는 아니지만 체계적으로 가치 작업을 한다는 측면, 심리적 유연성의 한 측면으로 강조하는 부분은 차별화된 부분으로 보입니다. 저자의 말처럼 개인이 주체적으로 잘 사는 삶을 살도록 도울 수 있는 강력하고 좋은 도구를 제공하고 있습니다. 이 책을 펼친 당신이 평소 어떤 종류의 심리상담 이론 지향을 두고 있든 상관이 없이 매우 중요한 책이라고 생각합니다. 치료자, 상담자, 내담자 모두에게 큰 도움이 될 것입니다.

책의 내용을 그대로 전달하려 애썼지만, 일부는 이해를 돕기 위해 추가한 부분이 있습니다. 번역의 어휘는 관례를 따른 부분이 있으며, 다양한 독자가 개념화에서 벗어나도록 돕기 위해 단어 선정에 많은 노력을 했습니다. 내담자라는 용어를 사용하고, 심리학자, 상담자, 정신과의사 등을 광범위하게 포괄하는 심리치료자란 용어를 주로 사용했습니다. 이론과 경험도 누적되어야 하고, 국어와 외국어가 숙련되어야 하는 역서 작업은 글을 쓰는 것 못지않게 어렵고 힘든 과정으로 느껴집니다. 역서에서 부족한 부분이 있다면 저자의 탓이라기보다 역자의 부족 탓으로 여겨 주시고 건설적이고 다양한 의견 등을 설레며 기다리겠습니다. 좋은 책을 한국에 소개하도록 계약과 출판 과정 동안 열정을 보여 주신 학지사 사장님과 임직원분들에게도 감사의 마음을 전합니다. 열정적으로 공부하고 번역에 참여해 주신 한송이, 김명지, 김민정, 류은영, 진시영 연구회 선생님들, 연구회에 참여하고 다양한 의견을 내준 김나희 선생님, 격려를 보내준 가족과 친구, 여러 씨앗을 주신 문현미 선생님, 가치-기반, 가치-중심 치료라는 어휘를 선택할 수 있도록 화요 세미나 시간에 힌트를 주신 민병배 선생님 그 외 가치 작업에 대한 아이디어를 주신 많은 분의 도움을 기억하겠습니다. 그들의 말을 기록하고 음미하는 것이 도움이 되었습니다. 한배를 타고 함께 일하고 공부하고 있는 자유ON심리상담센터 전송희, 변수연, 전현규, 강우호 선생님, 많은 질문으로 통찰과 정리할 기회를 주는 ACT 워크숍 수강 선생님들에게도 감사의 마음을 이 기회에 전해 봅니다. 모쪼록 좀 더 많은 사람이 ACT 최신 지식을 함께 배우는 기회로 삼고, 스스로 돕는 자기 치유와 성장의 기회가 되었으면 좋겠습니다. ACT 지혜를 활용하여 내담자를 더 잘 이해하고 수용하며 가치 명료화를 도와 좀 더 의미 있고 잘 느끼며 잘 사는 것을 도울 수 있기를, 치유자와 내담자 모든 분의 치유와 자기돌봄을 기도하고 응원합니다.

2025. 1. 12.

ACT 인지행동치료연구소

대표 역자 송승훈

추천사

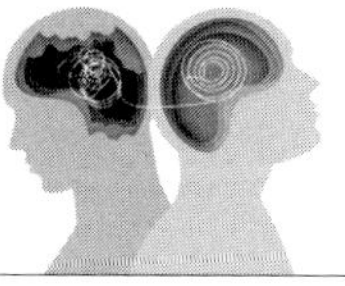

"이 책은 신선하고 포괄적이며 명확합니다. 치료의 가치에 관한 책을 단 한 권만 선택해야 한다면 이 책을 선택하세요. 저자들의 탁월한 지식이 독자의 필요를 충족시키는 데 방해가 되지 않으면서도 중요한 모든 주제를 우아하게 다룹니다. 독자인 당신은 지지받고 역량이 강화되는 느낌을 얻게 될 것이며, 내담자들도 격려받을 것입니다. 당신이 수용전념치료(ACT) 임상가이냐에 상관없이, 심리치료에서 가치 작업에 관심이 있다면 이 책은 당신이 기다려 온 책입니다."

—스티븐 C. 헤이즈(Steven C. Hayes)

심리학자, 리노 네바다대학교 심리학과 명예교수, ACT의 공동 창시자

"이 책은 치료와 잘 사는 삶의 목표가 단순히 고통, 불편함 또는 고통을 제거하는 것이 아니라 우리가 진정으로 가치를 두는 것을 발견하는 것임을 상기시켜 주는 매우 중요한 책입니다. 우리의 과제는 이러한 중요한 삶의 경험에 개방적일 것을 요구합니다. 우리의 행복 정의와 많은 많이 사용되는 정신질환의 치료 기법이 좋은 기분 느끼기 운동에 지나치게 영향을 받고 있는 이 시대에 이 책은 한 줄기 신선한 공기와 같습니다."

—브록 바스티안(Brock Bastian)

사회심리학자, 멜버른대학교 심리학과 교수

『행복의 이면』의 저자

"당신에게 삶 속에서 경험할 일몰은 몇 번이나 남았나요? 풍부하고 주옥같은 대본, 추천 연습과 과제, 세심한 문제해결, 그리고 강렬한 메타포들은 모두 가치 있는 삶을 구축하기 위한 임상 방법을 생생하게 보여 줍니다. 놀랍도록 창의적인 후반부 장에서는 경험 많은 치료자들에게도 새로운 방향을 제시합니다. 이 책은 투자할 가치가 있습니다."

—켈리 코어너(Kelly Koerner)
임상심리학자, 워싱턴대학교 심리학과 교수
『변증법적 행동치료 하기』의 저자

"내담자들은 더 나은 삶을 갈망하며 치료를 받으러 옵니다. 비록 말로 표현되지 않더라도, 이 갈망은 도움을 구하려는 동기이자 그로 인한 내재된 작업을 정당화하는 요소입니다. 이 책은 다양한 치료 접근법에서 가치 작업을 어떻게 구현할 수 있는가에 대해 능숙하게 설명합니다. 깊은 임상적 지혜를 통해, 독자들은 가치 있는 행동을 명료화하고 촉진하는 다양하고 미묘한 차이의 개입을 안내받습니다. 특히, 흔히 겪는 어려움들이 제시되며, 이를 해결할 실제적인 방법도 함께 소개됩니다. 이 책은 경험 많은 임상가와 초보 임상가 모두에게 유용하며 내담자들이 존엄성과 활력을 가지고 삶을 살아갈 수 있도록 돕는 데 큰 도움이 될 것입니다."

—앤드류 글로스터(Andrew Gloster)
임상심리학자, 바젤대학교 임상심리학 및 행동과학 수석 교수
맥락행동과학회(ACBS) 회장

"『가치 기반 수용전념치료』는 인간이 의미와 목적을 가진 삶을 구축하도록 돕고, 그 과정에서 괴로움suffering을 대처하는 방법에 대해 잘 쓴 증언서이자 실용적인 안내서입니다. 이 책은 제 치료실의 필수 교과서가 될 것이며, 당신에게도 필수 지침서가 될 것이라 확신합니다. 르준LeJeune과 루오마Luoma는 임상 예시를 통해 가치 작업이 그들이 돕는 사람들의 삶을 어떻게 변화시켰는지 보여 주며, 그들의 작업이 생생하게 다가옵니다. 이 책은 책장에 남겨두지 않을 자료입니다. 가치

를 치료에 도입하는 데 있어 겪는 어려움을 도와주고, 자신이 희망하는 대로 살지 못하는 고통에 부드럽게 직면하게 도우며, 가치를 중심에 두고 깊은 의미의 길을 여행하는 데 도움을 줍니다. 이 훌륭한 책은 당신의 치료 작업과 삶을 풍요롭게 만들어 줄 것입니다. 저는 다른 사람을 돕는 것에 관심 있는 모든 분에게 이 책을 강력히 추천하고 싶습니다."

—루이스 헤이즈(Louise Hayes)
임상심리학자, 멜버른대학교 및 오리젠 청소년 정신건강 우수 센터의 수석 연구원
맥락행동과학회 펠로우
『청소년을 위한 수용전념치료』 및
『10대를 위한 마음에서 빠져나와 삶 속으로 들어가라』의 공동 저자

"이 책과 함께 시간을 보내면 내담자뿐만 아니라 자신, 가족, 그리고 아마 대부분의 관계에서 상호작용하는 방식이 바뀔 것입니다. 삶을 의미, 연결, 호기심으로 채우는 것이 이 책의 핵심입니다. 이 책은 당신의 치료 경력이 어느 단계에 있든지 큰 도움이 될 것입니다. 이 책은 당신의 책장에 꼭 추가해야 할 보물이라 말하고 싶습니다."

—토비아스 룬드그렌(Tobias Lundgren)
임상심리학자, 카롤린스카 연구소 정신의학연구센터 의료 개발 수석 및 임상신경과학과 교수
『수용전념치료의 확장, 가치의 예술과 과학』 등 공동 저자

"이 책은 제가 내담자와 작업하는 방식은 물론 내 내면의 삶도 변화시켰습니다. 이 책이 제시하는 이론과 실천은 믿을 수 없을 만큼 단순하면서도 매우 강력합니다. 저자는 상담사가 자신의 삶과 내담자의 삶에 의미와 목적을 부여하는 데 도움이 되는 통찰력 있고 때로는 놀랍고 매우 실용적인 안내서를 집필했습니다."

—마사 벡(Martha Beck)
라이프 코치 및 사회학자
뉴욕타임스 베스트셀러 『나만의 북극성 찾기』 저자

“당신이 내담자를 보다 풍부하고 의미 있는 삶을 살도록 돕고, 목적의식과 만족감을 개발하며, 내적으로부터 동기부여와 영감을 찾길 원한다면, 이 책이 필요합니다. 저자들은 가치를 활용해 어떤 종류의 심리치료든 더욱 풍부하고 향상된 방향으로 나아가는 과정을 단계별로 안내합니다. 간단하지만 강력한 연습과 도구, 그리고 다양한 사례를 풍부하게 담고 있어, 이는 내담자가 가치의 힘을 활용해 심오한 변화를 이루도록 돕는 실용적인 안내서입니다.”

—러스 해리스(Russ Harris)
호주 정신과의사, ACT 트레이너
『행복 전환 연습』 및 『수용전념치료 핵심과 기술』 저자

“저자는 자신의 마음에서 우러나오는 가치에 따라 의미 있는 삶을 사는 법에 관한 책을 우리와 공유했습니다. 이 가치 작업은 매우 중요하며, 당신은 이 책의 글을 보면 그것을 느낄 수 있습니다. 이 책은 심리치료자들을 위한 안내서로, 우리가 내담자들이 가장 깊은 목적을 상상하고 이를 실현하는 데 돕는 데 그치지 않고, 우리 자신의 가치 기반 행동values-based actions과 그것이 만들어 내는 의미에 대해 궁금해지도록 유도합니다. 심사숙고하여 선정된 임상 예시와 자기-주도적인 ‘내면 통찰 작업’은 심리치료자들이 자신의 가치-중심 행동과 그것이 창출하는 의미에 대해 더 호기심을 갖고 몰입하게 합니다. 이 책은 ACT에 관심 있는 사람뿐만 아니라 모든 치료자의 필독서라고 권하고 싶습니다. 살아 있음과 창조하는 것, 잘 살고 활력 넘치게 사는 것을 배우기가 이 책의 본질입니다.”

—로빈 D. 월서(Robyn D. Walser)
임상심리학자, ACT 트레이너
『ACT의 마음』의 저자, 『마음챙김하는 커플과 ACT 배우기』의 공동 저자

서문

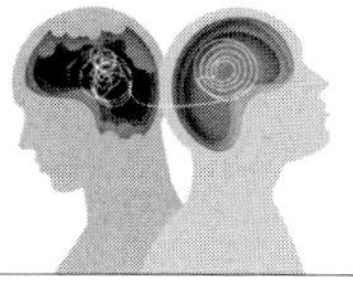

고통을 줄이는 데에만 초점을 맞춘 심리치료는 인간에게 중요한 것을 놓치게 합니다. 혼수상태에 빠진 사람은 고통을 느끼지 않습니다. 그러나 그 삶에 뭔가 빠진 것이 있다는 것도 분명합니다. 활력이 사라진 것입니다. 인간의 삶은 중요한 일을 하기 위한 행동, 목적, 추구, 방향 및 중요한 것에 대한 지향을 포함합니다. 우리는 그저 닥치는 대로 행동하지 않습니다. 우리는 본능에만 의존해서 반응하지 않습니다. 아니요, 우리가 하는 행동에는 대부분 목적이 있습니다. 그리고 우리는 의미를 갈망하며, 우리의 행동이 단지 이 순간, 이 사람, 이 상황을 넘어서는 목적을 가지고 있다는 느낌을 갈망합니다.

그럼에도 불구하고, 이러한 의미와 목적은 깊이 고려되지 않는 경우가 많습니다. 우리는 쉽게 무심함, 반응성, 습관, 즉 우리가 선택하는 것과 일치하지 않을 수도 있는 뿌리가 깊은 생활 패턴에 빠질 수 있습니다. 간단히 말해서, 우리는 우리의 가치와 접촉하지 못하고 상실하게 됩니다. 이런 일은 우리 모두에게 일어납니다.

당신이 치료자라면, 당신의 임상 작업에 대해 생각해 보세요. 내담자에게 가장 중요한 것이 무엇인지에 관해 얼마나 자주 대화를 나누나요? 그들이 진정으로 가장 깊이 원하는 삶이 무엇인지에 대해 얼마나 자주 그들과 이야기를 나누나요? 대부분의 사람들처럼, 이러한 대화는 종종 내담자의 삶에서 발생하는 더 급성의 괴로움을 다루거나 일상적인 문제를 해결하는 데 급급해 뒤로 밀려나기 쉽습니다.

당신은 어떻습니까? 누군가 당신에게 정말로 원하는 삶이 무엇인지 물어보고 실제로 들어준 적이 언제였습니까? 인생이 끝날 때, 당신은 당신의 삶이 무엇을 나타내길 원합니까? 이보다 더 중요한 질문이 있을까요? 하지만 이러한 대화는 매우 드뭅니다.

이 책은 우리가 치료자로서 서비스를 제공하는 사람들과 의미와 목적에 대해 대화하는 방법, 내담자가 원하는 삶의 더 큰 그림에 연결하는 대화를 나눌 수 있는 방법에 대한 책입니다. 이것은 가치에 관한 대화입니다.

저는 내담자들이 삶의 고통 속에서도 가장 중요한 것이 무엇인지, 가치 있는 삶이 무엇인지에 대해 다시 연결할 수 있도록 돕는 치료자들을 위해 이 책을 썼습니다. 저는 이 책을 통해 의미와 목적에 대한 이러한 대화를 촉진하고자 했습니다. 그러나 이 책은 단지 '내담자'라는 역할을 하는 사람들뿐만 아니라 '치료자'라는 역할을 하는 우리들을 위한 것이기도 합니다.

우리가 치료자로서 내담자를 치료실로 초대할 때마다, 우리는 우리의 삶에 괴로움을 초대하는 것입니다. 그럼에도 불구하고 우리는 이것을 기꺼이 합니다. 왜일까요? 대부분의 우리에게 우리의 일이 단순한 편안함 이상의 의미를 지니고 있다는 인식이 있기 때문이라고 생각합니다. 하지만 매일 회기를 진행하면서 우리는 왜 이 어려운 일을 하는지, 우리의 노력이 무엇을 위해 사용되기를 원하는지에 대한 더 큰 그림과 접촉하는 것이 어려울 수 있습니다. 그래서 저는 이 책을 통해 그 점을 돕고자 했습니다. 이 책은 치료자로서 당신의 가치와 다시 연결하고, 당신이 하는 일을 왜 하는지, 그리고 당신이 가장 깊이 의미 있게 일에 참여할 수 있도록 돕는 것을 목표로 하고 있습니다. 이러한 중심 목적과의 접촉은 당신의 동기를 지속시키고 당신의 경력의 세월을 보내는 동안 방향감을 줄 것입니다. 이를 위해 이 책의 각 장에는 이러한 개념을 당신 자신의 삶에 적용할 수 있는 내부에서 외부로의 **내면 통찰 학습 연습**이 포함되어 있습니다. 우리는 또한 이 책을 당신이 자신의 가치와 다시 연결하고 당신의 일에서 그것을 활용할 수 있도록 돕는 장으로 마무리합니다. 심리치료는 방 안에 있는 두 사람이, 즉 내담자와 치료자 모두가 그들의 시간이 무엇을 위해 사용되기를 원하는지, 그들에게 가장 의미 있고 중요한 것이 무엇인지에 대해 명확할 때 가장 강력합니다.

왜 가치를 심리치료의 핵심에 두는가

심리치료의 중심에 가치를 두는 것은 우리가 하는 일의 목적을 분명하게 하고, 가장 중요한 것을 우리의 작업의 최전선에 놓는 것을 의미합니다. 우리의 작업을 가치에 맞추어 진행함으로써, 우리는 내담자들이 괴로움 한가운데에서 그들에게 가장 의미 있는 것과 연결되도록 돕습니다. 그렇게 함으로써 우리는 단순히 고통을 최소화하려는 시도 대신, 그들 스스로 잘 살아가는 삶을 창조하도록 돕는 방향으로 치료를 진행하게 됩니다.

심리치료를 가치의 관점에서 바라보고, 치료를 가치에 따라 진행하는 이 아이디어를 나타내기 위해 우리는 '가치-중심 치료values-guided therapy'라는 용어를 채택했습니다. 이는 새로운 종류의 치료를 의미하는 것이 아닙니다. 우리가 더 이상 다른 브랜드의 치료기법를 필요로 하지 않는다는 것은 하늘이 아는 사실입니다! 오히려 이는 치료가 궁극적으로 내담자의 가치를 제공하기 위한 수단으로 사용되는 과정과 치료에서 무엇을 하는 것의 맥락으로서 무엇이 가장 중요한지를 마음챙김으로 성찰하는 과정을 설명하기 위한 이름일 뿐입니다.

독자인 당신은 이미 많은 훈련과 지혜를 가지고 있을 수 있습니다(그리고 경험이 많은 임상가라면 엄청난 경험도 있겠죠.) 이러한 것들이 치료를 안내합니다. 이 방법은 그것을 대체하려는 것이 아니라, 여기에 가치를 더해 작업을 더욱 강화하려는 것입니다. 다양한 종류의 어려움에 가장 도움이 되는 개입 방법에 대한 많은 연구 자료가 존재합니다. 과학이 제안하는 가장 효과적인 방법을 사용하는 것에 관심이 있는 사람으로서, 그런 것들을 시도해 보시길 권장합니다. 그러나 우리는 또한 의미 있는 삶이 단순히 증상을 완화하거나 괴로움을 줄이는 것 이상이라는 것을 알고 있습니다. 이미 하고 있는 작업을 가치에 기반을 두고 진행함으로써, 이러한 더 큰 의미와 목적의 문제도 다룰 수 있습니다. 따라서 여전히 동일한 개입 방법을 사용하더라도, 가치는 당신의 작업을 안내하는 다른 '이유'를 제공할 수 있습니다.

이 책에 대하여

이 책에서 저는 치료자로서 제 마음이 머문 곳에서 당신과 이야기할 것입니다. 제 전문가의 삶 대부분을 일대일로 내담자들과 일하며 의미 있고 목적 있는 삶을 살도록 돕는 데 보냅니다. 그러나 임상심리학자로서 저는 또한 가치를 더 중심에 두고 작업하고자 하는 다른 치료자들을 훈련시킵니다. 수년 동안 치료자들로부터 "ACT의 가치 관련 부분을 좋아하지만 실제로 어떻게 적용해야 할지 모르겠어요."라는 말을 얼마나 자주 들었는지 모릅니다. 이 책은 그러한 요청에 응답하기 위한 것입니다. 이 책은 이론적으로 정확하거나 포괄적이기보다는 실용적이고 쉽게 적용할 수 있도록 집필했습니다. 이 책에서 다룰 ACT와 가치 이론의 기초(제1부)는 작업을 효과적으로 안내하는 데 필요한 정도로만 포함하고 있으며, 대부분의 책 내용(제2부)은 실질적인 응용과 실제에 할애되어 있습니다. 더 깊이 있는 이론을 배우고 싶다면 다른 훌륭한 자료들(예: Dahl, Lundgren, Plumb, & Stewart, 2009)이 있습니다. 그러나 이 책에서는 가치에 대한 열정을 공유하는 동료 치료자들이나 지도하는 슈퍼바이지, 후배 선생님들과 대화하듯이 작성하려고 노력했습니다.

만약 당신에게 가장 도움이 되는 것이 이론적 기반에 깊이 파고드는 고도로 기술적인 책이라면, 이 도입 부분을 읽어 주셔서 감사합니다(물론 철저하고 세심한 사람이라 모든 것을 정말로 제대로 이해하고 싶어 하기 때문에 읽었겠지요!). 하지만 고도의 전문 서적을 찾고 있다면, 이 책을 반납하는 것을 겸손한 마음으로 권합니다. 이 책은 당신이 기대하는 그런 책이 아닙니다. 사실, 저는 그런 책을 쓰려고 시도했습니다. 처음에 가치를 주제로 한 책을 쓰자는 제안을 받았을 때, 저는 즉시 오래된 습관에 빠졌고, 이는 크게 도움이 되지 않았습니다. '똑똑해 보이는 것'을 가치 있게 여기기 시작했고, 마음에서 우러나오는 말을 하는 것을 잃어버렸습니다. 몇몇 밀도 높은 지적인 장들을 힘겹게 작성한 후, 저는 제가 꽤 똑똑하다고 느꼈습니다. 그러나 제 파트너이자 공동 저자인 제이슨Jason에게 읽어 보라고 주었습니다. 그는 제가 아는 가장 친절하고 사랑스러운 사람 중 하나로서, 가능한 한 부드럽고 친절하게 말했습니다. "어, 제나Jenna, 이게 뭐야? 이건 당신의 책이 아닌 것 같아요. 당신은 다른 사람의 책을 쓰려고 하고 있어. 당신의 책을 써야 해!" 어머나, 저는 한층 덜 똑똑해 보였을 것입니다. 물론 그는 옳았습니다. '똑똑해 보이는 것'을 위해 책을 쓰려다 제가 공유하고자 했던 가장 중요한 것을 잃어버렸습니다. 이것이 우리가 가치를 잃을 때 종종 일어나는 일이며, 이는 모두에게 일어납니다. 그래서 저는 다시 시작했고, 이번에는 제 자아가 아닌 제가 중요하게 여기고 싶은 가치를 따르려고 노력했습니다. 그 결과는 다소 비전통적이지만, 제가 이 작업을 하는 치료자들에게 유용하기를 바라는 매우 개인적이고 전문적인 책이 되었습니다.

이 책은 제 자신의 가치와 제 치료 실습 방식을 반영합니다. 이 책에서 제 모습을 보실 수 있을 것입니다. 이 책은 개인적입니다. 책을 쓰고 이렇게 개인적이고 투명하게 심리치료를 하는 것은 위험하게 느껴지지만, 솔직히 말해서 저는 다른 방식으로 효과적일 수 있는 방법을 모릅니다. 이 책에서 보시다시피, 가치는 단지 우리 내담자들만을 위한 것이 아닙니다. 저는 치료자로서 우리가 치료실과 우리의 삶에서 자신의 가치를 실천해야만 좋은 가치 작업을 할 수 있다고 진심으로 믿습니다.

다른 대부분의 전문서적과 달리, 이 책은 1인칭 시점으로 작성했습니다. 당신이 듣고 있는 목소리는 바로 저(제나)의 목소리입니다. 제이슨은 대단히 귀한 공동 저자였고, 그의 영향으로 이 책은 무한히 더 나아졌습니다. 우리는 이 책을 함께 작업하였고 그 결과 우리의 접근 방식을 결합한 내용이 완성되었습니다. 그러나 일관된 관점을 제시하는 것이 독자가 가치 작업의 감각과 그 근본적인 개인적 특성을 더 잘 이해하는 데 도움이 될 것이라고 생각했습니다.

이 책에 나오는 모든 임상 사례는 실제로 제가 작업했던 내담자들을 바탕으로 하였지만, 그들의 비밀을 보호하기 위해 이름과 신원 정보를 변경했습니다. 또한, 포괄적인 언어를 사용하기 위해 이 책 전체에서 비성별 대명사(예: 그/그녀 또는 그의/그녀의 대신 그들/그들의)를 사용하기로 선택했습니다. 이것 역시 가치 기반한 결정과 작업이었습니다.

또한 여기서 작성된 내용은 이러한 심오한 문제들을 이해하고 접근하는 하나의 가능한 방법일 뿐임을 인정하고자 합니다. 그것은 유일한 방법이 아니며, 다른 어떤 이해 방식보다 더 진실하거나 덜 진실한 것도 아닙니다. 여기서 작성된 내용은 우리(제이슨과 저)의 문화적 맥락에서 크게 영향을 받았으며, 우리는 주로 다수 정체성 집단에 속한 백인 영미문화권 출신입니다. 또한 과학의 렌즈를 통해 세상을 이해하는 것이 일반적으로 받아들여지는 맥락에서 왔습니다. 따라서 제 관점은 본질적으로 제한적입니다. 이것은 하나의 관점일 뿐이며, 가치에 대한 생각을, 절대적인 관점이 아닌 하나의 관점으로써 겸손한 태도로 제 생각을 공유하는 것입니다.

ACT를 기반으로 하지만 모든 것에 적용 가능

이 책은 수용전념치료(ACT)와 맥락행동과학(CBS)에서 비롯된 이론에 기반을 두고 있습니다. 제가 ACT 관점에서 이 책을 쓰게 되었지만, 이 책은 수용전념치료를 어떻게 하는가 단순히 방법을 안내하는 책이 아닙니다. 사실, 이 책을 활용하는 데 ACT에 대해 전혀 알지 못해도 상관없습니다. 대신, 이 책은 내담자가 가장 중요한 것에 초점을 맞추도록 돕는 강력하고 효과적인 대화를 나누는 방법에 관한 책입니다.

개인적으로 저는 ACT가 가치 작업에 있어 가장 포괄적인 이론과 기술을 제공한다고 생각합니다. ACT는 심리치료에서 가치에 중점을 둔 오랜 역사를 가지고 있습니다. ACT의 가치 구성 요소는 저를 포함한 많은 임상가들이 처음에 ACT에 관심을 가지게 된 이유이기도 합니다. 또한, ACT는 가치가 포함된 독특한 심리적 유연성 모델을 제공하여 이 작업에서 필수적이라고 생각합니다(제2장 상세 설명 참고).

그러나 ACT는 가치와 의미에 대한 독점권을 가지고 있지 않습니다. 인간 중심 치료 및 실존치료, 특히 의미치료는 오랫동안 의미와 목적 있는 삶을 살기 위한 인간의 투쟁에 중점을 두었습니다. 정신분석에서 인지행동치료에 이르기까지 다양한 심리치료의 대가들도 그들의 개입에 가치 관련 작업을 포함하는 것의 중요성을 주장해 왔습니다(Cameron, Reed, & Gaudiano, 2014; Grumet & Fitzpatrick, 2016; Holmes, 1996; Neff & Germer, 2013; Wong, 1997). 가치가 당신의 심리치료를 안내하며, 이 책이 당신이 선호하는 심리치료 이론 지향과 관계없이 유용하길 바랍니다. 독자인 당신이 ACT 치료자라면, 훌륭합니다! 게슈탈트 치료사라면, 훌륭합니다! 당신이 정신역동적, 신체 기반, 인지행동적, 정서-중심적, 또는 절충적 심리치료자라면, 그것만으로도 존경하며 훌륭합니다! 당신의 궁극적인 목표가 내담자가 의도를 가지고 주도적으로 **잘 사는 삶**을 구성하고 살아가도록 돕는 것이라면, 이 책은 그 일을 위한 새로운 도구를 제공할 수 있습니다. 그리고 진실로, 사람들을 도와 가치를 다루고 잘 살도록 돕는 것보다 더 좋은 작업이 있을까요?

차례

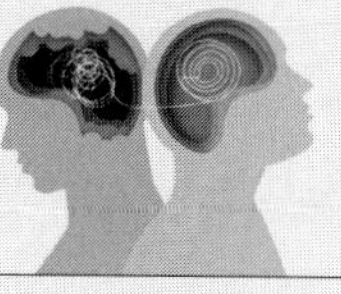

PART 2

가치 작업의 응용과 실제 / 87

PART 1

ACT와 가치 이론의 기초

제1장 가치의 의미와 이유

진정한 행복은 자기-만족이 아닌, 가치 있는 목적에 대한 충실함을 통해 이루어집니다.

-헬렌 켈러

당신의 인생에서 남은 호흡은 몇 번일까요?

이번 달에 일몰을 보며 경외감을 느낀 적이 몇 번이나 있었나요? 당신의 삶에서 앞으로 얼마나 더 많은 일몰을 볼 수 있을까요?

최근에 가장 친한 친구에게 사랑한다고 몇 번이나 말했나요? 앞으로 이 친구에게 "사랑한다"는 말을 몇 번이나 더 할 수 있을까요?

더 나아가 우리 삶의 대부분의 것들이 우리의 생애에 걸쳐 고르게 퍼져 있지 않다는 것을 깊이 생각해 보세요. 만약 부모나 형제자매가 있다면, 그들에 대해 생각해 보세요. 당신은 그들과 보낼 시간의 대부분을 18세 이전에 다 썼습니다. 그 시간 동안 당신은 거의 매일 그들과 함께 했을 것입니다. 이제, 그들을 여전히 자주 본다고 해도, 아마 앞으로 그들과 보낼 시간은 그동안의 총 시간의 5% 이하만 남았을 수 있습니다. 만약 이를 깨닫고 그들과 함께할 짧고 소중한 시간 동안, 좀 더 자주 교류한다면, 무엇을 다르게 하게 될까요?

종종 끝은 우리도 모르게 다가오며, 우리가 생각하는 것보다 시간이 적게 남아 있는 경우가 많습니다. 사랑하는 사람들이 예기치 않게 세상을 떠나고, 친구들이 멀리 이사를 하고, 건강이 갑자기 나빠지거나 위기가 발생하고, 그와 함께 우리의 안전감도 사라집니다. 이러한 위기는 언제든지 우리에게 일어날 수 있으며, 많은 사람들에게 이미 일어났습니다. 만약 이런 일이 당신에게도 일어났다면, 위기는 당신에게 잠시 멈추어 성찰할 시간을 주었을 것입니다.

위기와 상실loss은 종종 우리에게 가장 중요한 것이 무엇인지를 명확히 해 줍니다. 제이슨Jason과 저(제나)는 사랑하는 스물두 살 된 개 달라이Dalai를 떠나보낼 때라고 결정을 내린 후, 그와 함께 모든 것을 향유할 며칠의 시간을 보내고 싶었습니다. 우리는 일을 쉬고, 가족들이 달라이에게 작별인사를 할 수 있도록 차를 몰고 떠났습니다. 달라이가 창밖으로 머리를 내밀 수 있도록 하며 긴 자동차 여행을 떠났고, 그가 가장 좋아하는 산책로에서 마지막 하이킹도 했습니다. 제이슨이 거의 대부분의 길에서 그를 안고 가야 했지만 말이죠. 우리는 그와 함께 보내는 마지막 날들을 조금도 낭비하고 싶지 않았습니다. 그런 다음 때가 되자, 달라이는 독일 초콜릿 케이크 한 조각을 먹고 우리 품에 안겨 평화롭게 집에서 죽음을 맞이했습니다. 이것이 좋은 삶의 좋은 마지막 과정입니다. 우리 모두에게 그런 행운이 있기를 바랍니다.

우리가 삶의 자동 조종 장치를 멈추고, 정말로 중요한 것에 집중하며, 활기 있게 삶을 살기 위해서는 가끔 위기나 유의미한 상실이 필요합니다. 하지만 끔찍한 일이 일어나지 않는다 할지라도 그러한 목적과 가치를 갖고 살아가는 것이 가능하다면 어떨까요? 아, 제가 말하는 것은 매일 독일 초콜릿 케이크를 크게 한 조각 먹으며 하루를 끝내거나, 매 순간을 개와 함께 보내기 위해 직장을 그만두라는 것이 아닙니다. 제가 말하고자 하는 것은, 우리가 종종 위기의 순간에만 의도적인 삶을 산다는 것입니다. 달라이의 죽음을 앞둔 몇 달과 며칠 동안, 저는 시간을 어떻게 보낼지, 그와의 상호작용을 어떻게 행동할지를 매우 의도적으로 선택해야 하는 압박감을 느꼈습니다. 저는 일상생활에서 쉽게 잃어버릴 수 있는, 즉 나에게 중요한 것이 무엇인지, 내가 어떤 사람이 되고 싶은지에 대해 명확히 알고 있었습니다. 비록 그날들은 저의 인생에서 가장 힘든 날들 중 하나였지만, 제가 가장 자랑스럽게 느끼는 날들이기도 합니다. 저는 그 마지막 몇 달과 며칠 동안 달라이와 함께 했던 것처럼, 더 자주 온화하고 친절하며 자비심이 많았으면 좋겠습니다. 그렇다면 마지막 일몰 때에 제가 살아온 인생을 자랑스럽게 여기게 될 것입니다.

가치-중심의 삶을 산다는 것은 의도를 가지고 사는 것, 그것이 개인적으로 당신에게 어떤 의미이든 잘 사는 삶을 살아가기로 의식적으로 선택하는 것입니다. 우리는 숨을 쉴 수 있는 호흡이 얼마나 남았는지, "사랑해"라고 얼마나 말할 수 있는지 모릅니다. 우리가 아는 것은 어제보다 남은 횟수가 적다는 것뿐입니다. 가치에 기반한 삶을 산다는 것은 우리가 살아가야 하는 이 한 번의 삶에서 각각의 호흡을 최대한 활용하는 것입니다.

사람들이 그렇게 살도록 당신이 도울 수 있다면 어떨까요? 당신이 하는 작업을 통해 사람들이 잠시 멈추어 정말 중요한 것이 무엇인지 스스로에게 질문할 수 있다면, 위기를 통해서만 사람들에게 찾아오던 목적과 의미의 명확성을 개발하도록 도울 수 있다면 어떨까요? 그것이 바로 이 책의 내용입니다. 이 책은 내담자들이 위기를 기다릴 필요 없이 가장 깊은 가치를 삶의 중심에 두는 데 도움이 되는 도구를 제공하기 위한 것입니다.

가치란 무엇인가

수용전념치료(acceptance and commitment therapy, 이하 ACT)와 그 기초가 되는 연구 패러다임인 맥락행동과학(contextual behavioral science, 이하 CBS)은 가치에 관한 풍부한 역사와 광범위한 임상 및 경험적 연구를 가지고 있습니다. ACT의 관점에서 가치란 "언어적으로 지속 구성하는 것으로, 자유롭게 선택하는 것이다. 그것은 역동적으로 진화하는 행동 패턴을 보인다. 그래서 가치 지향하는 행동 패턴

자체에 내재적으로 관련된 활동에 대한 주된 강화 요인을 수립하는 것이다."라고 정의합니다(Wilson & DuFrene, 2009, p. 64). 또는 좀 더 간단히 말하면, 가치는 "언어적으로 구성된, 포괄적이며, 바람직한, 선택된 삶의 방향"입니다(Dahl, Wilson, Luciano, & Hayes, 2005, p. 61). 이 두 가지 정의는 모두 설득력 있고, 종합적이고, 정확하지만, 저에게는 다소 쉽지 않은 정의입니다. 그래서 저는 일반적으로 의미 있는 삶을 살 때 어떻게 살고 있는가로 가치를 단순하게 생각하는 것을 선호합니다.

여기서는 가치에 대한 기술적 정의를 푸는 데 시간을 보내지 않을 것입니다; 가치를 훌륭하게 설명하는 다른 자료들이 많이 있습니다(예: Dahl et al., 2009; Wilson, Sandoz, Flynin, Slater, & DuFrene, 2010). 이 책은 치료 작업을 기반으로 하고 강화하기 위해 실제로 가치를 사용하는 방법에 대한 실용적인 안내로 만들어졌기 때문에 이 장에서는 기술적 정의를 제쳐 두고, 가치 작업을 하는 데 염두에 두어야 할 중요한 가치의 몇 가지 주요 (질적) 특성과 특징에 초점을 맞출 것입니다. 여기에는 다음이 포함됩니다.

1. 가치는 행동입니다. 그것은 말이 아닌 삶의 방식입니다.
2. 가치는 자유롭게 선택됩니다. 그것은 이유 대기나 외부 압력, 도덕적 규칙의 결과가 아닙니다.
3. 가치는 삶의 방향이지 달성해야 할 목표가 아닙니다. 언제든 가치에 즉시 접근할 수 있지만, 결코 완료할 수는 없습니다.
4. 가치는 그것을 향해 다가가고 싶은 것이지, 멀어지고 싶은 것이 아닙니다.

이 장에서는 가치가 중요한 이유와 가치가 작용하는 방식에 대해서도 다룰 것입니다. 마지막으로, 이 장의 끝에서 다시 정의를 살펴보겠지만, 내담자와의 작업에서 실제로 사용할 수 있는 간단하고 실용적인 설명에 중점을 둘 것입니다.

가치는 행동이다

이 관점에서 볼 때, 가치는 실제로 어떤 물질적인 것이 아닙니다. 가치는 이 세상에서 당신에게 중요하고 의미 있는 삶의 방식과 존재 방식을 의미합니다. 그것은 지속적인 행동 패턴입니다. 행동이 없다면 '가치'도 없습니다.

가치에 대해 이야기하는 한 가지 방법은 그것이 명사가 아닌 동사와 부사의 결합이라고 말하는 것입니다. 이는 당신 무엇을 하고 있는지(동사), 어떻게 하고 있는지(부사)를 설명합니다. 사랑스럽고 늙은 달라이에게 전념하며 자비롭게(부사) 돌보는(동사) 것은 저에게 의미 있었고, 따라서 전념하며 자비로운 방식으로 돌보는 질적 특성을 통해 저의 가치가 드러났습니다.

가치는 말이나 단어에 관한 것이 아닙니다. 가치는 사람들이 자신의 삶에서 실제로 무엇을 하는가, 그들의 시간과 에너지, 집중력을 어디에 투자하는가에서 발견됩니다. 심리치료에서 가치 탐색의 목적은, 개인이 선택할 수 있는 삶의 패턴에 접촉하고 경험할 수 있는 능력을 구축하도록 돕기 위해서입니다. 궁극적으로 저는 내담자들이 자신이 의미 있다고 여기는 특정 가치 단어(예: "저는 자비와 전념을 중요하게 생각합니다")를 식별할 수 있는지에 대해 별로 신경 쓰지 않지만, 그들에게 가장 의미 있고 생명력 있는 행동 패턴, 즉 그들이 자비롭고 전념하며 살고 있다면 무엇을 할 것인가에 대한 감각을 개발하도록 돕고 싶습니다. 도움이 된다면 그것에 대한 단어나 메타포, 또는 그 삶의 패턴을 가리키는 다른 방법의 설명을 떠올릴 수도 있습니다. 하지만 그러한 단어, 메타포, 이미지가 실제 여정을 대신하게 해서는 안 됩니다. 중요한 것은 가치 명료화 과정입니다.

가치는 행동의 질적 특성이고, 가치 영역은 행동의 무대이다

"저는 이미 저의 가치가 무엇인지 알고 있어요. 저는 가족을 소중하게 생각해요.", "영성은 저에게 가장 중요한 가치입니다.", "저는 건강을 별로 중요한 가치로 여기지 않아요." 치료 초기에 가치에 대해 질문하면 내담자들은 종종 이러한 종류의 대답을 할 것입니다. 그러나 제가 설명하는 것처럼 가치가 행동의 질적 특성이라면 '가족', '영성', '건강'과 같은 것들은 가치에 대해 말하는 방식에 실제로 맞지 않습니다. 문제를 더욱 복잡하게 만드는 것은, 행동의 질적 특성이라는 의미에서 '가치'와 관련된 심리학 문헌과 평가 척도의 대부분이 가치보다 '가치 영역'이라고 부르는 것에 더 초점을 맞추는 경향이 있다는 것입니다. 한편으로 이는 우리가 만들어 내는 용어일 뿐이지만, 저는 가치라는 용어를 사용하고 있기 때문에 가치와 가치 영역을 구분하는 것이 도움될 수 있다고 생각합니다.

가치가 행동의 질적 특성이라면 가치 영역은 해당 가치가 실행되는 무대로 설명할 수 있습니다. 가치 영역은 많은 사람들이 중요하다고 생각하는 광범위한 범주 또는 생활 영역입니다. 하지만 각 영역이 자신에게 얼마나 중요한지는 개인마다 다릅니다. 예컨대, 가치 있는 삶 질문지-2(Valued Living Questionnaire-2, 이하 VLQ-2; Wilson & DuFrene, 2009)는 다음 12가지 가치 영역에서 가치 있는 삶을 평가하는 핵심 ACT 가치 평가 척도입니다.

- 가족(결혼 생활 및 자녀 양육 제외)
- 결혼 생활, 커플, 친밀한 관계
- 자녀 양육
- 우정과 사회관계
- 직업과 경력
- 교육과 학습
- 취미와 여가
- 영성
- 시민 의식과 공동체 생활
- 건강과 자기관리(식이요법, 운동, 수면)
- 환경(지구 보호)

• 예술(미술, 문학, 음악, 심미)

내담자와 가치 작업을 할 때, 특히 초기 단계에서는 우선순위가 높은 가치 영역 하나 또는 두 개 내에서 탐색에 집중하는 것이 도움 될 수 있습니다. 가치는 여러 영역에 걸쳐 비교적 일관된 경향이 있기 때문에 한 영역의 가치를 탐색하면 개인이 다른 영역에서 어떤 가치를 선택할지에 대한 유용한 정보를 제공할 수 있습니다. 당신은 내담자가 이미 자신의 가치에 대해 어느 정도 명확성을 갖고 있는 영역, 또는 이미 자신이 가치에 따라 생활하고 있다고 느끼는 영역을 다룰 수 있습니다. 또는 내담자가 자신에게 매우 중요하다고 말하지만 자신의 가치와 연결이 끊어졌다고 느끼는 영역을 선택하기로 결정할 수도 있습니다. 어떤 방식으로 하기로 결정하든 가치 영역은 가치 탐색에 집중하는 유용한 방법을 제공할 수 있습니다. '가족', '친구', '일' 또는 '건강'과 같은 광범위한 영역은 그 자체가 가치가 아니라, 내담자가 가치 있는 삶을 목표로 삼고 싶어 하는 잠재적으로 중요한 영역이라는 점을 분명히 해야 합니다.

가치는 방향이고, 목표는 지표이다

당신은 가치를 당신의 행동이 나아가길 원하는 방향으로 묘사할 수도 있습니다. 나침반처럼, 가치는 삶의 일관된 방향 감각을 제공합니다. 가치는 목적지나 결과 또는 달성해야 할 목표가 아닙니다. 그것은 당신이 여정을 위해 선택한 방향입니다.

방향 안내자로서의 가치는 언제나 즉시 이용 가능하고 고갈되지 않습니다. 동쪽으로 향하기로 선택했다면, 가장 좋은 것은 당신이 어디에 있든 그곳에 항상 동쪽이 있다는 것입니다. 동쪽으로 향하기 위해 다른 곳으로 갈 필요도 없고 다른 어떤 것을 가질 필요도 없습니다. 동시에, 동쪽으로 아무리 계속 가더라도 당신은 결코 '동쪽'이라는 곳에 도달하지 못할 것입니다. 당신 앞에 여정이 있는 한, 당신이 향해 나아갈 수 있는 동쪽은 항상 존재합니다. 이것은 항상 미래의 성취나 의미를 제공하는 이정표를 바라보는 삶이기보다는 지금-여기에서 목적과 의미를 가질 수 있도록 해 줍니다.

가치가 방향이라면, 목표는 도달할 이정표, 또는 성취하거나 얻을 수 있는 것입니다. 이상적으로 가치는 당신이 지향하고자 하는 삶의 방향을 설정하며, 목표는 길을 안내하고 여전히 경로를 이탈하지 않았는지 알 수 있도록 도와주는 표지물 역할을 합니다. 목표는 우리의 방향을 잡는 데 도움이 되지만 그것이 여정의 핵심은 아닙니다. 치료 맥락에 적용하면 가치가 치료를 안내하며, 가치 방향이 설정된 후에야 우리는 내담자가 선택한 방향으로 나아갈 수 있는 실행 가능한 목표를 선택합니다.

가치는 목표보다 유연성을 더 많이 허용합니다. 가치를 방향으로 비유하자면, 우리를 동쪽으로 데려갈 많은 목표가 있습니다[동쪽으로 가는 여정 메타포]. 예컨대, 캘리포니아 샌프란시스코에 있다면 뉴욕으로 가겠다는 목표를 세워 동쪽으로 갈 수 있습니다. 그러나 도중에 엄청난 눈보라로 인해 뉴욕으로 향하는 길이 막히면 목표를 변경하여 대신 플로리다로 향함으로써 동쪽으로 가는 여정을 계속할 수 있습니다. 당신의 삶의 방향은 변하지 않았습니다. 하지만 만약 뉴욕으로 가는 목표에만 집중하다가 뉴욕으로 갈 수 있는 능력을 상실했다면, 당신은 꼼짝 못하게 될 것입니다. 이처럼 가치에 따라 안내되는 삶은 더 유연하며, 피할 수 없는 삶의 변화가 닥쳐올 때 필요에 따라 방향을 전환하도록 도와줍니다.

내담자가 목표 뒤에 있는 가치에 계속 집중하면서 하나의 경로가 막혔을 때 코스를 유지하는 데 필요한 유연성을 개발하는 법을 배우도록 돕는 것은 가치-중심 치료values-guided therapy의 필수 작업입니다. 다음은 제이슨Jason의 실제 사례입니다. 제이슨은 20대에 만성적인 허리 통증이 발생하여 그가 즐기던 산악자전거를 타기 어려워졌습니다. 그는 너무 고통스러워서 다른 많은 신체 활동과 함께 결국 그것도 포기했습니다. 이러한 상실을 애도하는 과정을 거친 뒤, 제이슨은 자신에게 있어 자전거를 타는 것이 중요한 이유를 성찰할 수 있었습니다. 그는 그것이 자신의 몸을 돌보면서 야외 활동을 즐길 수 있게 해 준다는 것을 깨달았습니다. 산악자전거가 그러한 가치를 실현하는 한 가지 방법일 뿐이라는 것을 깨달은 그는, 그 가치를 실현할 수 있는 다양한 방법을 실험하기 시작했습니다. 많은 시행착오 끝에 그는 등을 뒤로 기대고 타는 형식의 리컴번트 자전거recumbent bicycle를 탈 수 있다는 것을 알게 되었고, 이제 그는 매일 출퇴근 동안 자연과 건강에 대한 자신의 가치를 실천할 수 있게 되었습니다. 이는 같은 방향으로 가되, 다른 경로를 선택하는 것과 같습니다. 이와 유사하게 내담자가 큰 상실을 입을 경우, 상실의 근본에 있는 중요한 가치를 파악하기 위해 협력하는 것이 유용할 수 있으며, 이는 그 가치를 실현할 수 있는 새로운 방법으로 이어질 수 있습니다.

목표에 대한 경직된 집착은, 목표의 기능이 더 이상 자신의 가치에 도움되지 않는 방식으로 변경되었을 때 문제를 일으킬 수도 있습니다. 예컨대, 제 내담자인 앤Ann에게 달리기는 자신의 몸을 돌보는 방법(가치와 일치)이었지만, 체중과 체형을 통제하기 위해 처벌하는 방법(가치와 불일치)으로 바뀌었습니다. 한 기능에서 다른 기능으로의 이러한 전환은 중요한 결과를 가져올 수 있음에도, 우리가 기능이 아닌 행동의 형태에만 주의를 기울인다면 알아차리지 못할 수도 있습니다. 이는 한때 가치와 연결되어 있었으나 결국 개인을 가치에서 멀어지게 하고 더 많은 고통을 초래하는 행동을 지속시키는 결과를 낳을 수 있습니다.

또한 가치는 항상 즉시 할 수 있고 무한한 반면, 목표는 항상 미래에 있습니다(경험적 연습을 포함한 이에 대한 자세한 내용은 제7장 참조). 목표는 우리가 현재 있는 곳과 우리가 원하는 곳(목표) 사이에 불일치감을 만들어 내며, 이로 인해 더욱 판단, 평가, 자기-비판, 비난에 얽히게 될 수 있습니다. 이는 결국 처음에 달성하기 위해 시작한 행동 변화나 목표를 방해하는 결과를 초래합니다(Bell, Salmon, Bowers, Bell, & McCullough, 2010; Duarte et al., 2017; Powers, Koestner, Zuroff, Milyavskaya, & Gorin, 2011).

가치는 외부 결과, 환경, 상황에 의존하지 않으며 그 자체로 목적이 됩니다. 반면, 결과(목표)에 중점을 둔 행동은 종종 더 도구적인 특성을 지닙니다. 즉, 목적을 위한 수단에 더 가깝습니다. 돈을 벌기 위해 일하거나 남에게 칭찬받기 위해 어떤 옷을 입는 등의 목표는 그 자체로 중요한 것이라기보다는 목적을 위한 수단으로 기능하는 경우가 많습니다. 결국, 목적을 위한 수단으로 경험되는 행동으로 가득 찬 삶은 종종 공허하고 만족스럽지 않게 느껴집니다. 싱어송라이터 해리 채핀(Harry Chapin, 1988)은 그의 할아버지가 인생의 마지막을 앞두고 그에게 했던 말을 회상하면서 다음과 같이 설명했습니다.

> 해리, 피로감에는 두 가지 종류가 있단다. 좋은 피로감과 나쁜 피로감이지……. 아이러니하게도 네가 승리한 날에 나쁜 피로감이 오기도 해. 네가 다른 사람들의 하루를 살았거나, 다른 사람의 계획을 따르거나, 다른 사람들의 꿈을 이룬 것과 같이, 다른 사람들의 전투에서 이겼던 날일 수 있지. 그러면 모든 것이 끝났을 때, 거기에는 너 자신이 거의 없단다. 밤에 잠자리에 들면 어떻게든 뒤척이게 되고, 마음이 편하지 않아……. 좋은 피로감은 아이러니하게도 네가 패배한 날 올 수도 있어. 패배했지만 너는 네 전투에서 싸웠고, 꿈을 좇았고, 너의 하루를 살았다는 걸 알고 있기 때문에 스스로에게 더 말할 필요조차 없지. 잠자리에 들면 편안하게 쉬고, 정의롭게 잠을 자고, "나를 데려가도 좋아"라고 말할 거야……. 해리, 난 평생 동안 화가가 되고 싶었고 그림을 그렸단다. 더 성공했다면 좋았겠지만 나는 계속해서 그림을 그리고 또 그렸지. 나는 좋은 피로감을 느끼는 상태이고, 이제 날 데려가도 여한이 없단다.

우리의 가치와 연결되지 않은 타인의 목표를 추구하기보다는 우리 자신이 개인적으로 선택한 가치에 따른 삶을 사는 것은 우리 삶에 명예와 의미, 목적을 부여합니다. 그것이 좋은 피로로 끝나는 잘 사는 삶입니다.

요컨대, 특정 목표에 지나치게 집착하기보다는 가치에 대한 주된 초점을 유지함으로써 치료(그리고, 삶)는 더욱 유연해지고, 효과적이고, 지속 가능하고, 있는 그대로의 보람을 얻게 됩니다. 이러한 모든 이유로 인해, 가치-중심 치료에서는 여정(가치)에 중점을 두며, 과정의 체크포인트(목표)에 중점을 두지 않습니다. 우리가 내담자와 함께 설정하는 목표는 그들의 가치에 유연하고 대응할 수 있도록 설정되어야 하며, 그 자체가 본질적으로 '좋은' 목표로 고정되어서는 안 됩니다.

다음은 치료를 통해 어떻게 경직된 목표에서 보다 유연하고 즉각적인 보람 있는 가치로 초점을 전환할 수 있는지 보여 주는 임상 사례입니다.

임상 사례: 호세

호세José가 저를 만나러 왔을 때, 그는 아내가 될 사람을 찾고 자녀를 갖기 원하는 데에만 집중했습니다. 그는 자기 인생의 사명이 사랑하는 남편이자 아버지가 되는 것이라고 믿었습니다. 하지만 호세는 그 진술의 목표 부분, 즉 아버지와 남편이 되는 것에만 초점을 맞추었습니다(결혼하고 자녀를 갖는 것은 성취할 수 있는 것이므로 목표입니다). 호세는 이것을 단계적인 과정으로 보았습니다. 그는, ① 결혼하여 자녀를 낳고, ② 아내와 자녀를 사랑함으로써 자신의 가치에 부합하는 삶을 살기 시작해야 했습니다. 그의 유일한 문제는 최선의 노력에도 불구하고 자신이 찾고자 하는 인생의 동반자를 찾지 못했다는 것입니다. 그는 일주일에 3~5번 데이트를 했고, 항상 다음 데이트가 '그 사람'이기를 바랐습니다. 그는 자신과 함께 있는 사람이 '그 사람'이 아니라는 것을 깨닫는 순간, 종종 무정하고 불친절한 방식으로 그녀를 차버리곤 했습니다. 그의 초점은 현재 함께 있는 사람을 어떻게 대할 것인가가 아니라, 다음에 만날 여성이 자신이 사랑스럽게 대하고 싶은 미래의 아내가 될 경우를 대비하여 가능한 한 빨리 그녀에게로 다가가는 데에 있었습니다. 하지만 그런 여자는 결코 없었습니다.

호세는 자신의 사명을 완수하는 데 있어 넘을 수 없는 것처럼 보이는 장애물 때문에 절망에 빠졌습니다. 그는 또한 자신을 별로 좋아하지 않았습니다. 그는 여러 차례의 치료를 받았는데, 주로 사회기술훈련에 집중하거나 자신의 기대치를 조정함으로써 파트너를 찾는 접근 방식을 바꾸는 데 중점을 두었습니다. 그는 이러한 경험을 통해 유용한 것들을 배웠지만, 여전히 자신이 원하는 삶을 살 수 없는 것에 막혀 꼼짝하지 못하는 느낌을 받았습니다.

호세와 저는 가치에 기반한 다른 접근법을 취했습니다. 그가 아내를 찾지 못한 것이 문제가 아니라면 어떨까요? 호세를 절망하게 만든 것이 지금-여기에서 자신 앞에 놓인 삶과 사람들과 함께 자신의 가치를 실현하지 못하고 있는 것이라면 어떨까요? 그는 다른 곳으로 가는 데 너무 집중하느라 현재 그의 삶에 있는 여성들을 자신이 언급한 가치와 매우 불일치한 방식으로 대하고 있다는 사실조차 깨닫지 못했습니다. 이것은 그가 자신의 현재 행동을 자랑스러워하지 못하도록 만들었습니다. 우리는 목표(결혼하고 자녀를 갖는 것)에서 가치(사랑으로 돌보는 것)로 초점을 옮겼습니다. 우리는 그가 언젠가 아내와 자녀에게 되기를 원하는 사랑하는 사람의 모습이 된다면, 지금은 어떻게 삶을 살아갈 것인지에 대해 함께 알아보았습니다. '사랑', 더 정확하게는 다른 사람들을 사랑하는 방식으로 관계 맺는 것이 그의 삶이 향하는 방향이 되었습니다.

가치에 대한 방향성에 초점을 맞추면서, 호세는 특정 결과에만 집중하는 좁은 시야에서 벗어날 수 있었습니다. 데이트는 단지 좌절감을 주는 수단이 아니라, 현재의 이상적이지 않은 상황에서도 그가 가장 되고 싶은 모습의 사람으로 살아가며 삶을 긍정하고 생명력을 주는 방법이 되었습니다. 누구와 함께 있든 모든 데이트는 그의 핵심 가치를 지금 실천할 수 있는 기회가 되었습니다. '그 사람'이 결국 나타날지, 언제 나타날지에 관계없이 그의 초점은 자신이 도달할 수 없을 것처럼 보였던 미래의 목적지에서, 일상적으로 살 수 있는 여정으로 옮겨졌습니다. 그는 여전히 언젠가는 아내와 아이들도 그의 삶의 여정의 일부가 되기를 바랐지만, 그것은 더 이상 그가 살고 싶은 '사랑하는' 삶을 사는 데 있어 전제 조건이 아니었습니다. 그가 가치 있는 삶을 지금 살아가는 것은 그에게 매일매일 목적과 명예를 주었고, 매일이 그가 평생의 사명이라고 느꼈던 사랑을 하는 사람이 되는 과정의 일부가 되었습니다.

그 외 가치의 중요한 특성

가치의 강조할 만한 몇 가지 핵심 특성도 있습니다. 우선, 가치는 그것을 지닌 사람들이 자유롭게 선택하는 것으로 경험된다는 것입니다. 또한, 가치는 욕구를 자극하는 데, 즉 사람들은 가치에서 멀어지는 데 집중하기보다는 가치를 향해 나아가는 것에 끌린다는 것입니다.

가치는 자유롭게 선택된다

가치의 핵심적인 특징은 가치를 자유롭게 선택하는 경험을 한다는 것입니다. 위의 이야기에서 헨리 채핀의 할아버지가 말한 것과 유사하게, 사람들이 개인적으로 소유하고 자신의 가치라고 주장하는 가치와 연결되는 것이 중요합니다. 이러한 관점에서 가치는 '해야 하는' 것에 근거하여 선택되는 것이 아닙니다. 가치는 어떤 외부 주체(예컨대, 개인, 정부, 종교 또는 광고 기획사)에 의해 선택해야 할 '올바른' 가치로 의무화되지 않습니다. 이러한 방식으로, 가치는 우리가 일반적으로 '도덕'이라고 생각하는 것과 구별됩니다. 도덕은 "자신이 하는 것이 허용되고 허용되지 않는 것에 관한 행동 기준 또는 믿음"입니다(옥스퍼드 사전). 도덕은 우리가 특정한 방식으로 행동했을 때 다른 사람들이 우리에게 어떻게 반응했는지에 대한 우리의 역사와 매우 밀접한 관련이 있으며, 그 결과로 옳고 그름에 대한 감이 형성됩니다. 반면에, 가치는 많은 지혜로운 어머니들의 불멸의 말, 즉 '왜냐하면 그냥'이라는 원칙에 따라 작동합니다. "왜 나는 사랑하는 것을 가치 있게 여기는 삶을 선택한 걸까?", "그냥입니다." 내 인생은 나의 것이며, 무엇이 나에게 잘 사는 삶인지 내가 선택할 수 있습니다. 저는 사랑을 선택합니다.

이런 식으로 가치는 이유를 기반으로 결정되지 않습니다. 질문을 받는다면 우리가 선택한 가치에 대한 이유나 정당성을 제시할 수 있지만, 이러한 각각의 이유들은 무엇이 중요한지에 대한 척도로써 다른 무언가에 호소합니다. 예컨대, 사랑하는 것이 사람들을 행복하게 하기 때문에 가치 있다고 말했다면, 당신의 진정한 가치는 사랑하는 것보다 다른 사람들을 행복하게 하는 것을 의미할까요? 만약 다른 사람을 행복하게 하는 것을 왜 가치로 삼았는지 이유를 물었을 때, 그것이 당신 자신을 행복하게 해 주기 때문이라고 한다면, 그 근본 가치는 다른 사람을 행복하게 하는 것보다 자신의 행복이라는 것을 의미하는 걸까요? 다른 측정 기준을 활용하여 가치를 정당화하는 과정은 영원히 계속될 수 있습니다. 탈출구는 우리가 어딘가에서 시작해야 한다는 것을 인식하고, 중요한 것을 '그냥' 선택했다고 말하는 것입니다. 따라서 가치 명료화는 장단점의 목록을 따져보는 것보다 선택하기, 창조하기, 가정하기, 꿈꾸기와 같은 것들에 더 많이 의존합니다(Luoma, Hayes, & Walser, 2017). 이는 가치가 닥치는 대로, 또는 무작위적으로 선택된다는 의미는 아닙니다. 희망컨대, 우리의 삶이 무엇을 위해 노력할지를 선택하는 데 깊은 의도와 성찰이 있길 바랍니다. 이는 가치-중심 치료가 촉진할 수 있는 것입니다. 하지만 당신이 가치를 선택하는 것은 궁극적으로 논리적인 주장이나 이유에 의해 정당화될 수 없습니다.

'자유롭게 선택된다'는 것은, 또한 우리의 가치 선택이 현재 상황, 삶의 사건 또는 역사를 포함하여 어떤 방식으로든 제한되지 않는다는 것을 의미합니다. 누구나 언제든지 선택하여 살아갈 수 있는 모든 가능한 가치들이 항상 열려 있습니다. 이러한 아이디어는 빅터 프랭클Viktor Frankl의 주요 작품인 『죽음의 수용소에서』(원제목: Man's Search for Meaning, 1946/1984)의 핵심이었습니다. 이 책에서 그는 가장 끔찍한 상황인 홀로코스트의 죽음의 수용소에서도 의미와 목적을 찾는 인간의 능력을 이야기했습니다. 가치에 기반한 삶이라고 부르는, 즉 의미 있는 삶을 살아갈 능력을 우리에게서 빼앗을 수 있는 삶의 환경은 없습니다. 잠시 멈추어 이러한 발상이 얼마나 강력한지 생각해 보세요. 가치는 우리 모두가 동등한 위치에 있을 수 있는 몇 안 되는 영역 중 하나, 심지어 유일한 영역일 수도 있습니다. 우리 모두는 가치 있는 삶을 위해 모든 것을 선택할 수 있으며, 당신에게 이미 일어났거나 일어날 수 있는 어떤 일도 그 선택권을 빼앗을 수 없습니다. 이 생각이 우리가 돕는 많은 사람들에게 얼마나 강력하고 힘을 실어줄 수 있는지 상상해 보세요.

저는 가치가 자유롭게 선택되고, 우리의 학습 역사에 크게 영향을 받지 않는다는 것이 '참'이라고 주장하는 것이 아닙니다. 가치가 행동이라면 당연히 우리의 가치는 우리의 역사, 현재 상황, 생명 활동의 영향을 받습니다. 그러나 가치-중심 치료의 접근 방식에서 우리는 개인이 자신의 가치를 자유롭게 선택한 것으로 경험하는 맥락을 만들고자 합니다. 왜냐하면 사람들이 자신의 가치에 따라 지속 가능한 방식으로 일관되게 살 수 있도록 돕는 것이 우리의 목표일 때 유용하기 때문입니다.

앞서 언급한 호세의 임상 사례로 돌아가 보겠습니다. 확실히, 호세의 문화와 역사는 그를 형성하고 가족에 대한 전념에 영향을 미쳤습니다. 그러나 호세는 자신과 관계된 사람들을 사랑으로 돌보는 자신의 가치를 외부에서 강요받은 것이 아니라, 자신이 자유롭게 선택한 것으로 경험했습니다. 그는 종교 때문에 사랑하는 가족의 가장이 되는 것을 가치 있게 선택하게 되었다고 말하지 않았을 것입니다. 대신, 그는 자신이 자유롭게 선택한 이 가치 있는 삶을 살아가는 데 예수 그리스도 후기 성도 교회(the Church of Jesus Christ of Latter-Day Saints, 이하 LDS)의 회원이 되는 것이 도움이 된다고 보았습니다. 그의 관점에서, LDS의 회원이 되기로 선택한 것이 그의 가치를 지지했기 때문이지 그 반대는 아니었습니다.

가치는 냄새가 강한 치즈와 같은 욕구이다

저는 보통 내담자에게 기술적인 전문 용어를 사용하지 않으려고 노력하지만, 가치를 '욕구적appetitive'이라고 설명하는 경우에는 예외를 둡니다. 이것이 효과적이라고 생각하는 이유 중 하나는 '욕구appetitive'라는 말이 '식욕appetite'이라는 단어와 공통된 뿌리가 매우 명백하여 일종의 메타포 역할을 할 수 있기 때문입니다.[1)]

행동분석에 사용되는 기술 용어인 욕구적appetitive이라는 말은 '추구하다'를 의

---

1) 욕구에 관련한 다양한 원어가 있다. appetitive는 욕구, 욕구적으로, appetite는 욕구로 번역하였다. appetite를 욕구라고 번역하기에 혼돈이 있는 경우에는 단어의 의미에 포함된 '식욕'으로 번역하기도 하였다(역자 주).

미하는 어근 appétitif(프랑스어)와 appetitivus(라틴어)에서 유래되었습니다. 간단히 말해서, 욕구라는 것은 어떤 필요나 충동을 충족시켜 주기 때문에 개인이 추구하는 모든 자극/결과/보상입니다. 말하자면 그 개인이 '식욕'를 갖고 있는 것입니다. 대조적으로 '혐오aversive'는 개인이 피하거나 탈출하려고 시도하는 모든 자극/결과/처벌입니다. 따라서 가치를 '욕구적'이라고 설명하는 것은, 개인이 선천적으로 가치를 향해 나아가도록 단순히 이끌린다는 것을 의미합니다. 가치에 이끌리는 행동을 유지하기 위해 외부 보상이나 상을 필요로 하지 않습니다. 가치와 연결되는 그것이 보상/강화입니다.

좀 더 쉽게 말하면, 가치는 당신이 멀어지고자 하는 불쾌한 것에 대한 것이 아니라, 당신이 향해 다가가고자 하는 방향입니다. '다가가는' 움직임과 '멀어지는' 움직임의 차이에 대해 이야기함으로써 내담자와 이것을 단순화할 수 있습니다(Polk, 2014). '다가가는' 움직임은 원하는 것(가치 포함)을 향해 나아가는 행동인 반면, '멀어지는' 움직임은 원하지 않는 것(예: 고통스러운 생각이나 감정)을 제거하거나 멀리하기 위해 하는 행동들입니다.

저는 지나치게 기술적이지 않으면서도 다소 복잡한 요점을 전달하기 위해 메타포를 자주 사용합니다. 하지만 메타포는 대화하고 있는 특정한 개인에게 적합해야 합니다. 저는 훌륭한 음식이 문화의 큰 부분을 차지하는 오리건주 포틀랜드에 살고 있기 때문에, 저의 맥락에서 메타포는 다음 사례와 같이 냄새가 강한 치즈와 욕구가 얼마나 유사한지에 대해 말하는 것이 종종 효과적입니다[냄새 강한 치즈 메타포].

임상 사례: 욕구를 향한 지향. 다음의 임상 사례는 어떤 것에서 멀어지는 대신 욕구를 향해 치료 방향을 설정하는 것에 대해 대화하는 방법을 보여 줍니다. 이는 치료 계획 과정의 일부로, 첫 번째 회기에서 이야기될 수 있습니다.

치료자: 과학자가 쥐에게 미로 같은 곳을 통과하도록 가르치는 실험을 본 적 있나요?

내담자: 네. 심리학 개론 수업에서 읽은 적 있어요.

치료자: 좋아요. 기억하시겠지만, 쥐가 미로를 통과하게 하는 데에는 기본적으로 두 가지 방법이 있어요. 한 가지 방법은 쥐에게 전기 충격을 주는 것처럼 쥐가 불쾌하다고 느끼는 것을 하는 거예요. 쥐는 충격을 피하려고 빠르게 달아나 미로를 통과하여 충격이 없는 곳으로 이동할 거예요. 쥐의 행동은 충격에 의해 결정되는 거죠. 쥐는 어디로 가려고 하는 게 아니라, 단순히 그 고통에서 벗어나려고 노력해요.
하지만 쥐가 미로를 통과하게 하는 두 번째 방법도 있어요. 쥐가 가야 할 미로의 끝부분에 냄새가 강한 큰 치즈 덩어리를 놓는 것입니다. 어떤 일이 일어날까요?

내담자: 쥐가 치즈를 향해 달려가겠죠.

치료자: 네, 매번 그럴 겁니다. 실제로 치즈가 좋고 냄새가 강력하면, 미로를 정말 복잡하게 만들고 쥐가 가는 길에 온갖 장애물을 두어도, 쥐는 여전히 치즈를 향해 계속해서 다가갈 거예요. 우리는 여기서 냄새가 강한 치즈를 '욕구'라고 부릅니다. '식욕'이라는 단어와 비슷합니다. 무언가를 욕구라고 말하는 것은 그것이 당신에게 매우 매력적이어서 지절로 찾게 되는 길 의미해요. 쥐가 냄새 나는 치즈를 찾아가는 것처럼요. 이 경우에 쥐의 행동을 이끄는 것은 전기 충격이 아니라 냄새가 강한 치즈인 거죠.

내담자: 그러네요.

치료자: 우리 인간은 어떤 면에서는 쥐와 크게 다르지 않아요. 우리는 불쾌한 것, 즉 혐오스러운 것에서 벗어나려고 노력하는 데 집중할 수도 있고, 뭔가를 향해 다가가는 것에 집중할 수도 있어요. 우리가 함께 작업하면서 탐색할 것 중 하나는, 당신이 이 삶을 헤쳐 나갈 때 무엇에 이끌리고 싶은지에 대한 것입니다. 전기 충격인가요, 아니면 냄새가 강한 치즈인가요? 우리는 불안감, 무가치하다는 생각, 즉 충격과 같이 벗어나려고 노력하는 것들에 대해 이미 많은 이야기를 나눴습니다. 하지만 저는 삶 전체가 충격을 중심으로 돌아가는 것을 당신이 원치 않을 거라 생각하기 때문에 우리는 당신의 냄새 강한 치즈에도 주의를 기울여야 할 것 같네요.

내담자: 좋아요. 하지만 문제는 저에게 냄새 강한 치즈가 무엇인지를 모른다는 거예요.

치료자: 괜찮아요. 냄새가 강한 치즈가 무엇이든 간에, 아직 당신만의 고유한 치즈를 탐색할

기회가 많지 않았을 뿐입니다. 당신은 충격으로부터 멀어지기 위해 너무 열심히 노력해 오느라 당신에게 잠재되어 있는 치즈가 무엇인지에 집중할 수 없었어요. 저도 당신의 냄새 강한 치즈 맛이 무엇인지 아직 몰라요. 그것을 알아내는 것은 우리가 함께하는 작업의 일부가 될 수 있습니다. 그것이 무엇이든 당신의 삶에서 냄새 강한 치즈가 될 수 있는 것을 저는 '가치'라고 말해요. 가치는 의미 있고 잘 사는 삶을 만들어 주는 것인데요. 인생의 미로 끝에서 얻을 수 있는 최고의 보상, 궁극적으로 냄새 강한 치즈는 당신의 여정이 자신에게 가장 중요한 것을 추구하며, 그 가치가 어떻게 이 세상을 살아가도록 안내했는지 보여 주는 것이기 때문입니다. 치료에서 저와 함께 이런 것을 탐색하는 데 관심이 있나요?

가치와 언어

가치와 관련된 욕구 동기는 언어와 인지에 의해 크게 좌우됩니다. 언어와 인지는 의미, 목적, 가치를 명료화하는 수단입니다. 따라서 언어와 인지는 가치와 관련하여 특정 유형의 언어 및 사고의 영향력을 활용하고 강화하기 위해 전략적으로 사용될 수 있습니다.

가치와 관련하여 언어와 인지가 어떻게 구성적일 수 있는지 보여 주는 한 가지 예로, 생각하고, 기억하고, 상상하는 것이 어떻게 '거기'와 '그때'를 '여기'와 '지금'으로 가져오는 능력을 가지고 있는지 살펴봅시다. 언어를 통해 상상한 미래나 기억 속의 과거가 마치 지금 일어나고 있는 것처럼 경험될 수 있으며, 한편으로 이것은 많은 고통을 초래하기도 합니다. 예컨대, 당신이 가장 사랑하는 사람 중 한 명이 죽어 간다고 잠시 생각해 보세요. 사랑하는 사람이 현재 건강하고 안전하다고 할지라도, 그것에 대해 생각하는 것만으로도 당신은 어느 정도의 괴로움을 느끼게 될 수 있습니다. 반대로 이러한 동일한 능력은 가치와 관련하여 매우 유용할 수 있는데, 우리가 현재 순간에 가치를 실현하며 사는 것의 결과를 접촉할 수 있게 해 주기 때문입니다. 그 결과가 문자 그대로 지금-여기에 있지 않은데도 말입니다. 예컨대, 조카를 사랑하고 그들과 함께 놀고 싶어 하는 저의 가치를 상상하고 생각하거나 이야기하는 것은, 조카 조세핀Josephine과 마이클Michael이 현재 8,000마일 떨어져 있음에도 사랑하고 놀아주는 이모가 되어 주는 결과에 일부 접촉하도록 해 줍니다. 그러한 결과와 그런 모습의 이모가 되는 것이 어떤지 일부 느끼게 되면, 그것은 지금 제가 행동을 선택하는 데 영향을 미칠 수 있습니다. "아, 지금 피자 먹으면 정말 맛있지 않을까?"라고 말할 때 당신이 갑자기 피자를 먹고 싶어지는 것을 발견하는 것과 본질적으로 같습니다. 언어는 가치를 '맛보게' 해 주며, 이는 당신이 다음에 무엇을 할지 선택하는 데 영향을 미칠 수 있습니다. 우리가 원하는 삶이라는 더 큰 그림과 연결되면, 강화되는 것이 바뀌고 우리가 갇히기 쉬운 회피 또는 도피와 관련된 행동 패턴을 극복할 수 있습니다.

CBS는 언어가 우리를 강화하는 것에 영향을 미치는 방식에 대해 '증강하기augmenting'라는 용어를 사용합니다. 이러한 관점에서 가치는 가치-일관 행동을 지원하고 강화할 수 있다는 점에서 '증강augmentals'으로 기능할 수 있습니다(Törneke, 2010). 이 용어는 ACT의 기반이 되는 관계구성틀 이론(RFT; Hayes, Barnes-Holmes, & Roche, 2001)이라 불리는 언어 및 인지 이론의 일부입니다. RFT를 자세히 다루는 것은 이 책의 범위를 벗어나지만, 여기에 쓰여진 내용의 대부분은 RFT 원칙에 기초하고 있습니다. 탁월한 자동차 운전자가 되기 위해 공학을 자세히 알 필요는 없듯이, RFT를 상세히 이해하지 못해도 훌륭한 가치 작업을 수행할 수 있습니다. 그러나, RFT에 대해 더 자세히 알아보고 싶다면, 우수하고 비교적 접근하기 쉬운 자료인 『수용-전념치료자를 위한 언어적 관계틀 배우기』(Törneke, 2010)를 추천합니다. 그리고 정말로 깊이 파고들고 싶다면 이 주제에 대해 영향력이 큰 책인 『관계구성틀 이론』(Hayes et al., 2001)을 보시기 바랍니다.

가치가 중요한 이유

무엇이 가치이고, 무엇이 가치가 아닌지에 대한 감각을 갖는 것 외에도, 가치를 지향하는 것이 치료에 도움이 되는 몇 가지 이유를 살펴보고자 합니다.

가치는 의미를 만든다

내담자들 삶의 더 큰 맥락을 살펴보면, 많은 사람들이 그들이 보고한 증상을 넘어 신체적 · 심리적 안녕감과 관련된 의미, 목적으로부터 단절되어 괴로움을 겪고 있습니다(Creswell et al., 2005; McCracken & Yang, 2006). 의미는 언어가 주는 큰 혜택이자 어떤 경우에는 저주 중 하나입니다. 언어는 우리가 스스로에게 "이게 무슨 의미가 있는 걸까?"와 같은 질문을 하고 절망감을 느끼게 합니다. 그러나 언어는 또한 우리가 잘 사는 삶에 대한 가장 높은 이상에 대해 생각하거나, 가장 위대한 영웅을 기억함으로써 가장 어려운 상황에서도 도전에 맞서도록 영감을 줍니다. 조지프 캠벨Joseph Campbell이 다음과 같은 글을 썼습니다(Osbon, 1995, p. 16). "삶은 의미가 없습니다. 당신이 그것에 의미를 부여하는 것입니다. 삶의 의미는 그것이 무엇이든 당신이 정하는 것입니다." 가치를 통해 우리는 개인적으로 의미 있는 삶이 무엇인지 선택하고, 그 가치를 실현하는 과정을 통해 의미를 창조합니다. 의미는 우리가 중요한 것과 연결될 때, 우리가 살아갈 가치가 있다고 정의하는 삶과 접촉할 때 구성됩니다(Luoma et al., 2017). 가치-중심 치료자는 내담자가 가장 중요한 것과 연결되는 순간을 점점 더 많이 갖도록 도움으로써 의미와 목적이 있는 삶을 구축하기 위해 내담자와 협력합니다.

가치는 일관성을 주고, 행동을 지속시킨다

최근 자신에게 중요한 동료, 파트너, 친구와 나눈 상호작용에 대해 생각해 보세요. 크거나 중요한 상호작용일 필요는 없으며, 최근에 있었던 것이면 됩니다. 그 상호작용에서 어떻게 행동하고 싶은지를 어떻게 결정했나요? 대부분의 경우 이러한 결정은 별 생각 없이 내려집니다. 우리는 그저 자동 조종 장치로 반응합니다. 우리는 우리가 갖고 있는 순간적인 생각이나 느낌에 대한 반응으로 대응하는 경우가 많습니다. 당신이 그 순간에 사랑, 감사, 또는 배려를 느끼고 있었다면, 당신의 행동이 그러한 감정을 반영했을 가능성이 높으며 함께 하던 사람과의 일이 잘 진행되었을 것입니다. 하지만 만약 현재의 감정이나 생각이 분노, 좌절, 질투, 두려움과 같은 힘든 것들이라면 어떨까요? 이 경우, 그러한 생각과 감정에 따라 행동하게 되면 우리가 이상적으로 행동하기로 선택한 방식과 일치하지 않는 매우 다른 길로 가게 될 수 있습니다. 따라서 우리의 순간적인 생각과 감정보다 더 신뢰할 수 있는 지표를 갖는 것이 도움 될 수 있으며, 이는 우리 삶에서 우리가 어떤 사람이 되고 싶은지에 대한 더 큰 그림을 보도록 도와줍니다. 가치가 그것을 안내합니다. 우리의 생각과 감정은 대부분 통제할 수 없고 순간순간 빠르게 변화하지만, 우리의 가치는 좀 더 일관적인 경향이 있으므로, 격동의 시기에도 더욱 신뢰할 수 있는 지표가 될 수 있습니다.

우리의 개 달라이의 이야기로 돌아가 보면 이 점을 설명하는 데 도움이 될 수 있습니다. 저는 그 작은 강아지를 매우 사랑했지만, 달라이의 생애 마지막 몇 달은 그와 함께 있는 대부분의 시간 동안 다정한 사랑의 감정을 느끼지 못했습니다. 저는 주로 두려움과 엄청난 슬픔을 느꼈고, 인정하기 어렵지만 좌절감을 느꼈습니다(달라이는 치매를 앓고 있었기 때문에 아무것도 없는 곳을 향해 밤새 짖어서 계속 우리를 깨웠습니다.). 그와 교류할 때마다 저는 그런 고통스러운 감정과 생각에서 벗어나고 싶었고, 이는 곧 그에게서 멀어지는 것을 의미했습니다. 제가 도망치고 싶을 때에도 인내, 전념, 자비의 특성을 포함한 저의 가치와 연결되기 위해 잠시 멈추었기 때문에, 저는 이러한 가치들의 일관성을 유지할 수 있었습니다. 게다가 그러한 멈춤이 유용했던 것은, 앞서 가치의 필수 구성 요소로 밝혔던 자유로운 선택의 질적 특성 덕분입니다. 그 순간, 저는 제가 '해야' 하는 것에 대해 자신을 꾸짖지 않았습니다. 가치는 의무가 아니며, 그러한 꾸짖음은 이미 고통스러운 상황에 더 많은 혐오감을 더할 뿐입니다. 대신에 저는 잠시 멈춘 상태에서 제가 원하지 않는 것(달라이의 임박한 죽음에 대한 두려움과 슬픔의 '충격')에만 집중하기보다, 원하는 것(거의 20년 동안 사랑했던 이 작은 동물을 자비롭고 참을성 있게 돌보는 '냄새 강한 치즈')을 선택할 수 있도록 가치의 강화적 속성을 그 고통스러운 순간으로 가져왔습니다.

가치는 또한 더 큰 전체를 만들기 위해 우리의 행동과 목표를 함께 연결하는 일종의 언어적 접착제 역할을 할 수 있다는 점에서 일관성을 제공합니다. 삶은 일련의 단절된 순간이나 성취의 연속이 아닌, 더 큰 패턴이나 목적의 일부로 볼 수 있습니다. 각각의 가치 있는 행동은 이야기 줄거리에서 핵심 부분이나 사슬의 연결고리와 같습니다. 더 큰 맥락에 대한 이러한 연결은 가치 있는 패턴을 계속하려는 동기에 도움이 될 수 있습니다. 이는 순간적인 생각, 감정, 충동에 맞서 일종의 강인함robustness을 줍니다. 예컨대, 제가 진행한 수천 번의 치료 회기에서 엮어 온 사랑과 섬김의 맥락을 볼 수 있을 때, 그 순간 제가 내담자에게 마음을 열고 더 가까이 다가가고 싶은 욕구 이외의 다른 것을 느낀다 할지라도, 다음 내담자에게는 제 마음을 열고 다가가고자 하는 온전함과 동기로 연결됩니다. 그다음 회기는 전체로써 의미 있고 목적 있는 직장 생활을 만들어 냅니다.

가치는 또한 끝없는 동기부여의 원천이라는 점에서 일관성을 제공합니다. 이는 혐오적인 통제 전략aversive control strategies에 기반한 동기와 대조될 수 있습니다. 병원을 나서면서 '살을 빼야겠다'거나/'더 잘 먹어야겠다' 또는 '치실을 더 많이 사용해야겠다'라고 결심한 적이 있나요? 저는 확실히 있습니다! 그 당시 우리의 동기부여는 대개 두려움이나 수치심 또는 다른 불쾌한 감정에 기초합니다. 하지만 시간이 지나면서 그 불쾌한 감정도 사라지기 때문에 우리의 행동을 지속시켜 주던 동기도 사라집니다. 그러한 자극이 계속 동기부여 역할을 하여 행동을 유지시키려면 동기부여 요인에 다시 노출되어야 하는 경우가 많습니다. 이것은 내 내담자 베스Beth가 매 식사 전 거울 앞에 서서 자신이 얼마나 뚱뚱하고 역겨운지 스스로에게 말할 때 사용한 전략입니다. 그녀는 자신에게 잔인하게 대하려 한 것이 아니라, 실제로 자신의 식사 방식을 바꾸도록 동기를 부여하려는 노력이었습니다. 그러나 그녀는 혐오적인 통제 전략을 통해 그러한 노력을 하고 있었습니다. 많은 내담자들이 이러한 전략을 사용하여 자신에게 동기를 부여하려고 노력합니다. 그것이 실패하면, 그들은 종종 동기가 충분하지 않았다고 결론을 내리고, 자기-보복을 하거나, 두려워하거나, 선택된 혐오감을 증폭시키며 그것이 효과가 있기를 희망합니다. 가치는 보다 자비로운 대안을 제공하며, ACT의 매개분석 자료를 기반으로 볼 때, 행동 변화를 유지하는 데 있어 보다 효과적인 전략입니다(Gregg, Callaghan, Hayes, & Glenn-Lawson, 2007; Lundgren, Dahl, Melin, & Kees, 2006).

가치는 무엇이 효과적인지 알려 준다

우리 모두는 우리의 노력이 성공적인지 여부를 알고 싶어 합니다. 내담자들은 자신이 하고 있는 것이 '효과적'인지 알고 싶어 하고, 치료자인 우리도 개입이 효과적인지 알 필요가 있습니다. 하지만, 우리가 무엇을 향해 나아가고 싶은지 알기 전까지는 진전을 이루고 있는지 알 수 없습니다. 가치는 해당 측정 기준metric을 제공합니다. 가치는 선택된 목적이며, 궁극적인 결과 척도입니다. 내담자가 하고 있는 일이 자신의 가치를 향해 나아가게 하는 것이라면 효과가 있는 것입니다. 그렇지 않다면, 다른 부수적인 효과(예: 증상 감소 또는 즐거운 것의 증가)와 관계없이 가치-중심 치료자로서 그 사람이 하고 있는 일이 궁극적으로 효과가 없다고 말하고 싶습니다.

근본적인 차원에서 가치는 무언가를 하는 이유에 대한 답입니다. 내담자의 가치는 제가 치료에서 하는 모든 것의 무게 중심이 됩니다. 그렇다고 가치-중심 치료에서 가치의 탐색과 명료화만 한다는 말은 아닙니다. 또한 우리는 가치에 대해서만 직접적으로 이야기하기보다는 가치 있는 삶을 지원하는 다른 레퍼토리 repertoires에 초점을 맞춰야 합니다(제2장은 이러한 다른 레퍼토리에 관한 것입니다). 하지만 당면한 다른 것에 초점을 두고 있을 때에도, 가치-중심 치료자로서 저의 개입은 궁극적으로 가치 있는 삶을 살도록 하기 위한 것입니다. 이러한 방식으로 구성되는 노출 치료는 불안을 줄이는 것이 아니라 삶을 가치 있게 사는 것일 수 있습니다(Thompson, Luoma, & LeJeune, 2013). 변증법적행동치료(dialectical behavior therapy, 이하 DBT) 기술은 궁극적으로 자해를 줄이는 것 자체가 목적이 아니라 가치 있는 삶에 도움이 될 수 있으며(Cameron et al., 2014), 당뇨병의 행동관리는 단순히 생존하는 것 이상으로 잘 사는 삶에 대한 것일 수 있습니다(Gregg et al., 2007). 가치는 당신이 사용하는 개별적인 치료 기법이 무엇이든 상관없이 전체 치료 과정에서 구조화된 질서를 부여하고 일관성을 제공합니다.

단순하게 가치 찾기

가치에 기반을 두고 작업하는 치료자들은 가치의 본질적인 질적 특성과, 그것이 치료실에서 어떻게 기능하는지 더 깊이 이해하는 것이 중요합니다. 지금까지 이 장에서는 그 기초를 마련하는 데 중점을 두었습니다. 하지만 내담자와 가치에 대해 이야기할 때에는 보통 단순하게 하는 것이 가장 좋다고 생각합니다. 가치는 말word이 아니므로, 때로는 너무 많은 단어word를 사용하기 시작하면 가치의 본질을 잃을 수 있다는 점을 기억하세요. 따라서 내담자와 대화할 때 '가치'가 의미하는 바를 단순하게 설명하고, 포괄적이거나 '옳은' 것을 추구하기보다는 호기심이나 영감을 개발하는 데 중점을 두세요. 다음 내용은 불충분한 경우 내담자에 시도해 볼 수 있는 유용한 정의들입니다.

가치는 이것입니다.

- 당신에게 개인적으로 생각하는 '잘 사는 삶'은 어떤 삶인가
- 당신이 의미 있는 삶을 살고 있을 때, 어떻게 살고 있는가
- 인생의 마지막에 도달했을 때, 당신의 삶에서 구현하고 싶은 질적 특성들
- 당신의 삶이 무엇을 나타내기를 원하는가
- 무엇이 의미 있고, 무엇을 중요하게 여기고 싶은가
- 당신이 살아갈 단 한 번의 삶에서 당신이 선택하고 싶은 여정
- 삶의 마지막에 도달했을 때 어떤 여정이었기를 바라는가
- 이 세상을 살아가면서 당신이 되고 싶은 사람
- 삶의 끝에 다다랐을 때 "아, 정말 잘 살았구나!"라고 말할 수 있는 삶의 질적 특성
- 의도적으로 잘 사는 삶을 구축하는 것

연습: 당신의 가치 정의하기

이제 시도해 보세요. '가치'라는 용어가 의미하는 바를 한 문장으로 정의한다면 내담자에게 뭐라고 말하시겠습니까?

____

____

____

가치와 문화

가치-중심 치료는 내담자가 잘 선택할 수 있도록 돕고, 자신의 고유한 삶의 경험 안에서 자신에게 중요한 것이 무엇인지 분별하도록 돕는 과정에 중점을 둡니다. 이는 내담자가 가치를 무엇으로 선택하느냐에 대한 결과에 초점을 두는 것이 아닙니다. 또한 내담자의 가치에 대한 철저한 존중이라는 본질적인 핵심 가정을

수반합니다. 이러한 입장의 일부는 전략적이기도 합니다. 저는 내담자에게 그들이 선택한 삶을 살 수 있는 선택과 자유를 제공할 수 있기를 원합니다. 치료자가 무의식적이거나 의식적으로 주는 압박이 없어야 선택의 자유가 보장됩니다. 하지만 이 입장의 또 다른 부분은 겸손에 바탕을 두고 있습니다. 즉, 저의 경험과 문화적 배경은 이 세상에 있는 많은 경험과 문화적 배경 중 하나일 뿐이며, 어떤 것에 대해 제가 아무리 확신한다고 생각하더라도 오류가 있을 수 있다는 인식입니다. 따라서 가치에 대해 작업하는 모든 치료자는 자신의 문화적 배경에서 나타나는 반응을 알아차리는 것이 필수적이라고 생각합니다. 왜냐하면 이러한 반응은 내담자가 자신의 삶을 위해 원하는 것을 선택할 수 있는 자유에 영향을 미칠 수 있기 때문입니다. 이것은 제8장에서 훨씬 더 자세히 논의할 중요한 주제입니다. 그러나 맥락과 문화의 중요성을 인식하는 것은 가치-중심 치료에서 중요한 개념이므로, 우리가 치료에 대한 이러한 접근 방식의 기초를 마련하기 시작할 때에도 이를 대화에 포함시키는 것이 중요합니다.

핵심 챙김

- 가치는 행동입니다. 그것은 말이 아닌 삶의 방식입니다.
- 가치는 자유롭게 선택된 삶의 방향입니다. 언제든 가치에 즉시 접근할 수 있지만, 도달할 수는 없습니다.
- 목표는 우리가 올바른 방향으로 가고 있음을 보여 주는 표지물이지만 결국 중요한 것은 아닙니다.
- 가치는 욕구 동기의 궁극적인 요소인 '냄새가 강한 치즈'입니다.
- 우리는 가치 있는 삶의 결과를 언어를 통해 지금-여기로 가져올 수 있습니다.
- 가치는 의미를 창출하고 일관성을 제공하며 행동을 지속시킵니다.
- 가치는 치료를 하는 '이유'입니다.

- 단순하게 이야기하세요! 가치에 대해 말할 때에는 포괄적인 이해보다는 호기심, 가능성, 영감을 여는 데 집중하세요.
- 자신의 문화적 관점을 인식하세요. 내담자의 문화적 관점에 대해서 호기심을 갖고 겸손하게 행동하세요.

활용 단계: 가치-중심 치료를 위한 자기-평가

제가 대부분의 치료 회기를 마칠 때와 마찬가지로, 이 책의 각 장을 당신이 연습할 수 있는 몇 가지 연습문제로 마무리하겠습니다. 이후 장에서는 내담자와의 작업에서 연습하는 것에 대한 제안이 있을 것입니다. 또한 당신 스스로에게 적용할 수 있는 '내면 통찰 학습' 제안도 많이 있습니다. (가치 작업은 내담자만을 위한 것이 아닙니다!) 하지만 우리는 이제 막 함께 이 여정을 시작했기 때문에, 당신이 어디에서부터 시작하고 있는지 파악하는 것이 좋을 것입니다. 〈부록 A〉에는 가치-기반 심리치료를 위한 자기-평가 양식이 있습니다. 이 양식을 작성하고, 이미 알고 있는 것과 배워야 할 것에 대해 당신의 응답이 알려 주는 것을 성찰해 보시기 바랍니다.

또한, 이러한 질문에 대해 깊이 숙고하는 동안, 이 책에 접근하면서 가치가 당신을 어떻게 안내할지 생각해 볼 수도 있습니다. 당신이 내담자나 사랑하는 사람이라고 상상해 보세요. 그들은 자신의 장점, 그리고 개선하기 원하는 잠재적인 약점의 영역들을 살펴보기로 선택했습니다. 그러한 자기-성찰이 어려운 점을 이해한다면, 당신은 그 과정에서 그 사람을 어떻게 대하고 싶나요? 이상적으로 생각했을 때, 그 사람의 성장과 자기-탐색을 어떻게 지원하거나 격려하고 싶나요? 그들이 새로운 기술을 배우고 자신에 대해 새로운 것을 발견하는 데 잠재적으로 어려움을 겪을 때, 그들이 자신을 어떻게 대하기를 원하나요? 다른 사람과의 상호작용을 인도할 가치를 고려할 때, 이 동일한 가치가 당신이 자기-성찰 과정을 거치는 동안 자신을 어떻게 대할지 선택하는 데 어떤 영향을 미칠 수 있을까요? 이러한 방식으로, 당신은 자신과 가치와의 관계를 평가하는 과정을 진행하면서도 당신의 가치대로 살아갈 수 있습니다.

제2장

심리적 유연성이 필요한 가치 중심의 삶

> 좋은 삶은 존재 상태가 아니라 과정입니다. 좋은 삶을 사는 방향은 전체 유기체가 심리적 자유를 갖고 어떤 방향으로든 움직일 수 있을 때 선택하는 방향입니다.
>
> -칼 로저스(1961, pp. 186-187)

인간은 놀라운 생명체입니다. 대부분의 다른 동물들과 마찬가지로, 우리 안에는 불쾌한 경험을 피하고 유쾌한 경험을 찾으려는 동기가 작동합니다. 그러나 대부분의 다른 동물들과 달리, 우리의 고도로 발달된 언어와 인지능력은 우리에게 즉각적인 편안함, 즐거움, 심지어 생존 이외의 더 높은 목적을 바라보게 해 주었습니다(Wilson, 2015). 제 내담자 켄Ken의 사례를 살펴보겠습니다. 그는 간암으로 고통스러운 죽음의 과정을 겪을 때, 자신의 고통을 감소시키려는 데 중점을 두는 대신 자연을 감상하고 잘 돌보는 것을 가치로 삼기로 결정했습니다. 그는 병원에서 더 많은 치료를 받는 대신에 그가 즐겨 찾는 하이킹 코스에서 쓰레기를 주우며 남은 짧은 생을 보내기로 선택했습니다. 저의 동료 케이트Kate 사례도 생각해 봅니다. 그녀는 슬픔을 피하는 대신에 자비를 가치로 삼았습니다. 그녀는 삶의 막바지 단계에 다다른 열다섯 살 된 개를 일부러 입양하여 누군가에게 '잊혀진 존재들'을 돌보는 자비로운 가치를 실천하기로 결정했지만, 이것이 그녀에게 깊은 정서적 고통을 가져올 것을 이미 알고 있었습니다. 또 저의 아버지를 생각해 보게 됩니다. 그는 77세에도 불구하고, 아프리카의 외딴 지역에서 저와 함께 2주 동안 텐

트에서 생리적 · 심리적 불편감을 기꺼이willingness 선택했습니다. 이렇게 함으로써, 그는 불안과 몸의 통증으로부터 멀어져 자신의 가치에 더 가까이 다가가기로 선택했습니다. 이렇게 방금 언급한 사람들의 각 선택은 즉각적인 고통과 괴로움을 초월하여 자신에게 좋은 삶을 사는 데 일조하는 행동을 하도록 가치가 안내했음을 보여 줍니다.

어떤 가치가 당신의 치료 방향을 안내하는가

대부분의 치료 접근은 어떤 일련의 다양한 가치에 의해 암묵적으로 이끌리고 있습니다. **가치-중심 치료**[1]values-guided therapy **관점**에서 볼 때, 발견되는 문제는 치료에서 중요하게 여겨지는 가치들이 종종 치료 내에서 검토 없이 당연한 것으로 가정되고 있다는 것입니다. 아마도 가장 흔한 치료 가정 중 하나는 치료의 주요 목표가 고통, 괴로움 또는 증상을 완화하는 것이라는 점입니다(Katz, Catane, & Yovel, 2016). 이는 암묵적으로 고통과 증상을 완화함으로써 내담자가 의미 있는 삶을 살 수 있게 되는 것이라는 생각이 내포되어 있습니다(Arch & Craske, 2008). **고통과 증상을 완화하는 것**이 유효한 목표가 될 수 있지만, 여기에는 두 가지 문제가 있습니다. 첫째, 무엇보다도 이것은 내담자가 치료를 위한 방향을 결정하는 주체가 되지 못하게 합니다. 둘째, 이 장에서 더 자세히 논의하겠지만, 증상을 완화하려는 시도가 반드시 의미와 목적이 충만하게 **잘 사는 삶**well-lived life으로 인도하지 못할 수도 있습니다.[2]

---

1) values-guided therapy: 가치-중심 치료라 번역하였다. 가치를 기반으로 치료를 한다는 측면에서 '가치-기반 치료', 내담자 가치 지향에 따라 치료를 한다는 측면에서 '가치-지향 치료', '가치-지표 치료'라 할 수 있다. ACT가 내담자의 가치를 중심으로 가치가 안내하는 방향으로 심리치료를 한다는 측면에서 '가치-중심 치료'라 통일 번역하였다(역자 주).

2) 고통 경감 목표만으로는 내담자 스스로가 가치대로 주도적으로 살게 돕고, 가치와 관련 삶을 사는 데 효과적이지 않다는 것이다(역자 주).

통증 감소를 넘어 선택의 폭 넓히기!

치료에서 가치-지향적 접근values-guided approach[3)]은 내담자들에게 고통이나 증상을 피하는 것 이외의 가치, 즉 중요하게 여기는 것을 탐구하고 선택하도록 격려합니다. 가치를 핵심에 두는 치료는 내담자가 무엇을 중요하게 여기고 선택할 것인지에 대해 미리 가정하지 않습니다. 그 대신, 각 내담자가 자신의 삶을 어떤 방향으로 이끌고 싶은지, 무엇을 중심으로 할 것인지를 개방적으로 명확하게 드러나도록 탐색합니다. 그리고 그 가치 방향에 초점을 맞춥니다. 이것은 내담자의 자율성과 성장 능력을 근본적으로 존중하는 것이라고 생각합니다.

아마도 당신은 혼자 조용히 이렇게 나직하게 말할 수 있습니다. “네 그 말씀 맞아요. 하지만 제 내담자들은 저에게 와서 그들의 우울증/불안/불안정/수치심/자기-혐오를 없애고 싶다고 말합니다”(즉, 다른 말로, 그들은 명확하게 심리적 고통을 줄이기 위해 치료를 원한다고 말하고 있습니다.). 네, 물론 그렇습니다! 제 내담자들 대부분도 그렇습니다. 제 자신도 제 삶의 다른 시점에서 치료를 찾을 때 항상 어떤 고통에 시달리고 있었습니다. 우리는 아무도 고통을 원하지 않습니다. 이것은 문제가 아닙니다. 인간으로 현존하고 있다는 의미 중 하나일 뿐입니다. 그러나 문제가 될 수 있는 것은 사람들이 자신의 삶을 무엇으로 이끌고 있는지를 알아차림aware 하지 못하거나, 그 선택지가 존재한다는 것조차 인식하지 못할 때입니다. 누군가의 삶이 쾌락을 추구하거나, 더 자주 고통을 회피하는 데에 너무 집착하게 되면, 그들의 삶이 무엇에 관한 것인지에 대한 선택의 폭이 좁아지는 결과를 초래할 수 있습니다. 모든 다른 가치 있는 활동을 배제하면서 기쁨을 느끼고 고통을 느끼지 않는 것에만 초점을 맞춘 삶은 많은 괴로움을 낳을 수 있습니다(Chawla & Ostafin, 2007). 실제로, 자료에 따르면 치료 과정에서 고통이 감소한다고 해서 이후 가치 있는 행동이 증가하는 것으로 예측하지 못했습니다. 반면에, 가치 있는 행동은 이

3) 가치-기반 접근, 가치-지향적 접근, 가치-중심적 접근 등 동의어가 많으며 혼용해서 사용했다(역자 주).

후의 고통 감소를 예측했습니다(Gloster et al., 2017).

통증 감소alleviation를 중요시하는 행위는 주로 알아차림awareness 없이 일어납니다. 그것은 자동적이라 사람들에게 선택지라는 생각조차 들지 않습니다. 특히, 우리가 가장 많이 만나는 갇혀 있는 내담자들은 그들의 삶이 자신이 경험하는 고통을 통제하거나 제한하거나 해결하거나 고치거나 완화하거나 달래거나 기타 어떤 방식으로든 감소시키는 데 달려 있다고 느낍니다. 우리 모두가 좋은 삶을 살고 싶어 합니다. 그러나 우리 중 많은 사람들, 특히 우리가 돕는 사람들 대부분은 우리가 속한 문화에서 '괴로움을 겪지 않는 것이 좋은 삶'이라는 메시지를 받아 왔습니다. 다시 말해서, "잘 사는living well 것의 열쇠는 기분 좋게feeling good 사는 것"이라는 의미입니다. 뛰어난 작가이자 활동가인 벨 후크가 다음과 같이 훌륭한 말을 했습니다.

> "우리 문화의 일상에서 구축된 거대하고 강력한 환상 중 하나는 '모든 고통은 가치가 없다'라는 표현입니다. 실제로 선택받은 사람, 진정으로 가치 있는 사람은 고통에서 가장 자유로운, 즉 고통이 없는 사람이라는 것입니다"(Hooks, 1992, p. 52).

우리 내담자들 중 많은 이들이 우리에게 가치 있는 삶은 고통이 없는 삶이라는 암묵적인 가정을 가지고 살아왔습니다. 그래서 고통을 없애는 것이 그들이 갈망하는 의미 있는 삶을 살기 위한 필수적인 선행 조건이라고 믿습니다.

가치-중심 치료는 내담자들이 자신이 무엇을 가치 있게 여기는가에 대해 알아차리고, 그들의 행동이 고통을 회피하기 위해 수행되는 것인지 인식하고, 다른 것을 가치 있게 여기는 것을 주목할 수 있도록 돕습니다. 가치를 닻 내리기[4]로 사용하는 가치-중심 치료를 통해 우리는 사람들이 경험하는 어떤 괴로움이든 초월하여, 삶의 과정에 의미를 부여하도록 돕습니다. 그리고 탈출을 선택하는 것도 하나

---

4) anchoring의 번역이다. 닻 내리기, 즉 마음챙김으로 사용하기도 한다. 여기서는 '가치-기반', '기본으로 삼기'를 의미하는 based의 뜻으로 쓰였다(역자 주).

의 많은 선택지의 일부이며, 다른 상황뿐만 아니라 고통에 대한 대응을 경험하도록 돕습니다.

과정으로써의 가치 명료화

가치-중심적 접근에서 치료의 주요 기능은 내담자가 자신의 삶의 목적이 무엇인지 어떻게 되기를 원하는지 선택할 수 있도록 돕고, 그리고 그들의 행동을 조직하여 목적에 부합하는 총체적이고 일관되고 지속 가능한 방식으로 그 목적을 달성하는 능력을 촉진하는 것입니다. 이것에는 두 가지 부분이 있음을 유의하십시오. 첫째, 선택하기 부분이 있습니다. 둘째, 살아가기나 행동하기 부분이 있습니다. 가치에 대한 대부분의 접근 방식은 주로 핵심 가치를 식별하거나 명확히 하는 첫 번째 부분에 초점을 맞추고 있습니다. 그러나 가치-중심 접근 방식에서는 자신의 가치를 식별하는 데서 그치는 것이 목표가 아닙니다. 더 나아가, 치료는 내담자들이 치료실 밖에서 가치 있는 삶을 살 수 있는 도구를 제공해야 하며, 이는 가치 명료화 과정(process of valuing)[5]을 지원하는 것에 중점을 두는 것을 필요로 합니다. 따라서 우리는 또한 내담자가 다음과 같은 행동 레퍼토리와 역량을 개발하도록 돕는 데 중점을 둡니다. 총체적으로 고려했을 때 그들이 잘 살고 있다고 여길 수 있는 활동에 참여하도록 합니다. 목적이 있고 의미와 진실성이 있는 삶으로 인정될 활동에 참여할 수 있도록 돕는 데 초점을 맞춰야 합니다. 목표는 내담자가 가치 있는 삶의 새로운 과정을 배우도록 돕는 것입니다.

5) process of valuing의 번역이다. valuing을 가치 명료화, 가치 부여, 가치 평가 등으로 번역될 수 있으나 가치 명료화를 중심으로 혼용하였다(역자 주).

심리적 유연성과 가치 있는 삶

가치를 과정으로 간주할 때, 우리가 무엇을 가치 있게 여기는지 아는 것만으로는 충분하지 않다는 것이 분명해집니다. 연구에 따르면 무엇이 중요한지 아는 것만으로는 일반적으로 우리의 삶을 개선하지 못하지만, 우리에게 중요한 것에 따라 행동하는 것은 삶을 개선시키는 것으로 알려져 있습니다(Bramwell & Richardson, 2018). 따라서 우리가 가치를 아는 것은 필요하지만 충분하지 않습니다. 우리의 가치대로 사는 것이 차이를 만듭니다. 우리에게 무엇이 중요한지 알더라도 그 길에는 온갖 장애물이 나타나서 우리를 방해합니다. 우리는 비본질적인 것, 중요하지 않은 것에 얽매여 괴로움에 지나치게 집중하고, 제한되고 분리된 자아 감각에 갇히고, 미래와 과거에서 길을 잃거나, 자신과 타인 또는 세상에 대한 이야기에 몰두할 수 있습니다. 이러한 모든 반응은 우리가 스스로 선택한 삶을 사는 데 방해가 됩니다. 따라서 가치에 따라 삶을 살아가는 것은 이러한 심리적 장애물에 대응할 유연성을 갖고 있는 것에 달려 있습니다. 이 능력을 '심리적 유연성 psychological flexibility'이라고 합니다(Hayes, Strosahl, & Wilson, 2012).

이 장의 나머지 부분은 다양한 심리적 유연성 레퍼토리가 가치를 탐구하고 가치 있는 삶을 유지하는 데 필수적이라는 것에 초점을 맞출 것입니다. 이 책의 나머지 부분과 달리, 이 장은 대부분 다소 교육적이고didactic 기술적입니다. 그러나 가능한 한 어려운 부분은 최소화하려고 노력했습니다. 이러한 개념에 대한 지적인 이해는 일반적으로 내담자에게 필요하지 않을 수 있지만(심지어 도움이 되지 않을 수 있음) 이론에 대한 확실한 이해는 치료자에게 유용합니다. 왜냐하면 우리가 무엇을 해야 할지 안내해 주기 때문입니다. 가치 작업을 하는 치료자로서, 내담자에게 방해 요소가 될 수 있는 심리적 과정에 대한 인식이 중요합니다. 또한 내담자의 레퍼토리가 강화되어야 할 필요가 있는지 이해하는 것이 중요합니다. 이론은 이러한 정보를 다루는 데 필요한 안내를 제공합니다. 따라서 이 장에서는 가치를 다루면서 발생하는 장애물을 해결하는 방법에 대해 논의하기 위해 가치 이상의 넓은 관점을 살펴볼 것입니다.

심리적 유연성이란 무엇인가

물리학자 알베르트 아인슈타인Albert Einstein이 했다고 알려진 유명한 말이 있습니다(사실 근거는 없음). '정신병리'[6]는 "같은 일을 반복하면서 다른 결과를 기대하는 것이다."라는 말입니다. 이 말은 너무 간단하게 요약된 것일 수 있지만, 이 말 안에는 수천 개의 연구에서 확인된 중요한 진실이 있습니다. 즉, **비유연성inflexibility과 경직성rigidity이 정신병리의 핵심heart에 있다는 것입니다**(Chawla & Ostafin, 2007; Spinhoven, Drost, de Rooij, van Hemert, & Penninx, 2014). 우리는 변화하는 삶의 요구에 적응하기 위해 유연하게 대응할 수 있는 능력이 필요합니다. 심리적 유연성은 우리의 가치와 조화롭게, 삶이 제시하는 도전에 적응적으로 대응하는 능력에 대한 이야기입니다. 더 정확히 말하면, **심리적 유연성은 "알아차리는 인간으로서 현재 순간과의 접촉을 더 완전하게 하고, 환경 상황이 제공하는 바를 기초로 행동을 변경하거나 지속할 수 있는 능력"으로 정의됩니다**(Luoma et al., 2017, p. 16). 이 개념은 포사이스와 포사이스(Forsyth & Forsyth, 2015)의 [그림 1]에서 영감을 받아 만들어졌으며, 이는 심리적 유연성의 개념을 설명하는 한 가지 방법입니다.

이 관점에서 가치는 심리적 유연성 모형의 일부에 그치는 것이 아니라 심리적 유연성의 근간이 됩니다. 가치는 우리가 내담자와 함께 하는 모든 작업을 안내하는 이유, 최종 목적, 맥락입니다. [그림 1]에 나타난 것처럼 가치는 다른 심리적 유연성 처리 과정이 있는 바탕, 기반을 형성합니다. 화살표는 우리의 가치가 효과적인 행동을 통해 어떻게 반영되는지, 또는 우리가 시간과 노력을 어디에 집중하는

---

6) 여기서는 저자가 정신병리pathology로 표현하였으나, 다른 곳에서는 정신이상insanity의 정의로 회자되고 있다(역자 주).

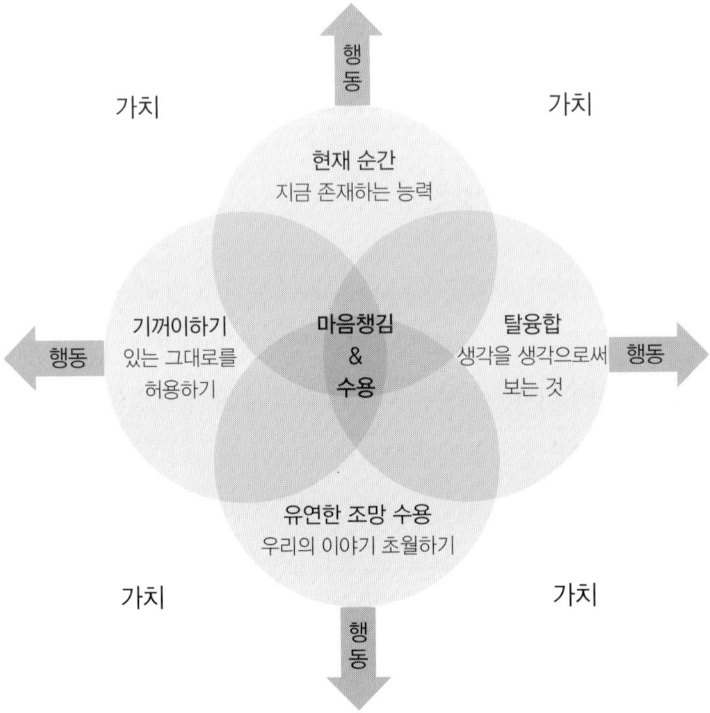

[그림 1] 마음챙김 및 수용의 유연성 과정 모형

가치는 우리가 치료자로서 행하는 모든 것의 기초 또는 맥락입니다. 마음챙김과 수용의 네 가지 심리적 유연성 과정은 우리의 가치를 실현하는 효과적인 행동을 취할 수 있는 유연성을 제공합니다.

Figure 1. 포사이스와 포사이스(Forsyth & Forsyth, 2015)의 영감을 받음.

지를 나타냅니다. [그림 1]의 중심에는 우리의 내적(생각, 감정, 감각)과 외적(상황과 사람) 환경에 적응적으로 대응respond할 수 있도록 우리를 허용하는 처리 과정 또는 역량이 있습니다. 이 네 가지 치유적 과정은 실제로 중요한 것(가치)으로 되돌아가 행동을 취할 수 있는 유연성을 가지는 것을 허용하기 때문에 중요합니다. 이러한 가치-중심 처리 과정은 마음챙김과 수용의 형태로도 생각될 수 있습니다. 경험을 받아들이고 열린 마음으로 받아들이는 것, 우리가 **기꺼이하기**willingness라고 부르는 것은 인생의 피할 수 없는 고통과의 씨름struggling으로부터 우리를 해방시켜 줍니다. 이 싸움은 종종 우리를 우리의 가치로부터 멀어지게 만들고 역설적으로 괴로움[7]을 증가시킬 수 있습니다. **인지적 탈융합**cognitive defusion은 마음챙김의 측면 중 하나로, 생각에 지나치게 집착하지 않고 관찰하는 법을 배우며 단어를 단순히 단어로, 이미지를 단순히 이미지로 보는 것입니다. 때로는 우리의 생각에 너무 열중해서 직접 체험하는 세상이 존재하지 않게 됩니다. **인지적 탈융합**은 우리를 우리의 생각에 의해 구조화된 가상의 세계에서 해방시켜 우리의 가치와 그에 따른 실용적인 행동으로 돌아갈 수 있도록 합니다. 유연하고 유동적이며 자발적인 방식으로 현재 순간에 주의를 기울이는 것은 우리에게 현재 경험으로부터 배우고 새로운 행동 선택지들을 다양한 관점에서 볼 수 있는 기회를 제공합니다. **현재 순간**present moment은 학습이 일어나고 우리의 가치가 실현되는 곳입니다. 마지막으로, **유연한 조망 수용**flexible perspective taking[8]은 우리 자신에 대한 복합적이고 다양한 관점을 받아들이는 것뿐만 아니라, 우리 자신에 대한 이야기, 타인, 그리고 세계에 대한 우리 이야기의 내용보다 큰 의식적 관찰자로서 초월적인 자기감에 접촉할 수 있는 능력을 배우는 것입니다. 이는 우리의 자기-제한적이고 자기-패배적인 이야기의 효과를 억제하여 우리가 가치를 실천하는 능력을 제한하는 것을 감소시킵니다. 이러한 각각의 유연성 레퍼토리는 가치를 향한 행동을 취하기 위해 필요합니다.

가치 있는 삶을 촉진하는 유연성 레퍼토리

앞에 살펴본 것처럼, 심리적 유연성에 관련된 주요 마음챙김과 수용의 처리과정에는 다음 네 가지, ① 기꺼이 경험하기(또는 수용), ② 탈융합, ③ 현재 순간,

---

7) suffering: 괴로움이라고 번역했다. pain은 1차적인 고통이라고 개념화하고 번역한다. pain에 회피와 해석 등에 의해 2차, 3차의 고통이 부가되고 눈덩이를 굴리듯 불어나는 것을 괴로움이라고 본다. 예로 두통이 올 때 "머리가 아프고 타는 듯한 욱신거림이 오는구나."로 끝나면 두통을 고통으로 단순하게 경험한다. 대조적으로 두통이 올 때 "신이시여, 왜 제게 이런 일이 일어나는 것입니까? 불공평합니다."라고 한다면 비수용하면서 고통이 훨씬 크게 증가하는 괴로움을 경험한다(역자 주)

8) perspective taking: 조망 수용. 자기 자신의 관점과 타인의 관점을 별개의 것으로 구분하여 타인의 생각, 감정, 지식 등을 그 사람의 관점에서 이해하는 능력을 의미한다(네이버 심리학 용어사전).

④ 유연한 조망 수용(또는 맥락으로서의 자기)이 있습니다. 다음에 자세히 설명되는 각 처리 과정들은 우리가 삶에서 가치 있는 것을 자유롭게 선택하며, 우리의 삶(그리고 우리의 마음!)이 불가피하게 던지는 장애물의 한가운데 있을 때조차 그러한 가치를 실현할 수 있는 유연성을 갖추기 위해 필요합니다. 다음은 이러한 각각의 심리적 유연성 레퍼토리와 가치와의 관계에 대한 간단한 소개입니다. 이 개념에 대해 더 자세히 알고 싶다면, 헤이즈, 스트로살, 그리고 윌슨(Hayes, Strosahl, & Wilson, 2012) 자료와 같은 보다 종합적인 ACT 자료를 참조하십시오.

기꺼이하기/수용

인간은 아마도 지구상을 걸어 다닌 가장 뛰어난 문제해결자일 것입니다. 문제해결이란 본질적으로 문제나 위협을 감지하고 그것을 해결하는 능력입니다. 수천 년 동안 인간의 마음은 뛰어난 문제해결 기계problem-solving machine처럼 진화해 왔으며, 이것에서 인간만큼 뛰어난 종은 지구상에 없습니다. 우리 종은 한때 추위와 굶주림에 시달렸으나, 불을 만드는 방법을 알아냈습니다. 우리는 공용어, 교통수단, 그리고 마침내 인터넷을 개발했습니다. 이는 모든 다른 동물들보다 더 높은 수준의 협력과 상호의존성을 허용했습니다. 그리고 이제 우리의 고향인 지구를 파괴할 위기에 처해 있으면서도, 우리는 화성에서 살아남는 방법으로 문제를 해결하고 있습니다. 이 문제해결 능력과 이를 가능하게 한 언어 및 협력 능력 덕분에 우리는 지구를 지배할 수 있게 되었습니다. 그러나 많은 것들과 마찬가지로, 이 놀라운 강점이 인류 환경의 쇠퇴와 몰락의 원인이 되고 있습니다.

문제해결하기의 문제점. 오해하시면 안 됩니다. 문제해결 자체는 훌륭합니다! 저는 주거지가 있다는 것, 음식을 요리할 수 있고 사랑하는 사람들과 세계 반대편에 있으면서 대화할 수 있는 것을 좋아합니다. 그러나 우리가 해결하려는 문제가 우리의 생각, 감정 및 감각과 같은 내부 경험인 경우에 어려움이 발생하는 경향이 있습니다. 우리의 마음mind이 고도로 조정된 '문제/위협 감지기problem/threat detector'

로 작동하는 경우, 즉 마음은 내부로 집중하면 고통스러운 생각, 감정 및 감각을 실제 물리적 위협으로 자동 반응react하고 해결해야 할 문제로 인식합니다. 그러면 우리는 이러한 자신의 고통스러운 부분과 싸우거나 피하려고 애를 쓰게 됩니다. 그러나 외부 위협의 문제와는 달리, 언어와 인지가 작동하는 방식 때문에 우리가 어디를 가든 이러한 생각, 감정 및 감각이 따라다니지 않는 곳이 없습니다. "당신이 어디를 가든, 그곳에 당신이 있다."라는 말처럼 말입니다.

'경험회피(experiential avoidance: EA)'는 고통스러운 내적 경험(생각, 기억, 감각, 감정 등)으로부터 벗어나려는 행동이며, 비록 이 행동이 해롭더라도 이해 가능한 경향성을 말합니다. 경험회피는 현재 수백 개의 연구를 통해 우울증(Mellick, Vanwoerden, & Sharp, 2017)에서부터 물질사용(Forsyth, Parker, & Finlay, 2003), PTSD(Tull, Gratz, Salters, & Roemer, 2004), 불안(Spinhoven et al., 2014), 자해 행동(Chapman, Gratz, & Brown, 2006; Howe-Martin, Murrell, & Guarnaccia, 2012)에 이르기까지 인간이 겪는 무수히 많은 방식의 중심인 것으로 밝혀진 초진단적으로 주요한 변인입니다. 게다가 경험회피는 학습의 어려움(Harper, Web, & Rayner, 2013), 소진(Villardaga et al., 2011; Hinds, Jones, Gau, Forrester, & Biglan, 2015), 그리고 전반적으로 낮은 삶의 질(Hayes et al., 2004)을 포함하여, 인식된 정신병리를 넘어서 해로운 영향을 미치는 것으로 나타났습니다. 제1장의 혐오 통제하에 있는 쥐의 예처럼, 우리가 고통스러운 생각, 감정, 또는 다른 내부 경험을 피하는 것에 집중하게 되면, 우리의 삶은 점점 작아지고 그 과정에서 우리는 제대로 기능하지 못합니다. 제 내담자 린다Linda의 사례는 경험회피가 어떻게 인간의 삶을 위축시키고 삶의 모든 의미를 없앨 수 있는지에 대해 잘 보여 줍니다.

임상 사례: 린다. 제가 상담하는 많은 사람과 마찬가지로 린다는 어린 시절에 몇몇 믿었던 사람들로부터의 괴롭힘과 피해를 당한 경험이 많았습니다. 이러한 대인관계 트라우마의 역사 맥락으로 성적 접촉과 관련된 상황에 가까워지면 이전 학대의 고통스러운 기억이 떠올라서 도망치고 싶은 강렬한 충동이 들었습니다.

린다가 이러한 고통스러운 경험을 없애는 가장 효과적인 해결책은 가능성을 없애기 위해 친밀한 관계를 피하는 것이었습니다. 친밀한 관계를 피할 때 그녀는 취약함을 느끼지 않았고 고통스러운 순간을 겪지 않을 수 있었습니다. 그녀의 회피는 적어도 급성 증상을 감소시킨다는 측면에서는 효과적이었습니다. 급성 고통과 증상 감소로 인해 이전의 몇몇 치료사들은 그녀의 치료가 "성공적입니다!"라고 단언했습니다. 그러나 그녀의 이 '진전'은 역설적으로 매우 큰 대가를 치르고 이루어진 것이었습니다. 그녀의 이전 치료들은 린다가 자유롭게 선택할 때 고통을 완화하는 것을 그녀가 가장 중요하게 여길 것이라는 가정에서 시작된 것으로 보입니다. 그러나 그 가정은 그들을 잘못된 방향으로 가게 했습니다. 처음으로 제가 린다를 만났을 때, 급성기 고통 측면에서는 비교적 증상이 약했지만 그녀는 자신이 만든 고통을 피하는 좁고 단단한 삶이 정말로 살 가치가 없다고 생각하며, 삶을 그만 끝내기(자살)를 고려하고 있었습니다. 단기적으로는 고통을 제한하는 데 효과적이기는 했지만 린다는 대가를 지불하면서 살고 있었습니다. 즉, 그녀가 살고 싶어 하는 삶의 모습은 아니었습니다. 취약함이 있지만 사람들과 사랑하고 친밀한 방법으로 상호작용하는 것, 그것이 바로 그녀가 가장 원했던 것이었습니다. 하지만 그녀의 삶이 경험회피에 의해 지배될 때, 친밀함을 포함한 그런 삶은 그녀에게 제공되지 않았습니다. 린다의 사례에서 그녀는 자신에게 무엇이 중요한지 알고 있었습니다. 그러나 가치를 실현하기 시작하자마자 불가피하게 나타나는 고통스러운 심리적 경험에 효과적으로 대응할 심리적 유연성을 갖고 있지 않았습니다.

경험회피의 대안, 기꺼이하기. 우리의 가치와 일치하는 삶을 살기 위해서는 삶의 여정의 일부로써 발생하는 다루기 어려운 생각과 감정을 다룰 수 있는 능력이 필요합니다. 린다가 관계에서 친밀하고 사랑스러운 방향으로 선택한 여정을 시작하자마자 그녀의 내면 대화는 "그가 네게 상처를 주면 어떻게 해?" 또는 "바보가 되지 마. 너는 어떤 남자도 믿을 수 없다는 것을 알고 있잖아!"와 같은 고통스러운 생각으로 가득 차거나, 과거의 두려운 기억과 감정이 올 수 있습니다. 그녀는 그럴 때마다 비유적으로 말하자면 길가에 차를 세워 그 고통스러운 경험이 사라질 때까지 여행을 포기하곤 했습니다[길가에 차 세우기 메타포]. 그러나 그녀가 길가에 차를 대고 멈춰 있는 동안에 그녀는 자신이 원했던 인생 여정을 이어 가지 못했습니다. 수용 또는 제가 선호하는 표현인 "기꺼이하기[9] willingness"는 삶의 여정을 중단히는 문제에 대해 대안을 세공합니다.

기꺼이하기는 어떤 것으로부터 멀어지지 않고, 분투와 씨름 없이 무언가와 함께 있는 것을 선택하는 것입니다. 기꺼이하기는 좋아하거나, 포기하거나, 참는 것이 아닙니다. 단순히 현재 순간에 우리의 생각, 감정 및 감각이 무엇이든 허용하는 것입니다. 많은 생각과 감정은 우리의 역사에 근거를 두고 있으므로 기꺼이하기는 우리의 역사를 있는 그대로 허용하는 것으로 생각할 수도 있습니다. 이러한 방식의 기꺼이하기는 경험회피와 반대입니다. 우리에게 나타나는 고통스러운 생각이나 감정을 회피하거나 멀어지려고 하는 대신 기꺼이하기에서는 우리의 경험에 대해 열린 마음으로 대하고, 우리가 가치 지향하는 방향으로 계속 나아갈 수 있도록 공간을 만듭니다. 기꺼이하기를 통해 우리는 역사와 그 결과인 경험에 대해 덜 적대적인 자세를 취할 수 있습니다. 우리의 역사와 그것이 가져오는 경험은 적이 아닙니다. 기꺼이 받아들임을 통해, 그것들은 더 이상 우리가 살고자 하는 삶과 우리 사이의 장벽이 되지 않습니다.

"그냥 거기에 머물도록 공간을 만드세요. 거기에 있도록 허용해 보세요." 이 말이 쉽게 들린다고요? 그렇다면, 다행입니다. 아마도 독자인 당신은 린다가 친밀한 관계를 발전시키려고 노력하던 누군가에게 자신을 만지도록 허락할 때마다 경험했던 일종의 죽을 만큼의 공황 상태를 경험해 보지 못했을 것이기 때문입니다. 그리고 아마도 제 내담자 존John이 스스로를 사악하다고 생각하고, 자비심은 커녕 자신이 살 자격도 없다고 말할 때 그의 생각이 얼마나 설득력 있는지 모를 것입니

9) willingness: 기꺼이하기. 수용acceptance, 받아들임의 다른 말이다. 한 단어로 불리는 전문용어이고 청그를 줄이면 명사형으로 기억하고 활용하기 좋기에 한글 띄어쓰기 어법을 따르지 않고 붙여쓰기 '기꺼이하기'로 작업했다. 경험회피도 같은 이유에서 마찬가지로 붙여쓰기로 통일 작업했음을 밝혀 둔다(역자 주).

다. 혹은 당신은 아마도 제니Jenny라는 환자가 겪는 공허함의 블랙홀 소용돌이에 대한 경험을 하지 않았을지도 모릅니다. 제니의 유일한 탈출구는 자해뿐입니다. 제가 기꺼이하기에 대해 이야기할 때, 저는 단지 불편함을 느끼기 위해 기꺼이하는 것에 대해 이야기하는 것이 아닙니다. 저는 제 내담자들이 그들의 가치를 향해 움직일 때 나타나는 모든 경험을 받아들일 준비가 된 것에 대해 이야기하고 있습니다. 그들은 이것을 원합니다. 왜냐하면 그들이 자신의 고통보다 더 중요한 것들을 선택했기 때문입니다.

가치 있는 삶을 위한 기꺼이하기. 저는 제가 치료 서비스를 제공하는 사람들에 대해 깊은 관심을 가지고 있으며, 그들이 이미 겪은 것 이상으로 더 많은 괴로움을 겪게 하고 싶지 않으니 오해하지 않으면 좋겠습니다. 저는 불필요하게 불편함이나 고통을 겪는 것은 가치가 없다고 생각합니다. 삶은 지금 상태로도 충분히 힘들기 때문입니다. 명예로운 것은 가치 있는 삶을 사는 데 있어서의 기꺼이하기일 뿐입니다. 기꺼이하기는 감정적 자기-비하나 괴로움에 빠지는 것이 아닙니다. 동기부여하고 강점을 강화하며 훨씬 더 힘을 보태는 것입니다.

제가 일반적으로 저술이나 강의에서 '수용acceptance'이 아닌 '기꺼이하기'라는 용어를 사용하기로 선택하는 이유는, 부분적으로는 수용이라는 단어가 제가 돕는 많은 사람들에게 의도하지 못한 의미를 주기 때문입니다. 그들 중 많은 사람이 "그걸 그냥 수용하라"는 말을 삶에서 이미 많이 들어보았을 것입니다. 그들은 사회로부터, 자신들을 희생시킨 사람들로부터, 자신들을 걱정하고 덜 고통받기를 바라는 사람들로부터, 그리고 자신의 마음으로부터 "그것을 받아들이고 앞으로 나아가라!"라는 말을 들었습니다. 저는 "그냥 받아들이세요"라는 사람들의 합창에 제 목소리까지 더하고 싶지 않습니다.

반면에, 저에게 기꺼이하기는 포기하거나 체념하는 것resignation이 아니라, 그들이 취할 수 있는 행동을 의미합니다. 기꺼이하기는 그들의 선택입니다. 사람들은 "만약 제가 Y(개인적으로 가장 의미 있는 것, 그들의 가치)에 도움되는 삶을 살 수 있다면, 저는 기꺼이 X를 경험할 것입니다"라고 말합니다. 가치는 우리의 괴로움에 명예honor와 존엄성dignity을 부여하고, 기꺼이하기는 극심한 고통이 있더라도 가치를 소중히 하도록 합니다. 린다는 공황이 올 때 느낌을 기꺼이 수용할 수 있는 공간을 마련해 관계적 친밀감과 관련된 행동하기를 선택했습니다. 존은 다른 무엇보다 자비심 있는 삶을 살기 원했고, 결국 그것은 사신에게도 자비를 베푸는 것을 의미한다고 결론지었습니다. 그것 때문에, 우리는 그가 자비심을 허용하기 시작하자마자 필연적으로 나타나는 자기-혐오적인self-loathing 생각들과 관련된 다른 방식들을 개발하도록 도울 필요가 있었습니다. 그리고 제니는 대담함과 용기가 있는 삶을 선택했습니다. 그래서, 그녀는 자신의 '블랙홀'에 맞서거나 굴복하지 않고, 평화롭게 지내는 법을 배우기 위해 마음을 열었습니다. 대신, 그녀는 자신의 '블랙홀'을 받아들이고, 그것이 가져오는 감각과 생각을 허용함으로써 탐구하는 법을 배웠습니다. 이 모든 것은 대담하고 용기 있는 삶을 사는 데 있었습니다.

그것이 바로 기꺼이하기입니다. 그것은 나약한 체념이나 토라진 인내가 아닙니다. 그것은 당신의 삶이 무엇을 지향하는지에 대한 선택권을 되찾는 것입니다. 제 내담자들은 기꺼이하기를 선택할 때 그들의 삶이 무엇을 의미할지 결정하는 것은 다른 사람도, 자신의 과거도, 자신의 고통도 아니라고 말합니다. 기꺼이하기는 가치 있는 삶에서 필수적인 자유로운 선택을 허용합니다. 기꺼이하기가 없다면, 우리는 불가피하게 고통이 지배하는 대로 우리의 가치 있는 길에서 벗어나게 될 것입니다. 우리는 우리의 생각의 내용에 너무 몰두하여 실제로 우리의 감각을 통해 경험되는 삶과의 접촉을 잃을 수 있습니다.

인지적 탈융합

"마음은 그 자체로 하나의 공간이며, 그 마음으로 인해 지옥을 천국으로, 천국을 지옥으로 만들 수 있다"(Milton, 2007, p. 76). 밀턴이 인용한 **잃어버린 낙원**은 어떻게 마음이 매우 강력해질 수 있는지, 그래서 어떻게 우리의 현실을 창조할 수 있는지를 포착합니다. 우리는 생각의 내용에 너무 사로잡혀서 실제로 우리의 감각을 통해 경험되는 삶과의 접촉을 잃을 수 있습니다. ACT는 이러한 과정을 설명하기 위해 새롭게 만든 단어인 '인지적 융합cognitive fusion'을 사용합니다. 하나로 융합될 수 있는 두 개의 금속 조각처럼 직접 경험한 세상과, 세상에 대한 우리의 생각이 함께 융합되어, 사고를 통해 구조화된 세상으로밖에 인식할 수 없게 됩니다. 우리의 평소 상태는 우리의 생각에 대해 잘 알아차리지 못하기 때문에 세상에 대한 생각, 다른 사람이 누구이고, 우리가 누구인지에 대한 생각은 단순히 생각으로 보이지 않고 우리의 현실이 되어 버립니다. 우리는 생각을 문자 그대로의 '진실'로 받아들이며, 그것들을 우리가 주어진 순간과 맥락에서 겪고 있는 경험으로 보지 못합니다. 제 내담자인 존은 자신이 사악하다고 생각하고 있을 때, "오, 내가 사악하다는 생각이 거기에 또 있구나."라고 경험하는 것이 아니라, 그의 마음은 마치 그가 악마로 존재하는 것처럼 만들어 냅니다. 린다는 모든 남자가 자신을 해칠 것이라고 생각하고 신뢰할 수 없다는 자신의 생각을 알아차리지 못합니다. 실제로는 믿음이 가고 배려심 많은 남자가 주변에 많음에도 불구하고, 부정적 생각에 따라 반응할 뿐입니다. 이러한 방식으로, 우리의 생각은 우리의 선택지를 좁히고 융통성이 없고 경직된 대응으로 이끌 수 있습니다. 따라서 우리의 생각을 탐구하고 의심하며 직접적인 경험을 통해 배우고자 하는 우리의 호기심은 제한됩니다.

우리가 생각과 융합되는 것의 문제는 그 생각들의 정확성/합리성 또는 부정확성/비합리성에 있지 않습니다. 그보다 문제되는 것은, 생각을 생각으로 보는 우리의 능력의 부재, 즉 특정한 맥락에서 그 특정한 생각들의 실효성workability을 평가하지 못한다는 것에 있습니다. 이것이 바로 가치가 등장하는 문입니다. 우리는 생각의 정확성이나 합리성에 초점을 맞추기보다는, 삶에서 가치 있는 행동을 촉진하는 데 효과적인 것에 초점을 맞출 수 있습니다. 내담자에게 늘 말하듯이, 저는 삶의 궁극적인 '진리'에 대한 어떤 통로를 가지고 있지 않습니다. 그리고 저와 제 내담자들의 마음을 포함하여, 그런 통로를 가지고 있다고 말하는 사람들의 오만함에 대해 회의적입니다. 저는 우리가 무엇이 효과가 있는지에 초점을 맞추고 경쟁하는 '진리'을 위한 싸움은 다른 사람들에게 맡겼으면 좋겠습니다. 우리는 더 중요한 일을 해야 하니까요!

이처럼 세상에 대한 문자 그대로의 진리라는 것에 얽매이지 않고, 생각을 바라보고, 생각을 효과성의 측면에서 평가할 수 있게 되는 과정을 인지적 탈융합 cognitive defusion이라고 합니다. 융합이 우리의 생각과 분리되지 않는 것을 의미한다면, 탈융합은 우리의 생각과 분리되거나, 덜 집착하게 되거나, 거리를 둠으로써 융합으로부터 벗어나는 것입니다. 좀 더 간단히 말하면, 우리는 생각으로 세상을 보는 것에서 우리의 생각을 보거나 관찰하는 것으로 나아갑니다. 탈융합은 잠시나마 밀턴이 잃어버린 낙원에서 말한 마음의 가상현실로부터 우리를 해방시켜 줍니다.

탈융합은 가치 있는 삶을 위한 공간을 만든다. 마음챙김 mindfulness과 관련한 역사와 전통 전반에서는 생각을 생각으로 알아차리며, 생각이 오고 가는 것을 침착하게 dispassionately 관찰하는 법을 배우는 마음챙김의 이점을 강조하며 권해왔습니다. 가치의 관점에서, 탈융합 defusion은 우리가 살고 싶은 삶을 선택할 수 있는 자유를 제공하기 때문에 필요합니다. 실제로, 연구 데이터는 마음챙김 개입이 가치 기반 행동을 적어도 부분적으로 증가시키는 방향으로 기능한다는 것을 알아냈습니다 (Christie, Atkins, & Donald, 2017). 우리는 생각을 관찰하고 그 생각에 경직되게 갇히지 않는 능력이 필요합니다. 그렇게 함으로써 우리는 가치에 따른 삶을 선택할 공간을 갖게 됩니다. 실존치료자 롤로 메이 Rollo May[10]는 "인간의 자유는 자극과 반응 사이에 잠시 멈추는 능력을 포함하며, 그 일시적인 멈춤 상태에서 우리가 무게를 실어 주고자 하는 특정한 한 반응을 선택하는 능력과 관련된다."라고 말했습니다(May, 1975, p. 100).

---

10) 실존주의 치료의 거장이다. 정신분석에서 나와 다양한 철학 바탕 위에 실존치료를 발달시켰다. 세계적으로 가장 영향력 있는 심리학자로 꼽히는 실존주의 심리치료자 얄롬 Irvin Yalom에게 영향을 준 분으로 유명하다. 유럽 실존철학의 영향을 많이 받았다. 자극과 반응에 대한 얘기는 빅터 프랭클 Viktor Frankl이 말한 것으로 잘못 인용되지만 롤로 메이가 한 말이다(역자 주).

탈융합은 우리의 마음의 프로그래밍programming에 제약을 받지 않는 한 우리의 삶에 어떤 무한한 가능성을 열어 주게 합니다. 탈융합을 통해 우리는 생각을 글자 그대로 덜 받아들이고, 그것들을 우리 마음에서 나오는 한 조각의 정보로 보게 됩니다. 우리의 마음이 '잘못되었다'거나 '비합리적'이라는 것이 아니라. 생명력 있고 의미 있는 삶을 창조하기 위해 우리의 마음이 위협과 문제를 감지하기 위해 진화했다는 것입니다. 우리의 생각을 관찰함으로써 우리는 그 특정한 생각을 따를 것인지 결정할 자유를 얻게 됩니다. 탈융합은 치료자 메이의 인용문에서 언급했듯이 공간을 만드는 것이며, 우리가 어떻게 반응할지를 선택하는 힘을 우리에게 제공합니다.

현재 순간에 있기 위한 능력

현재 순간 이외에 어디에도 아무것도 (실체가) 없음에도 불구하고 우리는 개념으로 가지고 있는 과거와 미래를 위해 삶의 상당 부분의 시간을 씁니다. 우리는 미래에 대한 걱정에 빠지거나 과거에 대해 지속적으로 생각하는 경향이 있습니다. 이러한 종류의 정신적 시간여행은 치료자로서 우리가 보는 많은 어려움들에서 분명히 나타납니다. 미래에 대한 걱정이 지속적으로 나타나는 불안장애부터, 후회와 쓰라린 과거에 대해 생각에 잠기는 반추적인 우울장애까지 다양합니다. 이러한 이유로 많은 치료가 내담자에게 마음챙김하며 현재 순간으로 돌아가는 것의 중요성을 가르치는 것에 중점을 둡니다. 이것이 삶이 일어나는 곳이며 유연성을 배양하는 공간입니다.

미래나 과거에 빠져 있을 때 우리는 내부와 외부 세계 모두와 접촉하지 못합니다. 우리는 현재 순간에 무엇을 생각하고 있는지, 느끼고 있는지 인식하지 못하고 결과적으로 중요한 정보를 잃어버리게 됩니다. 우리는 외부 환경을 알아차리지 못하며, 따라서 가치 있는 행동을 할 여유가 부족하다는 측면에서 덜 반응하게 됩니다. 미래나 과거에 빠져 있을 때 우리의 행동은 주로 조건화된 생각과 반응에 의해 통제되며, 새로운 가능성은 차단됩니다. 우리의 주의는 더욱 경직되고 유연하지 않으며, 우리의 행동도 마찬가지로 경직되게 됩니다.

가치 있는 삶은 현재에서 일어난다. 가치를 부여하는 일valuing은 현재에 일어나고 있는 일입니다. 즉, 현재 지금-여기에서 일어납니다. 바로 지금, 당신이 이 책을 읽기로 한 선택에 의해 가치를 명료화valuing하고 있지만, 제가 이 사실에 주의를 기울이게 했을 때 비로소 당신은 그것을 알아차리게 되었을지도 모릅니다. 우리 모두는 우리에게 도움이 되는 행동이 무엇인지 추적하기 위해 현재로 올 수 있어야 합니다. 우리는 우리 행동의 결과와 그 행동이 우리와 주변 사람들에게 어떤 영향을 미치는지 알아차리기 위해 현재에 머무는 것이 필요합니다. 그리고 우리가 가장 되고 싶어 하는 사람과 일치하는 삶의 순간들을 사는 것이 어떤 느낌인지 알아차리기 위해 우리는 현존할 필요가 있습니다. 그런 현존의 시간이 없다면, 우리는 그 안에 있을 때 얻을 수 있는 보상을 놓치게 되어 가치전념행동을 고된 일이나 또 다른 '해야만 하는 일'과 같은 당위적 사고로 변모시킬 수 있습니다. 우리가 현재로 돌아갈 수 있을 때, 우리는 지금-여기에서 무엇에 가치를 부여하고 있는지를 알아차릴 수 있고, 필요에 따라 가치 쪽으로 방향 전환pivoting할 수 있습니다. 가치 있는 삶을 사는 것은 우리에게 가장 중요한 것에 주의를 기울이고 현재에 존재할 수 있는 능력을 필요로 합니다.

유연한 조망 수용(맥락으로서의 자기/맥락으로서의 타자)

당신이 유아였을 때부터, 당신과 다른 사람들이 누구인지, 그리고 당신이 그것을 왜 하는지에 대해, 무엇을 하는지에 대해 말하도록 거의 분명하게 훈련을 받아왔습니다. 당신의 이름은 무엇입니까? 당신은 무엇을 마음에 들어하나요? 어떻게 느껴지나요? 그들이 좋아하는 것은 무엇인가요? 왜 그랬습니까? 언어를 습득한 이후로 수도 없이 질문을 받고 대답한 질문들입니다. 우리는 자신의 행동을 설명하고 정당화해 주는 일관된 이야기를 해서 강화를 받고, 일관성이 없거나 주변 사람들에게 이해가 되지 않는 이야기를 하면 교정을 받습니다. 예컨대, 반복적으로 트럭을 좋아한다고 말하지만, 어느 날 트럭이 싫다고 말하는 아이는 "아니, 엠마Emma, 기억해 봐, 넌 트럭을 좋아하잖아!"와 같은 교정을 받을 가능성이 높습니다. 시간이 지나면서 우리는 자신, 다른 사람, 세상, 그리고 이 모든 것들이 어떻게 작동하는지를 묘사하는 것처럼 보이는 점점 더 일관된 이야기를 말하는 법을 배웁니다.

다른 사람들이 우리에 대해 하는 이야기와 우리 자신에 대해 하는 이야기는 서로 엮여, 매우 견고하고 변화가 느린 의미의 서로 맞물리는 융단 모양tapestry을 형성합니다. 우리는 우리가 '화난 사람', '소녀', '미국인이나 한국인', '글을 잘 쓰는 사람'이라는 것을 배웁니다. 우리가 알아차리지 못하면, 우리는 자기-개념에 맞게 행동하고 그것에 반하는 행동을 피하기 위해 노력합니다. 일관성을 키우는 것이 도움이 될 때, 이러한 이야기들은 훌륭하게 작동합니다. 그러나 이 이야기들은 우리가 정말로 변화가 필요할 때, 우리를 오래된 존재 방식에 묶는 접착제와 같을 수도 있습니다. 예컨대, 다른 사람이 자신을 '좋은 사람'이라고 말하려고 할 때, 자신을 나쁘게 생각하는 경향이 있는 사람(즉, '낮은 자존감'을 가진 사람)이 전형적으로 어떻게 반응하는지 생각해 보세요. 그들은 "정말요? 와, 저는 그런 생각을 전혀 해 보지 못했어요!"라고 생각하고 그때부터 자신이 가치 있는 사람이라고 믿을까요? 그 결과는 터무니없어 보일 정도로 가능성이 매우 낮습니다. 아니, 대신에 그들의 마음은 아마도 (큰 소리로 또는 개인으로 은밀하게) 그들의 무가치함에 대해 논쟁을 일으킬 것입니다. 그들은 자신들의 이야기에 일관성을 유지하기 위해 싸우고 있습니다. 이러한 생각, 즉 자신에 대한 이야기를 방어하는 것이 행동으로 나타나는 자기-개념입니다.

이 자기self를 구성하는 '자기화selfing'의 과정은 자신을 하나의 객체가 가진 특성처럼 보이는 것으로, 완전히 정상적이고 대체로 적응적인 과정입니다. 이 강력한 언어 기반 처리 과정은 ACT에서 '개념화된 자기' 또는 '내용으로서의 자기'로 언급한 바 있으며, 대부분 우리의 알아차림 밖에서 발생합니다. 우리는 이 이야기들을 있는 그대로 관찰하기보다는 불완전하고 제한된 우리 자신의 세계를 설명하고 이해하려 시도하며, 오히려 이 이야기들의 관점에서 우리 자신과 다른 사람들을 보고, 그것에 의해 통제되고 제한됩니다.

개념화된 자기에 지나치게 애착처럼 붙어 있는attached 것의 문제는 이러한 이야기가 항상 부정적이거나 전체가 완전히 부정확해서가 아닙니다. 부정적이거나 부정확한 이야기들은 실제로 때때로 도움이 될 수 있습니다. 마찬가지로, 우리 자신에 대해 가질 수 있는 '긍정적인' 이야기들도 도움이 되지 않는 방식으로 우리의 행동을 제약할 수 있습니다. 제이슨Jason의 내담자 도리스Doris는 '항상 좋은 면을 보는' 사람이라는 긍정적인 자기 이야기에 갇혔을 때 그러한 문제에 직면했습니다.

임상 사례: 도리스. 도리스는 자신을 영원한 낙관주의자이며 항상 사람들을 좋은 면으로만 본다는 생각이 강하게 붙어 있었습니다. 그녀가 자주 되풀이하는 말은 "저는 항상 긍정적인 면만 봐요!"였습니다. 이 말이 사실 나쁜 방식처럼 들리지 않을 수 있습니다. 문제는 이 이야기에 경직되게 집착해서 중요한 정보를 무시해 왔다는 점이었습니다. 도리스는 파트너의 반복되는 육체적 · 성적 · 정서적 공격에도 불구하고 자신이 얼마나 지독하게 학대를 받고 있는지를 알아차리지 못했습니다. 그녀는 항상 관계의 '좋은 면'을 찾았기 때문에 비효율적인 것을 바꾸는 조치를 취하지 못했습니다. 하지만 그녀는 자신의 위험하고 효과적이지 않은 상황에서 벗어나기 위해 관점을 전환할 수 있어야 했습니다. 더 어두운, 더 해로운 측면을 보고, 그녀가 중요하게 생각하는 가치를 두는 삶의 방향으로 가는 길을 다시 잡아야 했습니다.

여기서 문제는 이야기의 내용에 있는 게 아니라, 우리가 이 이야기와 맺는 관계 양상에 있습니다. 우리가 이 이야기들을 전체 그림인 것처럼 취급하고, 하나의 관점에서 나온 이야기로 보지 않으면 우리의 행동 선택의 폭이 제한적이고 좁아집니다. 단 한 가지의 관점(우리의 관점)으로만 보면 이러한 이야기는 결코 실제만큼 다차원적이거나 복합적일 수 없습니다. 그것은 마치 난해한 입체적 조각상을 한 면에서만 보는 것과 같습니다. 당신이 서 있는 위치에서 관찰한 것이 '정확'하다해도, 조각품 주위를 걸어 다니며 조각품을 사방에서 바라보고, 한 걸음 물러서서 전체 예술작품으로 받아들이지 않으면 그것은 완전히 불완전하고 제한적일 것입니다. 우리는 각자의 우리 자신에 대해 말할 수 있는 어떤 이야기보다 훨씬 더 풍부하고 복잡합니다.

가치 있는 삶을 위해서는 관점의 전환이 필요하다. 우리의 이야기가 갖는 힘은 다른 관점을 보지 못하거나, 심지어 다른 관점에서 보고 있다는 사실조차 전혀 알아차리지 못하는 데에 뿌리를 두고 있습니다. 우리가 자신, 타인, 세상에 대해 가지고 있는 이야기의 존재를 알아차리고 다양한 조망을 수용하는 능력은 우리의 이야기를 초월하여 역사의 내용 그 이상이 될 수 있게 해 줍니다. 이 초월성은 우리가 정해진 이야기의 줄거리를 따라가는 것이 아니라 가치를 기반으로 삶을 창조할 수 있도록 해 줍니다.

어쩌면 궁극적인 관점의 전환은 관점 자체와 접촉하는 것일지도 모릅니다. 즉, 관찰자로서 자신의 관점과 만나는 것입니다. 마음챙김에 관한 많은 전통에서는 이러한 관점의 감각을 '순수한 알아차림pure awareness', '침묵하는 목격자', '본래 본성original nature', '순수한 의식', '관찰하는 자기observing self' 등의 용어로 설명합니다. 이 관찰자 관점에서 우리는 우리 마음 안에서 돌아가는 이야기가 아니라, 삶이 펼쳐지는 장소와 삶의 실제 장 또는 맥락이라는 감각을 접촉할 수 있습니다. 다양한 종류의 마음챙김 연습은 이러한 순수한 알아차림 감각과 접촉하는 데 도움이 됩니다. 이는 생각 속의 제한적인 이야기에서 벗어날 수 있게 해 주며, 가치 있는 삶과 심리적 유연성을 기르는 데 도움이 될 수 있습니다.

하지만 유연한 관점 전환에 도움이 되는 더 상식적인 방법도 있습니다. 우리는 공간, 시간, 심지어 다른 사람의 관점에서 우리 자신과 우리 경험을 볼 수 있는 능력을 배울 수 있습니다. 이런 식으로 관점을 전환할 수 있는 것은 우리가 삶에서 어떻게 대응할지에 대한 새로운 가능성을 보는 데 도움이 될 수 있습니다. 우리는 이야기의 내용에 구애받지 않고 우리 삶에서 가치를 부여할 수 있는 것에 대한 새로운 선택의 공간을 열어 줄 수 있습니다. 다음은 우리 자신에 대해 가지고 있는 이야기의 내용에서 벗어나 유연한 관점을 가지고 나아가는 것이 어떻게 가치 있는 삶을 영위하도록 돕는지를 보여 주는 임상 사례입니다.

임상 사례: 벤. 벤Ben은 사별로 홀로 지내는 70세 남성으로 지속적인 우울증 상태로 센터에 치료를 받으러 왔습니다. 그는 집 밖을 거의 나가지 않았으며, 몇 년 동안 여러 회기 심리치료를 받았습니다. 영화 애호가인 벤은 대부분의 시간을 침대에서 영화를 보는 데에 보냈습니다. 그는 흐트러진 모습으로, 개인 위생에 신경을 쓰지 않았으며, "그냥 기운이 없을 뿐"이라고 말했습니다. 그의 고립에도 불구하고, 벤에게는 그를 꾸준히 돌보고 있던 몇몇 사람들이 있었습니다. 이들 중 대부분은 벤이 공군 전투기 조종사로 있던 예전 군 친구들이었습니다. 저는 이 몇 명의 친구들이 벤에게 매우 헌신적이고 성심이 있는 것에 깊은 인상과 감동을 받았습니다. 그들 중 한 명은 저와 벤이 치료 작업을 시작한 지 얼마 되지 않았을 때 찾아와서 "선생님! 벤을 위해 무엇이든 우리 친구들이 도울 수 있는 게 있다면 알려 주세요. 저희는 어떤 것이든 할 준비가 되어 있습니다."라고 얘기했습니다.

벤을 알아가면서 그는 "저는 항상 우울했어요."라고 말했고, "저는 사람들이 함께 하고 싶어 하지 않는 사람입니다."라고도 말했습니다. 또 "가끔은 제 모습을 숨기고 가면을 쓰기도 해요. 하지만 사람들이 진짜 저를 알면, 저를 혐오할 겁니다."라고 말했습니다. 벤은 자신에 대해 매우 경직된 일차원적인 이야기를 만들었으며, 자신의 이 버전이 진짜 벤이라는 생각에 부착되어 있었습니다.

벤의 자기에 대한 이야기가 완전히 부정확한 것은 아니었습니다. 그는 성인으로 살아온 대부분의 시간 동안 임상 수준의 우울증 상태에 있었고, 많은 사람들이 그와 함께하는 것을 어려워했으며, 때로는 그의 친구조차도 그의 좁고 어두운 삶에 점점 더 실망감을 나타내는 것으로 보였습니다. 따라서 문제는 이야기의 부정확성에 있지 않았지만, 제한된 관점에서 이야기를 믿고 말한다는 사실이 그의 가치를 실현하는 데 도움이 되지 않았다는 점이었습니다.

제가 함께 작업하는 많은 사람들과 달리, 벤이 저를 찾아왔을 때 그는 이미 자신의 가치에 대해 어느 정도 명료하게 알고 있었습니다. 그에게 성실한 우정과 이타적인 봉사에 관한 삶을 사는 것은 명예로운 삶이었고, 그는 이것에 대해 매우 분명하게 알고 있었습니다. 문제는 그가 침대에 누워 세상과 단절되어 비참여하는 기간 동안 실제로 그 가치를 실현하지 못했다는 점이었습니다.

제가 보기에 벤의 가치를 실현하는 데 핵심적인 장애물은 그가 자신에 대해 가지고 있는 일차원적이고 효과적이지 않은 이야기unworkable story에 대한 경직된 집착이었습니다. 따라서 벤에게 가치는 여전히 우리가 함께 작업하는 모든 것의 기반anchor이 되었지만, 치료는 자기 이야기를 초월하고 조망 수용하는 능력을 확장하는 학습을 통해 그가 더 심리적 유연성을 갖도록 돕는 데 직접적인 초점을 맞출 필요가 있었습니다. 다음 대화록은 우리가 함께 작업한 초기 회기에 대한 것입니다.

치료자: 당신은 스스로 자신이 누구인지, 그리고 당신의 삶이 어떻게 나아갈 수 있을지에 대해 강한 확신을 가지고 있는 것 같으시네요.

내담자: 네. 상담을 많이 받아서 제 자신을 꽤 잘 알고 있습니다. 제 생각에는 다른 건 몰라도, 수년간의 치료를 통해 자기-알아차림이 많이 발달했습니다.

치료자: 확실히 당신은 자신의 일부 어떤 중요한 면을 정말 잘 알고 있으신 것 같네요. 하지만 만약 당신이 영화 시나리오를 쓰고 있고 제가 편집자라면 '벤'이라는 배역이 잘 발달되지 않은 것 같다고 말할 거 같네요. **(이 [영화 카메라 관점 메타포]를 선택한 이유는 벤이 평소 영화에 관심이 많기 때문이며, 이 메타포의 목표는 그의 이야기에 대한 관찰자적 관점을 키우는 것입니다.)** 당신이 벤이라는 배역을 보여 주는 방식이 좀 단편적이라 생각됩니다. 만약 영화 속 배역이었다면 저는 그가 조금 상투적인 진부한 인물 같다고 말씀드렸을 거예요.

내담자: 무슨 뜻일까요? 전 그냥 제가 어떤 사람인지 설명하는 것뿐입니다.

치료자: 벤의 이야기를 한 가지 관점에서만 이야기하고 있잖아요. **(여기서 저는 그가 창조한 '벤'의 성격을 외부 관점에서 보다 쉽게 바라볼 수 있도록 하기 위해 3인칭으로 '벤'**

을 계속 지칭하고 있음을 주목하세요.) 이 영화는 마치 벤의 침대에만 초점을 맞춘 카메라로 촬영한 것 같습니다. 벤이 침대에 누워 있는 모습, 기운이 없고 자살 충동을 느끼는 모습만 보여 줍니다. 친구들이 믿을 수 있는 사람처럼 보이지도 않고 남을 위해 봉사할 힘도 없어 보이시네요.

내담자: 하지만 너무 우울해서 그런 것들을 할 수가 없습니다.

치료자: 네. 그것이 바로 당신의 관점에서 상영되고 있는 영화입니다. 그 장면을 계속해서 촬영합니다. 하지만 왜 사람들이 한 개의 카메라 관점으로만 영화를 촬영하지 않는지 아세요? 아시다시피 재미없는 영화가 될 수 있기 때문입니다. 무슨 일이 일어나고 있고 무엇이 가능한지 전체를 알기 위해서는 다양한 관점에서 등장인물들과 장면들을 볼 수 있어야 합니다. 당신은 하나의 카메라 관점에서만 '벤' 영화를 보고 있고 그것은 꽤 지루하고 의미 없는 이야기를 만듭니다. 하지만 이쪽으로 와주시겠어요? **(저는 벤에게 제 의자에 앉아 그가 앉아 있던 소파를 바라보면서 외부 관점을 더 쉽게 볼 수 있도록 요청합니다.)** 이 관점에서 보면 벤이 침대에 누워 자살할 방법에 대해서만 생각하고 있지 않다는 것을 볼 수 있나요? 이 키메라는 치료를 받고 있는 벤을 촬영하고 있는데, 벤이 정말로 친구들에게 의지가 되고, 도움이 될 수 있도록 그곳에 어떻게 있고 싶을지에 대해 이야기하고 있습니다. 사실, 이 영화는 벤이 5일 동안 집 밖을 나간 적이 없음에도 불구하고 침대에서 몸을 일으켜 옷을 입고, 여기로 오기 위해 버스를 타고 친구들에게 좋은 친구가 되어 주기 위해 노력하는 모습을 보여 줍니다. **(여기서 저는 그가 그 순간에 하고 있었던 가치와 일관적인 행동을 가리키며 강화하고 있습니다.)** 이 카메라 관점은 몇 가지 중요한 정보를 더해 줍니다. 훨씬 더 흥미로운 이야기가 될 수 있도록, 더 많은 가능성을 가진 이야기를 만들어 줍니다. 저는 이 버전의 이야기가 '진짜' 이야기라고 말하는 것이 아닙니다. 모든 다양한 카메라 관점들은 이야기의 일부 만을 말해 줄 뿐이고, 어쩌면 모든 관점들이 어느 정도 사실일 수도 있어요. 제 말은, 친구들에게 충실할 수 있고, 도움을 줄 수 있고, 명예로운 삶을 살 수 있기를 원한다면, 그 삶을 다양한 카메라 관점에서 볼 수 있는 방법을 배우는 것이 도움이 될 수도 있다는 것입니다.

이 대화는 저희가 함께 한 상담 작업의 시작에 불과했습니다. 벤이 자신을 어떻게 보는지와 그의 삶에 가능한 것들을 확장하는 방법에 대해 여러 달 동안 작업했습니다. 매일의 마음챙김 실습을 통해 종종 자신을 초월적인 시선으로 볼 수 있도록 했습니다. 치료 중에는 이 조망 수용 관점을 촉진하기 위해 [영화 카메라 관점 메타포]를 계속 활용했습니다. 예컨대, 벤이 경직되거나 효과적인지 않은 이야기에 빠져들 때 간단히 "우리는 지금 어떤 카메라 샷을 보고 있는 걸까요?" 또는 "이제 다른 카메라가 잡은 관점에서 동일한 장면을 말해 보세요"라고 말할 수 있었습니다. 또한 벤이 자신에 대한 생각을 그저 글자 그대로의 진실이 아니라, 생각으로서 인식할 수 있도록 탈융합 기술을 사용했습니다.

결국, 벤은 '우울증 환자'로서 침대에 누워 자살 방법을 고민하는 자신의 위치에서만 자신을 보지 않았습니다. 단지 그것은 삶의 이야기의 한 부분이 되었습니다. 그는 또한 그 관점을 벗어나서 자신이 가치 있는 행동에 참여하고 있음을 한발 물러나 알아차릴 수 있었습니다. 그 관찰과 알아차림을 통해 그는 가치 있는 행동에 내재된 강화 속성과 접촉할 수 있었으며, 결과적으로 그는 그러한 활동에 참여하는 데 점점 더 많은 시간을 쓰게 되었습니다. 다시 말해, 그는 마음속에서 '우울함'이 존재하는 것을 멈출 수는 없었지만, 자신에 대한 이야기는 지역사회에 봉사하고 지역 참전용사 기관에서 정기적으로 자원 봉사를 하는 의리 있고 성심 있는 동료이기도 한 것을 포함한 자신의 이야기로 확장되었습니다.

사람들이 가치를 발견하고 실천하기 위해 심리적 유연성은 꼭 필요합니다. 유연한 조망을 수용하는 것은 유연성을 촉진하기 위한 중요한 도구입니다. 개인적으로는 가치-중심 작업에서 가장 성패가 걸려 있는 부분이라고 생각합니다. 이 책에서 제안하는 많은 가치 연습이 조망 수용 즉, 조망 수용 전략perspective-taking strategies을 활용합니다. ACT 문헌에는 자신에 대한 더 크고 포괄적인(흔히 맥락으로서의 자기라고 부름) 개념을 촉진하기 위한 다양한 기술, 연습 및 메타포가 제공됩니다. 이 과정에 대해 자세히 알고 싶다면 루오마Luoma 등의 2017년 『수용전념치료 배우기』의 제5장인 '맥락으로서 자기를 통한 유연한 조망 수용 구축하기'를 참고하세요. 그리고 현대 행동 과학의 기여와 응용을 다룬 맥휴McHugh와 스튜어트Stewart의 2012년 서적 『자기와 조망 수용: 현대 행동과학의 기여와 응용』[11]을 참고할 것을 권합니다.

심리적 유연성이 포함된 효과적인 가치 작업

ACT는 명시적으로 심리적 유연성을 증진 대상으로 합니다. '심리적 유연성'이란 용어는 맥락행동과학의 관점에서 나온 것이지만, 연구에 따르면 ACT 이외의 다른 치료 접근법도 심리적 유연성을 증가시킬 수 있음이 밝혀졌습니다. 다만 그 과정에 대해 다른 용어를 사용할 수 있습니다. 예컨대, DBT(Neacsiu, Lungu, Harned, Rizvi, & Linehan, 2014), CBT(Arch et al., 2012) 및 마음챙김 기반 스트레스 감소 프로그램(MBSR; Labelle, Campbell, & Carlson, 2010)이 심리적 유연성을 일부 증가시키는 데 기여한다는 증거가 있습니다. 실제로 내담자가 그 일에 필연적으로 발생하는 어려운 감정을 견딜 준비가 되어 있는지(기꺼이하기), 그들이 가지고 있는 이야기에 경직되게 고정되어 있지 않고 다른 이야기를 고려하는지(유연한 조망 수용), 선택을 방해하는 엄격하고 판단적인 사고에서 해방되는지(탈융합), 현재 순간에 중요한 가치를 주의 깊게 고려하는지(현재 순간에 머물기; 마음챙김) 등과 같은 사항을 주의를 기울이지 않으면, 내담자와 가치 및 의미에 관한 문제를 효과적으로 해결할 수 없습니다. 따라서 ACT 관점이나 다른 전통에서 가치 작업을 시작하더라도 이러한 관련된 레퍼토리에 주의를 기울이는 것이 중요합니다.

---

11) 국내에서는 『심리치료에서 자기를 다루는 법』이라는 이름으로 출판되었다(역자 주).

심리적 유연성 없는 가치 집중하기는 역효과가 나타난다

내담자의 심리적 유연성에 주의를 기울이는 것은 가치에 관한 작업에 필수적입니다. 심리적 유연성이 부재 상태에서 희망과 꿈, 목표, 중요한 관계 및 의미 등에 대한 주제를 다루면 예전의 낡은 평가, 자기에 대한 이야기, 많은 고통을 이끌어 낼 수 있습니다. 저는 당신의 내담자 중 일부에게서 그것을 보았을 거라고 생각합니다. 또한 적어도 일부 내담자들과 함께, 탈융합, 수용, 조망 수용, 그리고 현재의 접촉과 같은 다른 심리적 유연성 과정에 주의를 기울이지 않는 상태에서 더 심층적이고 명시적인 가치-중심의 작업을 시도하는 것이 임상적으로 역효과 지표를 나타냈다는 것을 시사하는 연구 자료도 있습니다(Villatte et al., 2016). 이는 현재 외상후 스트레스장애(이하 PTSD) 증상이 더 강한 사람들에게 특히 해당될 수 있습니다(Twohig, 2009). 이것이 경험적으로 왜 그런지는 여전히 명확하지 않지만, 한 가지 가설은 개인이 트라우마를 통해 세상의 안전성, 예측 가능성 및 통제 가능성 등의 핵심 가정[12]이 산산히 붕괴되었다는 것입니다. 이런 충격을 입은 개인들이 가치와 같은 핵심 주제를 효과적으로 탐색하기 위해서는 사전에 효과적이고 안전한 장소를 찾는 데 더 많은 도움이 필요할 수 있습니다(Janoff-Bulman, 1992).

급성 PTSD를 겪거나 비슷한 괴로움을 겪고 있는 사람들이 가치 관련 심리치료 작업을 할 수 없다는 말은 아닙니다. 단지 사람들이 이미 가지고 있는 심리적 유연성이 어느 정도인지, 가치에 초점을 맞춘 작업이 효과적이기 위해 얼마나 더 시간이 필요하고 발전해야 하는지에 따라 다를 뿐입니다. 어떤 내담자는 바로 가치 작업에 뛰어들 수 있고 다른 내담자는 더 많은 준비가 필요합니다. 그러나 다른 유연성 레퍼토리에 먼저 더 직접적으로 집중하는 것이 가장 유용할 때조차도, 가치는 여전히 이러한 개입을 고정시키며 닻 내리기 기능을 합니다. 왜냐하면 가치가 바로 당신이 처음부터 이러한 개입을 '왜' 하는지에 대한 이유이기 때문입니다.

---

12) 〈산산이 부서진 가정들〉 이론으로 알려져 있다(역자 주).

경직된 가치 명료화는 가치 명료화가 아니다: 왜 심리적 유연성이 필요한가

상담 회기에서 가치에 대한 작업이 펼쳐질 때 내담자가 유연하게 행동하는지, 유연하지 못한 방식으로 작업에 참여하는지에 주의를 기울이는 것이 중요합니다. 궁극적으로, 경직된 가치 부여는 우리를 갇히게 합니다. 만약 당신이 치료자로서 한발 물러나서 심리적 유연성과 관련된 다른 레퍼토리에도 주의를 기울이지 않는다면, 다음 설명에 논의된 것처럼 여러 가지 방식으로 가치 작업에 방해를 받을 것입니다.

기꺼이하기가 없는 가치 작업은 유지되기 어렵다. 내담자에게 중요한 것에 대한 대화는 종종 다루기 어려운 감정들을 불러일으킵니다. 지난 실패에 대한 수치심, 과거 상실에 대한 슬픔, 미래에 대한 두려움 또는 다른 사람들의 상황에 대한 질투심 등이 그중 일부입니다. 우리의 가치는 우리를 취약하게 만듭니다. 예컨대, 친밀함을 중시한다고 하면 그 친밀함과 다른 사람들과의 연결을 잃을까 봐 두려워할 것입니다. 따라서 가치에 관한 정직하고 실제적인 대화에는 나타나는 감정을 느끼기 위한 기꺼이하기와와, 그것이 가능하게 하는 맥락을 받아들이는 데 필요한 기꺼이하기가 필요합니다. 심리치료에서 내담자와 치료자 모두 가치 작업에 개방적인 방향으로 참여하려면 여정과 함께 참여하기에 따른 취약성과 고통을 받아들일 수 있어야 합니다. 그렇지 않으면 가치를 향한 여정은 중단되고 방향을 벗어나게 될 것입니다.

탈융합 없는 가치 작업은 경직된 모습이다. 내담자들은 일반적으로 세상이 어떻게 돌아가는지 또는 '어떻게 되어야 하는지'에 대한 많은 생각을 가지고 가치, 목적 및 의미에 관한 토론에 참여합니다. 어떤 내담자는 아무것도 중요하지 않다고 완전히 부인할 수도 있고, 자유롭게 선택한 가치를 규칙이나 기준으로 전환할 수도 있습니다. 결과적으로 가치 작업은 쉽게 선택의 감각을 잃고 빠르게 '해야 하는' 것이 되기 쉽습니다. 문화적으로 다를 수 있지만, 일반적으로 사람들이 개인적인 선택의 감각을 잃고 '해야 한다' 또는 '그래야 한다'고 여겨지면 향후 시간이 지나도 그 행동을 지속할 가능성이 상당히 낮아집니다(Sheldon & Elliot, 1999). 따라서 가장 중요한 것이 무엇인지 이야기할 때 한발 물러서서 떠오르는 생각을 주의깊게 관찰하고 알아차리지 못하면, 가치 작업은 활기차고 자유로운 것에서 혐오적이고 경직된 것으로 전환될 수 있습니다.

유연한 조망 수용 없는 가치 작업은 제한된다. 내담자가 자신에게 중요한 것에 대해 생각하고 이야기할 때 자기-개념과 연결된 이야기가 종종 나타납니다. "난 이미 늦었어" 또는 "나는 그럴 능력이 없어" 또는 "나는 그런 종류의 사람이 아니야"와 같은 생각이 나타날 것입니다. 그들은 자신에게 가능해 보이는 일들을 제한하는 인식된 결점, 무능함, 한계에 사로잡힐 수 있습니다. 우리가 내담자들에게 이러한 자기 이야기에서 한발 물러나서 이러한 꼬리표, 이유 및 평가보다 더 큰 자기감에 접촉하는 데 도움을 줄 수 없다면, 그들은 점점 더 갇히게 되고 삶에서 가능한 것들을 제한하게 될 것입니다. 우리의 내담자는 자신과 그들의 세상에 대한 제한된 관점보다 더 크며, 그것을 볼 수 있도록 도움을 받지 못한다면, 그들의 삶은 그들이 예상할 수도 없는 방식으로 제한될 것입니다.

현재 순간 알아차림 없는 가치 작업은 생명력이 없다. 자신에게 중요한 것에 대해 생각하는 것은 어떤 내담자들에게는 과거 실패나 상실에 대한 강박적인 반추에 빠지게 하고, 이로 인해 모든 삶의 영역을 완전히 포기하게 할 수 있습니다. 잠재적인 장애물이나 어떻게 나아갈지에 대한 걱정으로 인해 에너지가 바닥날 수 있으며, 가치를 건조하고 생명력 없게 만들 수 있습니다. 부연하자면, 가치는 지금-여기에 사는 것입니다. 그러므로 우리가 현재에 존재하고 알아차리지 않는다면, 우리 마음에 충실한 방식으로 삶을 살아갈 때 오는 유익을 얻지 못할 것입니다.

가치 작업은 종종 미래에 초점을 맞출지라도, 이러한 가치 있는 행동 패턴에 참여할 때 내담자의 현재 순간 경험에 마음챙김하여 주의를 기울여야 합니다.

행동이 없는 가치 작업은 공허하다. 중요한 것에 대해 생각하고 이야기하기 시작하면 이러한 생각을 실제로 행동에 옮길 방법에 대한 가능성을 보게 됩니다. 궁극적으로, 가치는 생각이 아니라 우리가 삶에서 취하는 행동입니다. 단지 가치에 대해 이야기하거나 우리에게 중요한 것을 알고 있는 것만으로는 충분하지 않습니다(Bramwell & Richardson, 2018). 우리는 가치를 실천해야 합니다. 따라서 내담자들은 그들의 가치를 구체적이고 명확한 목표 및 행동으로 전환하고, 이를 더 큰 패턴과 습관으로 이어 나갈 수 있도록 배우는 데 도움이 필요할 수 있습니다.

그래서 가치는 가치-중심 심리치료에서 우리가 하는 모든 것의 핵심이지만, 심리적 유연성에 필수적인 이러한 다른 레퍼토리[기꺼이하기(수용), 탈융합, 유연한 조망 수용, 현재 순간 접촉 및 효과적인 행동]를 모니터링하고, 회기가 전개됨에 따라 경직성이 방해가 될 때 이러한 레퍼토리를 강화하기 위해 노력해야 합니다. 이러한 과정들은 종종 구분하여 제시되지만, 실제로는 상호작용하여 심리적 유연성을 촉진합니다. 다양한 유연성 과정이 어떻게 한 가지 연습에서 결합 될 수 있는지 보려면 콘텐츠 카드 연습 및 다양한 유연성 과정이 가치에 도움이 되는 방법에 대해 함께 제시된 임상 사례를 꼭 읽어 보십시오(http://www.newharbinger.com/43218).

핵심 챙김

- 많은 사람들에게 삶을 잘 사는 것living a good life은 단순히 기분이 좋다는 것 이상의 의미를 갖습니다. 가치-중심 심리치료는 그 선택권을 제공하는 것입니다.
- 가치 있는 삶을 살기 위해서는 우리가 가치 있게 여기는 것이 무엇인지 아는

것 그 이상이 필요합니다. 심리적 유연성 레퍼토리는 잠재적 장애물 속에서도 우리가 가치를 실현할 수 있게 해 줍니다.

- 기꺼이하기는 우리의 삶이 지향하는 것을 다시 선택할 수 있게 해 줍니다.
- 탈융합은 가치 있는 삶에 필요한 공간을 만듭니다.
- 우리의 이야기에서 벗어나 다양한 관점을 취하는 것은 우리의 삶이 어떻게 될 수 있는지에 대한 제한적인 이야기로부터 우리를 자유롭게 합니다.
- 가치 있는 삶은 지금 이루어지고 있습니다. 실제로 가치 있는 것이 무엇인지 주의 깊게 살펴보세요.
- 행동이 없는 가치는 존재하지 않습니다.
- 다른 심리적 유연성 과정에 주의를 기울이지 않고 가치 작업을 하는 것은 불완전하고 비효과적인 상담 과정이 될 가능성이 매우 높습니다.

활용 단계

- 고통스러운 생각, 느낌, 기억, 감각을 회피하거나 제거하는 데 집요하게 집중하는 내담자(즉, 유의미 수준의 경험회피로 씨름하는 사람)를 선택합니다. 그 내담자를 염두에 두고 다음을 성찰해 봅니다.
  - 만일 그들의 괴로움이 가라앉는다면 그들은 무엇을 가장 갈망할 것이라고 생각하나요? 당신은 이것에 대해 그들에게 분명히 물어보았나요?
  - 만약 그 사람이, ① 자신에게 가장 중요한 것으로 가득 차 있지만, 현재 겪고 있는 괴로움도 함께 있는 삶, ② 현재 그들의 괴로움은 없지만 의미도 없는 삶을 사는 것 중에서 선택할 수 있다면, 그들이 어떤 것을 선택할 것이라고 생각이 되나요?
  - 고통의 감소가 진정으로 그들이 치료(그리고 그들의 삶)에서 가장 집중하고 싶어 하는 것이라고 가정함으로써 내담자의 자유로운 선택을 제한하고 있지는

않나요? 이와 관련하여 당신이 다르게 하고 싶은 것이 있나요?

- http://www.newharbinger.com/43218에서 콘텐츠 카드 연습문제를 읽어 보세요.

  연습 가이드에 따라 연습할 때 친구나 동료에게 역할극을 부탁합니다.

- **내면 통찰 학습**Inside-out learning: 당신 자신의 심리적 경직성이 당신의 가치 있는 행동을 어떻게 방해하고 있는가? 당신이 한동안 행동하기를 원했지만 궤도에 오르는 데 어려움을 겪었던 것을 생각해 보세요. "해야만 한다" 또는"그래야 한다" 등 당위적 생각이 아니라, 실제로 중요하게 여기기로 선택할 만한 가치 있는 행동을 선택하세요. 이 행동과 관련하여 다음을 고려해 보세요.

  -이 행동을 취하는 것을 고려할 때 나타나는 생각은 무엇인가요?

  -어떤 감각을 알아차림하나요?

  -어떤 충동이 있나요?

  -어떤 기억이 떠오르나요?

  -이러한 것들이 나타날 때 당신은 무엇을 하나요? 이러한 생각/감각/충동/기억이 나타날 때 이것을 회피하기 위해 무엇을 하나요? 내부 정서 제어 전략(주의분산distraction, 걱정, 문제해결, 정당화 등)과 외부 정서 제어 전략(먹기, 상황 회피, 물질 사용, 다른 활동으로 전환 등)을 모두 고려해야 합니다.

  -이러한 경험회피가 당신이 하려는 행동에 얼마나 크게 방해가 되었나요?

PART 2

가치 작업의 응용과 실제

제3장 가치를 향해 내담자를 이끌기

천 리 길도 당신이 나아가고자 하는 방향을 다시, 계속 반복해서 바라보는 것에서 시작됩니다.

- 작자 미상

"내담자와 가치-중심 작업을 언제부터 시작해야 하나요?", "어떻게 소개해야 할까요?", "어디서부터 시작해야 할까요?" 이는 가치 작업을 치료에 접목하려는 치료자들에게서 자주 나오는 질문들입니다. 또한 이번 장에서 다루고자 하는 좋은 질문이기도 합니다. 하지만 이 질문들은 모두 가치 작업이 치료에서 수행해야 할 하나의 '과업'이나 기법 또는 기술을 의미하는 것처럼 보입니다. 물론, 다양하고 많은 가치 연습과 기법들이 있고, 많은 것들이 이 책에 요약되어 있습니다. 하지만 그런 기법들이 가치가 당신의 치료를 안내하는 전부는 아닙니다.

암묵적이든 명시적이든, 당신과 내담자의 가치는 이미 치료 과정에서 영향을 미치고 있습니다. 다만, 가치에 대해 좀 더 명확하게 이야기함으로써, 이러한 가치 명료화 과정이 의도적이고 선택적인 방식으로 이루어질 수 있습니다. 가치 작업은 단순히 치료에서 완료해야 하는 작업이 아닙니다("나는 내 내담자가 가치를 확인할 수 있도록 도와야 해"). 대신 치료 계획의 기반이 되고, 사례개념화의 정보를 제공하며, 어떤 기능을 위해 어떤 개입을 선택할지 안내하고, 치료 과정의 궁극적인 측정 도구 역할을 하는 지속적인 과정으로 작용합니다. 마찬가지로, 가치는 단순히 치료에서 무엇을 해야 하는지 안내하는 것뿐만이 아니라 우리가 치료 서비스를 제공하는 대상과 어떻게 관계를 맺을지에 대한 선택에도 영향을 미칩니다. (치료자의 가치에 대한 자세한 내용은 제9장을 참고하세요.) 이 장은 가치-중심적인 대화를 시작하고 내담자를 이 작업으로 이끄는 방법에 대한 것입니다.

가치 소개하기

내담자와 함께 작업할 때 가치에 대한 개념을 언제 소개해야 할까요? 물론 그에 대한 답은 내담자와 맥락에 따라 다르지만, 제가 주장하고 싶은 것은 종종 내담자와의 가장 초기 작업에, 심지어 첫 회기에서라도 가치에 대해 소개하는 것이 중요하다는 것입니다. 보통 가치에 대한 명시적인 토론으로 치료를 시작하는 것이 도움이 된다고 생각하는 몇 가지 이유가 있습니다.

가치는 치료의 나머지 정보를 제공하고 동기를 부여한다

저는 가치-일관된 행동, 즉 내담자에게 가장 중요한 것과 그들이 실현하고자 하는 것이 일치하는 행동을 치료의 중요한 결과 측정 지표로 봅니다. 따라서 내담자가 무엇을 가치로 선택할지 어느 정도 감을 가지지 않으면 포괄적인 치료 계획과 목표를 세우기가 어렵습니다. 결국 자신이 무엇을 향해 나아가고 있는지 모른다면 진전을 이루고 있는지 알 수 없습니다. 그리고 내담자의 가치가 방향을 제시합니다. 그들이 어떤 목적을 위해 인생을 살고 싶어 하는지가 최종 목표입니다. 직접 묻지 않고도 내담자가 무엇을 가치로 선택하는지 알 수 있다고 가정하는 것은 저에게 오만하게 느껴지며, 이러한 가정이 종종 부정확하다고 생각합니다.

가치 작업을 가능한 한 빨리 시작하는 또 다른 이유 중 하나는 치료가 어렵기 때문입니다. 우리가 내담자에게 요구하는 것은 종종 매우 어렵습니다. 우리 삶에서 갇혀 있거나 무력하거나 절망적이라고 느끼는 부분들을 살펴보는 것은 힘들기 때문입니다. 바로 이러한 부분들이 우리가 가장 취약한 곳입니다. 대부분의 내담자가 일부 두려움이나 양가감정을 가지고 치료를 받으러 오는 것은 당연합니다. 자료에 따르면 가치에 연결하는 것은 내담자가 어렵거나 고통스러운 작업을 계속 수행하는 데 도움이 되며(Grumet & Fitzpatrick, 2016; Páez-Blarrina et al., 2008), 치료 순응에 도움이 될 수 있습니다(Forman, Butryn, Hoffman, & Herbert, 2009; Woods, Wetterneck, & Flessner, 2006). 따라서 가치를 일찍 개입하면, 중요한 삶의 변화를 만드는 어려운 과정을 겪을 때 내담자를 도울 수 있는 동기의 원천에 연결할 수 있습니다. 의미는 동기를 부여합니다. 사람들이 깊이 관심이 있는 무언가를 할 때 겪는 모든 어렵고 고통스러운 일들을 생각해 보세요(부모님, 마라톤 선수, 정치 활동가에게 물어보세요!). 가치는 일이 어려워질 때 그것을 고수할 이유를 제공합니다.

하지만 동기부여에 어려움을 겪는 것은 우리 내담자뿐만이 아닙니다. 치료는 우리 치료자들에게도 어려울 수 있습니다. 적어도 저에게는 그렇습니다. 매일 제가 하는 방식으로 내담자와 연결되고 감정적으로 소비하는 것은 많은 에너지를 쓰게 합니다. 저는 분명히 그 비용을 기꺼이 지불할 용의가 있지만, 정말로 그것이 어떤 목적을 위한 것인지, 제가 무엇을 위해 노력하는지 꼭 알기를 원합니다. 가치는 내담자와 제가 무엇을 위해 노력하는지를 알려 줍니다. 위험이 크고 정말 중요한 무언가를 향해 노력할 때, 제 내담자와 마찬가지로 저는 모든 것을 바칩니다. 그리고 살 만한 가치가 있는 삶을 만들어 내는 가능성보다 무엇이 더 중요할 수 있을까요? 따라서 이런 방식으로, 치료 초기에 가치에 대해 논의하는 것은 동기부여에 도움이 될 수 있습니다. 또한, 치료자로서의 가치와 연결하면 소진burnout과 같은 문제에 도움이 될 수 있음을 시사하는 자료도 있는데(Vilardaga et al., 2011), 이에 대해서는 제9장에서 더 자세히 다룰 것입니다.

이것이 깊이 있는 가치 작업을 꼭, 바로 시작해야 한다는 것을 의미하는 것은 아닙니다. 일부 내담자는 더 심층적인 가치 탐색이 가능해지기 전에 다른 심리적 유연성 레퍼토리에 직접 작업하는 것을 포함하여 보다 광범위한 준비가 필요할 수 있습니다. 예를 들어, 판단적 사고에 강하게 빠져 있는 내담자는 자신의 가치를 완전히 고려하기 전에 자신의 사고를 좀 더 분리하여 관찰하는 방법(탈융합)을 배워야 할 수도 있습니다. 어떤 사람들은 자신에게 정말 중요한 것이 무엇인지 논의하기 시작할 때 나타날 수 있는 고통스러운 생각과 감정을 위한 공간을 마련하는 방법(기꺼이하기)을 배울 필요가 있을 수 있습니다. 또 다른 경우에는 그들의 삶을 위해 선택할 수 있는 것을 부당하게 제한하는 자기나 다른 사람에 대한 제한적인 이야기에 집착하는 것을 완화하기 위해 먼저 조망 수용 기술(맥락으로서의 자기)에 대해 작업해야 할 수 있습니다. 또 다른 사람들은 자신이 원하는 것을 알기 전에 자신의 감정, 욕구, 또는 신체 경험을 더 잘 알아차려야 할 수 있습니다(현재-순간 알아차림). 그리고 많은 사람들이 가치 작업이 요구하는 것에 대해서 취약해지기 전에 신뢰 관계를 발전하는 데 더 많은 시간이 필요할 수 있습니다. 그러나 더 깊이 있는 가치 작업을 시작하기 전에 이러한 다른 레퍼토리에 대한 작업이 필요한 경우에도, 치료의 기반을 제공하는 것은 가치이기 때문에 처음부터 가치가 존재하는 것이 여전히 중요하다는 것을 알게 되었습니다. 이러한 이유로, 저는 초반에는 가치 작업이 아닌 다른 것에 중점을 둘지라도, 첫 회기에서 가치에 대해 이야기하고 가치가 어떻게 우리의 나머지 작업을 이끌어 가는지 설명합니다.

잠재적인 내담자와 이야기를 시작하는 순간부터 저는 가치에 대한 힌트를 듣고 있습니다. 저는 내담자와 대화할 때, 생명력이 나타나거나 취약성을 기꺼이 마주하는 순간들을 주의 깊게 듣고 있습니다. 가치는 치료 계획을 막 탐색하기 시작하는 첫 번째 회기에서 이야기하는 내용 중 일부입니다. 내담자와 이러한 대화를 초기에 나누지 않는다면 종종 매우 중요한 것을 놓치게 된다는 것을 여러 차례 발견했습니다. 예를 하나 들어보겠습니다.

임상 사례: 헤더

헤더Heather는 첫 번째 회기에서 가치에 관해 이야기를 꺼냈을 때 울음을 터뜨렸습니다. 그녀는 평생 입원과 외래 치료를 받아 온 삶의 '문제들'에 대한 장황한 이야기들을 쏟아내는 데 초기 면접 중 초반 20분을 사용했습니다. 이 이야기들은 여러모로 주목하지 않을 수 없는 이야기였고, 그녀는 엄청난 고통을 겪어 왔습니다. 하지만 그녀가 수많은 다른 치료사들에게 수없이 되뇌었던 이야기를 또 반복하는 것처럼, 그 이야기에는 뭔가가 빠져 있었습니다. 그래서 그녀가 계속 이야기할 때, 저는 제 얼굴에 약간의 지루함을 표현하려고 의도했습니다. (저처럼 감정 표현이 풍부한 경우라면 적어도 표현하는 감정에 대해 의도적인 태도를 취하는 것이 가장 좋다는 것을 알게 되었습니다. 아무런 의도가 없는 '감정 없는 표정' 같은 건 저에게 맞지 않는다는 걸 알게 되었거든요!) 헤더는 자신이 겪어 온 모든 고통과 여전히 겪고 있는 고통에 대해 제가 무관심한 듯 보이는 것에 대해 혼란스러워했습니다. 많은 내담자에게는 그 고통을 듣고 들은 것을 정확히 확인하는 것이 필요한데, 헤더에게는 해당되지 않았습니다. 저는 그녀의 목소리에서 들을 수 있었고, 얼굴에서도 볼 수 있었습니다. 그녀는 이 이야기를 전에도 수없이 했고 들어본 적이 있습니다. 그녀의 이야기는 낡고 지쳤으며 생명력이 없었습니다. 그래서 저는 그 생기 없음을 비언어적인 표현을 통해 반영하려고 했습니다.

마침내, 저는 이렇게 대답했습니다.

치료자: 제가 그 이야기에 왜 관심을 가져야 할까요? 당신은 왜 신경을 쓰고 계신가요?

저는 대립적이거나 매정한 어조로 말한 것이 아니라 오히려 제 어조는 생기가 없고 체념적인 것이었습니다. 목표는 제 목소리 톤을 사용해서 헤더가 고통에서 벗어나려는 투쟁에 접촉하도록 돕는 것이었습니다. 당신이 자극제로서의 자신에 대해 충분히 알고 그것을 성공적으로 해낼 수 있다는 것을 알고 있지 않는 한, 이러한 직설적인 전략은 사용하지 말아야 한다고만 말해 두겠습니다. 저는 약 157.5cm 키의 중년 여성으로, 종종 유치원 선생님으로 오해를 받습니다. '위협적'이라는 단어는 사람들이 저를 만나면 가장 먼저 떠오르는 단어가 아닙니다. 하지만 이건 저의 숨겨진 초능력입니다! 저의 '귀여운' 드레스와 메리제인 슈즈 덕분에 많은 치료자들이 할 수 없는 많은 것들이 용인될 수 있답니다. 제가 상담하는 대부분의 사람은 저에게 의심의 여지가 없어서, 최소한 적절한 맥락에서 "왜 제가 관심을 가져야 할까요?"와 같이 환기하는 표현을 할 수 있습니다.

그렇다고 해도, 이렇게 말한 후에는 저같이 작은 사람이라도 어느 정도 취약성과 배려를 나타내는 말을 덧붙일 필요가 있습니다. 그래서 저는 계속해서 말했습니다.

치료자: 저는 제가 만나는 분들과 같이 작업할 기회를 얻어 무척 행운이라고 생각해요. 저는 그 사람들에게 깊은 관심을 두고 있고 전적으로 헌신해요. **(여기서 저는 제 가치를 드러내면서 가치 작업을 어떻게 하는지 보여 주고 있습니다.)** 저는 제가 하는 일에 진심을 다하고 있어요. 하지만 제 진심만큼 소중한 것을 투자한다면, 그것이 정말 정말 중요한 것이기를 원해요. 당신은 많은 훌륭한 치료자들을 만나 왔고, (직설적이지만 불친절하지 않게 말하며) 그럼에도 불구하고 여전히 손목을 긋고, 여전히 불로 지지고, 여전히 게워 내고 있어요. 당신이 느끼는 엄청난 고통, 믿을 수 없을 정도로 고통스러운 역사로부터 정직하게 얻은, 고통을 없애기 위해 할 수 있는 모든 것을 시도하고 있어요. 하지만 저는 다른 치료자들과 마찬가지로, 이 모든 고통을 사라지게 해 주는 기적 같은 힘은 가지고 있지 않아요. 그런데 제가 가진 게 뭔지 아세요? 저는 진심을 가지고 있어요. 저는 어떤 것이 충분히 중요하다면, 100% 기꺼이 투자할 의향이 있어요. 당신이 진정으로 중요한 일, 정말 중요한 삶을 위해 저와 함께 작업하고 싶다면, 저는 모든 것을 할 거예요.

내담자: (다소 호기심을 느끼지만, 망설이는 듯 참여하며) 저는 그게 무엇인지 모르겠어요. '중요한 삶'이 무엇인지 모르겠어요. 이게 제가 아는 전부예요.

치료자: 당신에게 그게 무엇인지는 저도 알 수 없어요. 하지만 저는 그것이 자해하지 않는 삶 그 이상으로 더 대담하고, 더 확장되고, 더 선명한 삶이 될 것 같은 느낌이 들어요. 만약 마지막에 얻게 되는 것이 단지 자해하지 않는 삶이라면, 당신이 견딘 모든 끔찍

> 한 고통과 그 과거를 극복하기 위한 모든 노력이 가치가 있다고 말할 수 있을까요? …… 제 예상에는 아닐 것 같아요. 함께 해 보기로 한다면 더 큰 목표를 향해 나아가 볼게요.

그때 그녀는 울음을 터뜨렸습니다. 저라도 분명히 그랬을 것입니다. 이는 내담자와 치료자 모두에게 동기부여를 높이기 위해 가치를 활용한 예입니다.

헤더와 저는 꽤 오랜 시간 함께 작업할 기회를 가졌습니다. 우리가 함께 작업하는 것을 마쳤을 때 헤더에게 모든 것이 완벽하지는 않았지만, 헤더는 1년 이상 자해를 하지 않았습니다. 그녀는 건강하고 사랑하는 관계를 찾았다가 잃었지만 살아남았고, 이는 그녀의 삶에서 처음 있는 일이었습니다. 그러나 실제로 중요한 결과는 헤더의 나침반 방향이 재조정되었다는 것입니다. 헤더는 자신이 원하지 않는 것에 다시 집중하려고 할 때, 그리고 삶의 고통에 반응하여 '더 작아지려' 할 때 그것을 알아차릴 수 있었습니다. 헤더는 우리의 첫 번째 회기가 우리가 가졌던 가장 중요한 회기였다고 여러 번 이야기했습니다. 대담하고, 확상적이고, 선명한 삶을 창조하는 치료에 대한 대화가 그 변화를 일으킨 것이었습니다.

가능성에 대한 개방

앞의 짧은 이야기는 제가 가치에 관한 주제를 내담자에게 소개할 때 중요하게 생각하는 요소를 보여 줍니다. 가치가 처음 소개될 때 대화는 확신이나 해결을 향해 빠르게 나아가려고 하기보다는, 가능성이나 호기심을 여는 것을 목표로 해야 합니다. 목표는 내담자가 가치를 명확하게 하는 것이 아닙니다. 치료(그리고 그들의 삶 전반)는 그들의 투쟁보다 더 크거나 포괄적인 것에 초점을 둘 수 있다는 느낌을 만드는 것이 목표입니다.

제가 최근에 경험한 일로 초기 가치 대화가 어떻게 가능성, 호기심 또는 경이로움을 만들어 낼 수 있는지를 비유적으로 설명할 수 있을 것 같습니다[밤하늘 보호구역 메타포]. 최근 뉴질랜드 남부에 위치한 세계 최대 규모의 밤하늘 보호구역(인공 빛의 오염을 제한하는 지역)을 방문하는 행운을 얻었습니다. 대부분의 시간에 저는 거기에서 무엇을 볼 것인지에 대한 확실한 기대를 하고 밤하늘을 올려다봅니다. 하지만 이번에는 제 앞에 펼쳐진 무한한 공간을 올려다보며 제가 알고 있다고 생각했던 것이 우주 전체의 아주 작은 한 부분에 불과하다는 것을 깨달았습니다. 저는 그 끝없는 경이로움을 올려다보고 경외감을 느낄 수밖에 없었습니다. "잠깐만, 이것은 지금까지 있었던 일인데 나는 그걸 볼 수 없었던 건가? 그리고 지금 이 모든 것을 볼 수 있다면, 거기에는 또 무엇이 있을까?" 항상 그 자리에 있었음에도 불구하고, 마치 무한한 가능성을 처음 보는 것 같았습니다. 그것은 마치 세상의 끝에서 맑은 밤에 제가 느꼈던 것과 같았습니다. 그리고 그것이 제가 내담자에게 가치를 소개할 때 원하는 것입니다. 내담자들은 종종 자기 삶의 한계, 가능한 변화의 한계를 알고 있다고 생각합니다. 그래서 그들이 치료에 참여할 때, 보통 가능할 것으로 생각되는 변화에 관해서만 이야기합니다. 그들을 위해 밤하늘 보호구역 경험을 만들고 싶습니다. 하지만 하늘 대신에 그들의 삶이 펼쳐지며, 적어도 잠시나마 그 삶이 가지고 있는 방대한 가능성과 그것을 탐험하려는 호기심을 경험할 수 있기를 원합니다.

함께 작업하는 과정에서 내담자에게 가치가 이끄는 것에 대한 개념을 소개할 때, 중요한 목표는 내담자가 "나는 이것[내 삶/내 고난/해결책]이 무엇인지/무엇이 될 수 있는지 알고 있다"는 입장에서 호기심과 가능성의 상태로 이동하도록 도움을 주는 것입니다. 당신은 근본적으로 내담자가 자신의 삶에 대해 만들어 낸 이야기를 중단시키고(탈융합), 그들의 평소 관점이 자신의 삶과 가능성에 대한 무한한 관점 중 하나일 뿐이라는 것을 보도록 돕고 있습니다(맥락으로서의 자기/유연한 조망 수용). 이러한 가능성에 대한 개방은 중요하며, 이후의 탐색 과정을 위한 토대를 마련합니다. 헤더는 자신의 가치에 대한 명확한 인식 때문에 울음을 터뜨린 것이 아니었습니다. 그녀의 눈물은 몇 년 만에 처음으로 그녀 삶의 '밤하늘 보호구역'을 보면서 가능성이 생겼기 때문입니다.

치료 계획에 가치를 통합하기

치료의 가장 초기 단계에서 가치를 명시적으로 가져오는 것은, 아직 어떤 치료를 사용할 것인지를 결정하는 동안 치료 계획과 목표 설정을 더욱 협력적으로 만들고 치료의 가능성을 확장합니다. 이것은 내담자의 문제와 해결책에 대한 자신의 생각(또는 해결책이 없다는 확신)이 종종 그들을 꼼짝 못 하게 하는 것의 일부이기 때문에 중요합니다. 따라서 새로운 가능성을 열기 위해서는 가치 작업이 내담자의 일반적인 참조 프레임frame of reference을 벗어나는 방식으로 소개되어야 합니다. 이를 위해 문제에 대한 내담자의 인식을 이해하고 타당화하는 것이 도움이 되지만, 가치 작업을 선택지로 제시하기 전에 그 프레임을 방해하거나 재개념화할 수 있는 방법을 찾는 것이 중요합니다.

가치를 치료 계획 과정에 도입하고 내담자의 삶과 당신의 작업에서 함께 할 수 있는 가능성을 열기 위한 다양한 방법이 있습니다. 헤더의 경우를 들어 한 가지 예를 보셨을 겁니다. 물론, 헤더와 함께한 환기적인 접근 방식이 내담자와의 일반적인 가치 대화를 시작하는 최선의 방법이 될 것이라고 제안하는 것은 아닙니다. 그 접근 방식은 헤더와 제가 보여 준 매우 특정한 맥락 때문에 가능했습니다. 가치를 소개하는 방식에 있어서 우리는 유연해야 하고 맥락에 민감해야 합니다. 일반적으로, 치료 계획 과정에 가치를 효과적으로 도입하는 것에는 종종 두 가지 핵심 요소가 포함됩니다.

1. 현재까지 치료에서 확인한 내담자의 어려움과 초기 목표를 요약합니다. 당신의 이해가 정확한지 내담자에게 반드시 확인하세요.
2. 그들의 현재 문제들을 뒤로 하고, 그들의 삶과 그 어려움이 있는 맥락의 더 큰 그림을 볼 수 있는 기회로 치료를 제시합니다.

다음은 가치를 처음 소개할 때 이러한 일반적인 지침을 어떻게 활용할 수 있는지에 대한 몇 가지 예시입니다. 먼저, 우울, 불안, 만성 통증, 또는 기타 어떤 감정 상태이든 상관없이, 경험한 고통을 줄이는 것을 일차적인 목표로 치료를 받는 내담자에게 어떤 말을 할 수 있는지 이야기해 보겠습니다. 이것은 아마도 우리가 내담자와 마주치는 가장 흔한 상황일 것입니다. 그들은 종종 삶의 다른 목적을 배제하고 고통을 줄이는 데 초점을 맞추어 왔습니다. 이는 그들의 삶을 크게 제한했으며, 그럼에도 불구하고 그들은 보통 고통을 줄이기 위해 치료자가 함께 투쟁해 주기를 요청합니다. (즉, 제1장에서 논의한 바와 같이 '충격'에서 벗어나도록 도와달라고 요청하는 것입니다.) 우리가 그 사람의 삶에 대한 새로운 가능성을 탐색하기 위한 공간을 만들려면, 이 함정을 피해야 합니다. 예를 들어, 우울을 없애려는 내담자에게 할 수 있는 말은 다음과 같습니다.

치료자: 우리는 지금까지 당신의 우울증과 얼마나 많은 고통을 겪었는지에 대해 조금 이야기했어요. 계속 진행하면서, 당신의 우울을 탐색하고 이를 대처하기 위해 무엇을 해 왔는지 더 많은 시간을 할애할 것입니다. 동시에, 때로는 그것이 전부인 것처럼 느껴지더라도, 당신은 우울증 이상의 존재입니다. 우리가 고통을 겪을 때, 그 고통에 너무 사로잡혀서 우리의 삶에 의미를 부여하는 것이 무엇인지, 그리고 우리가 이 세상에서 가진 시간을 어떻게 활용하고 싶은지에 대한 큰 그림과의 접촉을 잃을 수 있어요. 이는 나무는 보지만 숲을 보지 못하는 것과 같아요. 그래서 제가 제안하는 것은, 한 걸음 뒤로 물러서는 것이 우리가 해야 할 일의 일부라는 것입니다. 어쩌면 아주 멀리 물러서서, 당신 삶의 더 큰 그림을 보는 것이죠. 예를 들어, 당신이 정말로 원하는 삶이 무엇인지 생각해 보는 거예요. 이런 것들은 삶을 살 만한 가치가 있게 만드는 것들입니다. 이것이 꽤 어렵거나 심지어 불가능하다고 느껴질 수도 있어요. 하지만 저는 할 만한 가치가 있다고 생각합니다. 그저 당신을 살려내는 데만 초점을 맞추는 것으로는 충분하지 않아요. 저는 당신이 살 만한 가치가 있는 삶을 살 수 있도록 돕고 싶어요. 당신이 살아갈 이 한 번의 인생을 위해 정말로 원하는 것을 아는 것보다 더 중요한 것이 있을까요? 우리가 이것을 함께 작업해 보는 것이 어때요?

다음 예시는 가치와 더 명확하게 연결된 목표를 가지고 치료에 온 내담자에 관한 것입니다. 예를 들어, 그들은 관계, 일, 육아, 또는 건강에 집중하기를 원할 수 있습니다. 이러한 경우에는 그 사람이 이미 언급한 목표를 초기 소개에 반영하는 것이 중요합니다. 아래는 양육에 대한 도움을 원하는 내담자에게 가치-중심 치료values-guided therapy를 지향하는 아이디어를 소개하는 방법의 예시입니다.

치료자: 말씀하신 내용에서, 자녀와의 관계가 당신에게 중요하다는 것을 알 수 있었어요. 그 관계에서 잘되지 않는 부분과 바꾸고 싶은 것들에 대해서도 많이 들었습니다. 당신에게 이 관계는 정말 중요한 것 같네요. 다른 어려움이 많을 텐데도 이 관계를 위해 치료를 받으러 왔으니까요. 만약 이 작업이 가장 도움이 되려면, 부모로서 가장 중요한 것이 무엇인지, 무엇이든 선택할 수 있다면 가장 원하는 것이 무엇인지 알아야 합니다. 왜냐하면 자녀와의 관계가 당신에게 얼마나 중요한지를 감안할 때, 그 관계가 당신에게 이토록 중요한 만큼, 자녀들과 겪고 있는 현재 문제들이 사라지는 것만으로는 충분하지 않을 거라고 생각해요. 만약 당신이 선택할 수 있다면, 제 추측으로는 이 관계가 당신에게 깊은 의미를 지닌 것이기를 원할 것 같네요. 우리의 작업이 그 관계에서 원하지 않는 것을 없애는 데만 초점을 맞추는 대신, 자녀와 함께 가장 중요한 것으로 나아가도록 하는 것에 관심이 있나요?

앞의 두 예시는 치료 계획에 가치를 도입하기 위한 두 가지 일반적인 지침을 포함하고 있습니다. 그러나 이러한 일반적인 대본과 지침은 단지 시작점에 불과합니다. 치료 초기 단계에서 가치를 소개할 때 우리가 찾는 가능성에 대해 내담자가 마음을 열도록 도와주는 자신만의 방법을 찾아야 합니다. 각 내담자의 고유한 어려움에 대한 공감을 표현하는 방식으로 내담자의 개인적 경험과 역사를 통합해야 합니다. 이것은 당신이 그들이 보도록 도와주고 싶은 자신만의 고유한 밤하늘 보호구역입니다. 다음은 위의 두 가지 핵심 요소를 통합한 실제 회기에서 어떻게 보일 수 있는지에 대한 예시입니다. 동시에, 이 과정에서 우리가 만들고자 하는 가능성에 대한 개방도 전달되기를 희망합니다.

임상 사례: 샤스타

샤스타Shasta는 세 아이의 어머니이자 전업주부였습니다. 그녀는 신체 이미지와 '자존감' 문제를 포함하는 걱정과 반추로 오랜 기간 어려움을 겪고 있었습니다. 샤스타는 자신의 신체 이미지에 대한 인식을 개선하고 싶어서 치료를 받게 되었는데, 이것이 자신의 몸에 더 긍정적인 감정을 느끼게 만드는 올바른 다이어트 해결책을 찾는 것이라고 생각했습니다. 접수 면담 내내 그녀는 반복해서 '지루하다'고 말했고, 자신을 '지루한 사람'으로 표현했으며, 자신의 삶이 그저 '의미가 없다'고 말했습니다. 다음 대화는 자신의 어려움과 인식한 해결책에 대해 이미 기본적인 이해를 한 후, 접수 면담 회기가 끝날 무렵에 이루어졌습니다.

치료자: 당신은 삶에서 어려움을 겪고 있고, 달라지고 싶은 것들이 몇 가지 있는 것 같네요. 당신은 몸에 대해 오랜 시간 동안 좋지 않은 감정을 가지고 있는데, 이에 대해 더 좋게 느끼고 싶어 하는군요. 또 괴로운 걱정과 불안을 많이 경험하는 것처럼 들려요. 그리고 다른 사람들이 당신에 대해 생각하는 것에 덜 몰두하고 싶어 하는 것 같아요. 당신의 바람은 우리가 함께하는 작업을 통해 당신의 몸에 대해 더 나은 감정을 느끼고, 특히 다른 사람들이 어떻게 생각하는지에 대한 불안과 걱정을 줄이는 방향으로 변화하는 것이에요. 맞나요? **(여기서는 문제에 대한 내담자의 이해와 제안된 해결책을 요약하고, 그것이 정확한지 내담자에게 확인하고 있습니다.)**

내담자: 네, 그렇게 요약될 수 있겠네요.

치료자: 그런데 혹시 그것 자체가 그게 문제의 일부일 가능성도 있을까요? **(이 맥락에서 저는 고통 속에 훨씬 더 사로잡힌 헤더와 함께 있을 때만큼 도발적일 필요는 없었지만, 저는 여전히 샤스타의 이야기를 유익한 방식으로 방해할 수 있는 말을 하고 싶었습니다.)**

내담자: 네?

치료자: 당신은 신체 이미지와 걱정이 "당신의 삶을 요약한다"고 말씀하셨어요. 정말로 그러

길 원하시나요? 제가 궁금한 건, 만약 선택할 수 있다면 그것들이 '당신의 삶을 요약'하기를 바라나요?

내담자: (조금 혼란스러워하면서도 궁금해하며) 정확히 무슨 말인지 잘 모르겠어요.

치료자: 만약 당신의 삶이 목적이 없거나 그다지 의미가 없는 것으로 느껴지는 이슈가, 음, 솔직히 말하자면, 당신의 신체 이미지나 다른 비슷한 걱정들처럼 당신이 별로 의미가 없다고 생각하는 것들에 주로 집중되어 있기 때문이라면 어떨까요? 만약 해결책이 이러한 문제를 해결하는 것이 아니라, 오히려 당신의 더 많은 에너지가 실제로 더 의미 있는 일에 집중하도록 변화하는 것이라면 어떨까요? **(샤스타의 특정한 맥락에서는 제가 몇몇 내담자에게 사용할 수 있는 것보다 더 직접적으로 가치에 대해 이야기할 수 있었습니다.)**

내담자: 제가 그게 뭔지를 모르겠어요. 제 말은, 제 아이들 말고는요. 좋은 엄마가 되는 것은 저에게 정말 중요하지만, 저는 이미 하루 종일 아이들을 위한 일을 하느라 시간을 보내고 있어요. **(여기서 저는 샤스타에게서 자신의 역할인 '엄마', '아내', '학교 경매 의장' 등으로 자신을 규정하는 경향을 봅니다. 저는 가치의 개념을 결과나 특정한 역할보다는 행동의 질적 특성과 더 관련이 있는 것으로 소개하고 싶습니다.)**

치료자: 정말 그렇죠! 저는 당신이 아이들을 정말 아끼고 그들에게 훌륭한 엄마가 되고자 하는 것을 알 수 있어요. 하지만 여기서 말하는 것은 당신이 무엇을 하는지보다는 그것을 어떻게 하고 있는지, 그리고 무엇을 위해 하는지에 대한 이야기입니다. 그것이 바로 당신의 가치라고 할 수 있어요. **(여기서는 가치가 무엇인지에 대해서도 약간 교육하고 있습니다.)**

내담자: 그러면 제 삶이 더 의미 있다고 느끼는 데 도움이 될까요? **(그녀는 여전히 의미 있는 삶을 살아가는 과정 대신에, 자신의 삶이 '의미 있다'고 느껴지는 결과에 집중하고 있습니다.)**

치료자: 가치는 당신에게 실제로 의미 있는 삶이 무엇인지 정의해 줘요. 가치-중심의 삶을 산다는 것은, 그 자체로 의미 있는 삶을 살고 있다는 것을 뜻해요.

내담자: 그게 무엇인지 어떻게 알 수 있을까요?

치료자: 아마도 우리가 함께하는 작업의 핵심이 될 수도 있겠죠? 치료는 당신이 원치 않는 것들, 즉 당신이 그다지 의미가 없다고 말하는 것에 중점을 두기보다는, 오히려 의미 있는 것들에 더 집중하면서 당신이 삶에 대해 원하는 것을 탐색하고, 선택하고, 그것을 향해 나아가도록 도울 수 있을 거예요. 우리가 함께 이 작업을 진행하는 것에 관심이 있으신가요?

호기심과 가능성의 관점으로부터, 우리는 샤스타의 가치를 탐색하고 의미 있는 삶을 만들기 위한 것을 찾는 작업을 할 수 있었습니다. 치료가 끝날 때쯤, 그녀는 자신의 몸에 대한 생각으로 인한 고통과 집착이 상당히 줄었습니다. 그녀의 실제 몸매는 사실 크게 변하지 않았지만(그녀는 여전히 자신의 몸매가 정말 마음에 들지 않는다고 말했을 것입니다.), 실제로 그녀는 이전에 결코 유지하지 못했던 방식으로 자신의 몸을 잘 돌보고 있었습니다. 그러나 우리의 작업은 가치에 초점을 두었기 때문에, 그녀가 자신의 몸을 어떻게 가꾸고 운동하는지를 포함한 그 행동들은 그녀가 자신의 몸에 대해 생각하거나 느끼는 방식을 바꾸는 것이 아니라, 헌신적이고 일관적이며 양육적인 방식으로 가족을 돌보는 가치를 실현하기 위한 방법으로 보였습니다. 그 결과는 샤스타에게 더 오래 지속되고, 중요한 의미 있는 변화였습니다.

도구: 가치 카드 분류

일단 당신과 내담자가 가치가 작업을 이끌도록 선택하기만 하면, 가치 카드 분류는 탐색 과정을 시작하기 위한 훌륭한 연습입니다. 이 연습은 직관적이고 상호작용적이며 내담자들이 실제로 좋아하는 경향이 있기 때문에 저는 이 연습으로 시작하는 것을 좋아합니다.

이 연습에서 내담자는 다양한 잠재적 가치 단어와 간단한 정의가 적힌 카드 세트를 제공받습니다. 그런 다음 내담자는 여러 라운드에 걸쳐 카드를 가장 중요하거나 덜 중요한 순서대로 분류합니다. 저는 가치 탐색의 가장 초기 단계에서 이 도구를 자주 사용합니다. 특히, 가치 개념에 대한 연습이 적거나 전혀 없고, 가치를 설명하는 어휘력이 제한되어 있거나, 자신에게 중요할 수 있는 것에 대한 강한 감각이 없거나, 순간적인 선호도, 원하는 것 또는 필요한 것을 명확하게 설명하는 데 어려움을 겪는 내담자에게 특히 도움이 될 수 있습니다. 또한 저는 이 연습이 가치에 대한 질문에 목표("여행하고 싶다" 또는 "아빠가 되는 것이 가치이다"와 같은)에 관한 진술로 반응하는 내담자가 가치를 결과가 아닌 방향으로 생각하기 시작하도록 방향을 바꾸는 데 도움이 되는 방법이라는 것을 알았습니다.

기억해야 할 한 가지는 가치 카드 분류가 내담자가 자신의 가치를 완전히 확인하는 수단이 아니라는 것입니다. 비록 내담자가(가끔 치료자도) 종종 이 연습에 이렇게 접근하는 경우가 많지만 말입니다. 이 간단한 10~15분 정도의 연습으로 내담자가 자신의 삶을 대표하기 원하는 복잡하고 심오한 것에 대해 지속적이고 명확한 감각을 가지고 갈 수 있을 거라고 생각하는 것은 꽤 비현실적입니다. 가치 카드 분류는 훌륭한 도구이지만, 마법은 아닙니다. 대신에 저는 가치 카드 분류 작업을 입문용 샘플, 맛보기라고 생각합니다. 이것은 많은 사람들에게 익숙하지 않은 가치 개념과 선택 연습을 둘 다 안내하는 데 도움을 주는 초기 연습입니다. 또한 내담자는 우리가 무엇에 대해 이야기하는지 감을 잡기 위해 사람들이 가치로 선택하는 몇 가지를 간단히 보는 것도 도움이 될 수 있습니다. 이는 마치 미술에 대해 매우 적은 노출만 가지고 회화를 배우려는 것과 같습니다. 다양한 색상과 채도를 가진 다양한 유형의 물감(유화, 아크릴, 수채)이 가득 찬 팔레트를 보는 것은 당신이 어떤 것을 그릴 수 있는지 몇 가지 가능성에 대한 아이디어를 줄 수 있습니다.

가치 카드 분류는 내담자가 무엇을 선택하는지보다는 어떻게 과제에 접근하는지에 중점을 둠으로써 매우 유용한 평가 도구가 됩니다. 연습을 진행하면서 내담자는 신중하게 숙고하나요? 그들은 '올바르게' 하려는 욕구에 의해 생각에 잠기거나 무감각해지나요? 아니면 반대로 카드를 분류할 때 무작위로 하나요? 많은 내담자들은 선택하는 것에 대한 연습을 전혀 하지 않습니다. 이러한 내담자를 위해 가치 카드 분류는 그들이 선택이라는 중요한 기술을 연습하기 시작하는 유용한 방법이 될 수 있습니다.

지시 사항

이 연습에는 실험해 볼 수 있는 많은 변형이 있습니다. 저는 대부분의 내담자에게 카드를 분류하는 연이은 3라운드를 활용하는 편입니다. 가치와 목표 또는 도덕, '당위' 사이의 구분에 대한 논의를 시작하는 것이 도움이 될 수 있습니다(이 주제에 대한 자세한 내용은 제1장 참조). 그런 다음, 내담자에게 가치 카드 중에서 가장 중요하다고 선택할 수 있는 카드를 생각해 보라고 요청합니다. 당신은 "당신이 삶의 끝에서 되돌아본다고 상상해 보세요. 만약 전적으로 당신에게 달린 삶이었다면, 당신이 자랑스럽게 살아온 삶이라고 설명할 수 있는 단어들을 고르세요."와 같은 요청으로 시작할 수도 있습니다. 내담자에 따라 "아무도 당신이 무엇을 선택했는지 알지 못한다면, 무엇을 선택할 수 있을지 상상해 보세요."와 같은 말을 함으로써 부담을 덜어주고 싶을 수도 있습니다. 어떻게 진행하든 핵심 구성 요소는 내담자가 자유롭게 선택하고, 가능성에 닿을 수 있도록 돕고자 한다는 것입니다.

이 활동을 소개하는 데 사용할 수 있는 본보기 대본이 여기 있습니다. 인쇄해서 사용할 수 있는 가치 카드 세트는 http://www.newharbinger.com/43218에서 다운로드할 수 있습니다.

치료자: 당신이 완전히 자유롭게 선택할 수 있다면 당신에게 가장 중요한 것이 무엇인지 더 잘 알고 싶어요. 이것을 당신의 가치라고 부를 것입니다. 가치를 생각하는 한 가지 방법은, 완전히 선택의 자유가 주어진다면 당신이 되고 싶은 사람의 종류나, 이 지구상에서 당신의 시간이 어떻게 쓰이길 원하는지를 설명하는 것입니다. 다시 말해 모든 것이 끝났을 때, 개인적으로 '잘 사는 삶'이란 무엇을 의미할까요? 이것을 좀 더 탐색하는 데 도움 되는 연습에 관심이 있으신가요? **(내담자의 답변을 기다립니다.**

가치 탐색을 선택하는 것은 일종의 가치 명료화 과정입니다.)

내담자가 동의하면 지시 사항을 제공할 준비가 되었습니다.

치료자: 좋습니다. 이 카드에는 사람들이 삶에서 중요하게 여기는 일부를 반영하는 단어들이 있어요. 이것은 완전한 목록은 아니고, 당신에게 더 잘 맞는 것으로 생각되는 다른 단어가 있다면 추가할 수 있어요. 하지만 이것은 적어도 우리가 시작할 수 있는 지점을 만들어 줄 거예요. 당신의 삶에서 각각의 것들이 얼마나 중요하기를 원하는지에 따라 이 카드들을 다양한 범주로 분류할 것입니다. 이것은 당신이 지금 삶에서 우선시하고 있는 것이나 다른 사람들이 가치를 두어야 한다고 말하는 것이 아니고, 당신이 '가치 있어야 한다'고 생각하는 것도 아니에요. 지금, 저는 단지 당신이 완전히 자유롭게 선택할 수 있다면 삶에서 무엇을 중요하게 만들고 싶은지에 관심이 있어요. **(만약 내담자가 경험회피에 더 많이 갇혀 있거나 원하는 것보다 원하지 않는 것에 더 집중할 것으로 판단된다면, 다음과 같은 내용을 추가하는 것이 좋을 수 있습니다.)** 가끔 어떤 것들은 문제를 해결하는 데 도움이 되기 때문에 우리에게 중요하게 느껴지는데, 우리는 그것이 고통을 줄여 줄 것이라고 기대하기 때문이에요. 어떨 때는 도구와 같이 우리가 원하는 것을 얻는 데 도움이 되기 때문에 중요하게 느껴집니다. 하지만 도구는 일반적으로 목적을 위한 수단이지, 그 자체로 관심을 가질 만한 것은 아닙니다. 그리고 당신이 가진 문제를 해결하는 것이 중요하다고 느낄 수 있지만, 지금은 그냥 당신이 그 자체로 의미 있고 만족스러워할 수 있는 것에 집중하고 싶어요. 당신은 잠시 모든 고통이 끝나고 더 이상 문제가 없는 것처럼 상상해 볼 수 있어요. 그래도 여전히 의미 있고 가치 있는 것을 찾을 수 있을까요? 문제나 장애가 없다면 무엇을 발견할 수 있을까요? 그것이 당신이 이 카드를 선택할 때 마음에 두길 바라는 것입니다. **(만약 내담자가 과도하게 통제되었다고 느껴지거나 과도한 생각, 자기-비판, 또는 완벽주의로 자신을 익누르는 경향이 있다고 판단된다면, 이 활동을 통해 조금 더 '풀어지도록' 도와주기 위해 다음과 같은 내용을 추가하는 것이 좋을 수 있습니다.)** 또

> 한, 이것이 당신의 가치의 시작이자 끝이 될 필요는 없어요. 이제 막 시작하는 것뿐입니다. 그러니 너무 많이 생각하지 않으셔도 돼요. '정확하게' 할 필요 없어요. 몇 가지 다른 라운드를 거쳐야 하고, 심지어 어떻게 응답할지 바꾸고 싶은 마음이 들면 나중에 이 활동으로 돌아와서 다시 할 수도 있어요. 지금, 우리는 여기에서 탐색을 막 시작하는 중이에요. 그러니까, 이걸로 재미있게 놀 수 있는지 봅시다. 알겠죠?

내담자가 가치를 자유롭게 선택한다는 개념이 익숙해지면 카드 분류부터 시작할 수 있습니다. 앞의 대본에서 알 수 있듯이 카드 분류를 한 번 이상 수행하는 것이 유용한 경우가 많습니다. 다음은 제가 자주 사용하는 세 가지 라운드의 제안 순서입니다.

1라운드

1. 아무도 알 수 없다면 어떤 가치를 선택할 것인지를 기준으로, 내담자가 모든 가치 카드를 세 가지 범주(매우 중요함/중요함/중요하지 않음)로 분류하도록 지시합니다. 각 범주에서 원하는 만큼의 카드를 사용할 수 있도록 합니다.
2. 작업을 진행하는 동안, 내담자에게 만약 옳고 그름이 없고 아무도 알지 못할 경우 어떤 가치를 선택할지에 집중하도록 주기적으로 상기시켜 주세요.
3. 요약 반응: 카드를 모두 분류한 뒤, 내담자가 발견한 관찰 사항을 물어봅니다. 질문은 다음과 같습니다.
   - 카드를 분류하려고 했을 때 어땠나요?
   - 이것을 하면서 어떤 생각이나 느낌을 알아차렸나요?
   - 삶에서 무엇을 중요하게 만들고 싶은지 쉽게 알 수 있었나요?
   - '옳은' 답이라고 생각하는 것을 제시하려는 유혹을 느꼈나요? 그 '옳은' 답을 결정하는 사람은 누구인가요?
   - 분류는 어떻게 하셨나요? '중요하지 않음' 더미에 카드를 넣을지 '중요함' 더미에 넣을지, 아니면 '매우 중요함' 더미에 넣을지 어떻게 알았나요?

2라운드

1. 내담자가 1라운드에서 '매우 중요함' 범주에 넣은 카드만 남기고 나머지는 버립니다.
2. '매우 중요함' 카드 중에서 내담자가 가장 중요하다고 선택한 카드를 10장만 선택하도록 요청합니다. 대부분의 내담자는 1라운드에서 '매우 중요함' 더미에 10장 이상의 카드를 선택하지만, 그렇지 않은 경우 더미에 넣은 것보다 훨씬 적은 수의 카드를 가지고 합니다. 요점은 내담자가 중요한 것을 선택하는 과정에 접촉할 수 있도록 돕는 것입니다.
3. 요약 반응: 내담자가 발견한 관찰 사항을 물어봅니다. 질문은 다음과 같을 수 있습니다.
   - 당신에게 매우 중요한 이 모든 가치 중에서 단지 10개(또는 어떤 숫자)만 고르려고 했을 때 어땠나요?
   - 이것을 하면서 어떤 생각이나 느낌을 알아차렸나요?
   - 1라운드보다 쉬웠나요, 어려웠나요?
   - 포함하지 않기로 결정한 것들을 버릴 때 기분이 어땠나요?

3라운드

1. 2라운드에서 상위 10개였던 카드를 내담자 앞에 놓습니다.
2. 내담자에게 상위 3개 카드를 선택하도록 요청하며 다음과 같이 말합니다. "이제, 당신의 삶에서 집중할 세 가지만 선택할 수 있다면, 옳고 그른 답이 없고 완전히 자유롭게 선택할 수 있다고 가정한다면, 당신은 어떤 세 가지를 선택하시겠습니까? 기억하세요. 가치는 단지 이루고 싶은 것, 가지고 싶은 것, 또는 가장 즐기고 싶은 것이 아닙니다. 오히려, 가치는 당신이 인생을 바치고 싶은 세상에서 존재하는 방식입니다. 그것들은 당신에게 개인적으로 가장 의미 있는 삶의 방식입니다."
3. 요약 반응: 내담자가 발견한 관찰 사항을 물어보세요. 질문은 다음을 포함합

니다.

- 상위 3개 가치를 어떻게 선택하셨나요?
- 이 세 가지는 서로 어떤 공통점이 있습니까?
- 이 세 장의 카드를 보면, 이를 기준으로 삶을 잘 살아왔다고 말할 수 있나요?
- 만약 누군가가 오늘 당신의 삶을 관찰했다면, 그들은 당신이 선택한 최상위 3대 가치가 무엇인지 알 수 있을까요?

마무리와 과제

ACT에서의 모든 연습은 다른 경험적 치료와 마찬가지로 평가이기도 합니다. 따라서 내담자가 가치 카드 분류의 여러 라운드를 거친 후에는 반드시 연습 경험에 대해 질문하여 후속 조치를 해야 합니다. 그들이 무엇을 가치로 선택할지에 대한 일부 정보를 얻을 수 있겠지만, 당신이 가장 관심 있는 것은 그들의 가치 명료화 과정, 예를 들어 그들이 어떤 것이 가치가 있다고 선택할 때 어떻게 선택하는지, 또는 어떤 생각이나 감정이 나타나는지 더 많이 알아가는 것입니다. 저는 종종 이렇게 물어봅니다.

- 이 과제는 당신에게 어땠나요? 쉬웠나요, 생각보다 어려웠나요?
- 어떤 단어를 어떤 더미에 넣어야 할지 선택할 때 어떤 점을 주목했나요?
- 연습을 하는 동안 특별한 감정이 떠오르는 것을 알아차렸나요?
- 다시 한다면 무엇을 다르게 하실 건가요?
- '매우 중요함' 범주에 넣기로 선택한 것과 일상에서 중요하게 여기는 것 사이에 어떤 차이점이나 비슷한 점을 발견했나요?
- 만약 당신의 삶에서 중요하게 여기는 것을 상기시켜 주는 이런 연습을 매일 한다면 어떨까요?

치료 회기 외에 연습을 확장하는 방법으로, 저는 거의 항상 세 가지 상위 가치에 대한 사본을 내담자에게 줍니다. 때때로 내담자는 그것을 사진으로 찍기도 합니다. 하지만 저는 일반적으로 그것들을 적습니다. 저는 매 치료 회기가 끝날 때마다 종종 내담자에게 그 주에 해야 할 과제와 함께 회기를 요약하는 내용(메타포, 아이디어, 질문 등)을 적은 색인index 카드를 줍니다. 가치 카드 분류 연습이 포함된 회기의 경우, 그 색인 카드에 적을 과제의 예시는 다음과 같습니다.

- 매일 아침 시작할 때 선택한 상위 세 가지 가치를 큰 소리로 읽어 보세요. 그런 다음 하루가 끝날 때, 하루의 시작에 가치들을 읽음으로써 영향을 받았다고 생각하는 당신의 일상에 대해 알아차린 것을 무엇이든지 1분 동안 적어 보세요.
- 위에서 매일 하나의 가치 단어를 선택하고, 그 가치를 의도적으로 반영하거나 구현하는 일 한 가지를 그날 합니다.
- 오늘 이 연습을 한 경험을 돌아보며 사랑하는 사람과 대화를 나눠 보세요.
- 하루가 끝날 때마다, 하루 동안 이 세 가지 가치의 질적 특성을 얼마나 구현했다고 느꼈는지를 5점 척도로 평가합니다.

기타 변형

앞에서 설명한 것은 가치 카드 분류 연습의 한 가지 변형일 뿐입니다. 연습이 제공하기를 원하는 기능과 찾고 있는 자료의 유형에 따라, 다음과 같은 다른 변형을 사용하는 것을 고려해 보십시오.

- '1라운드'의 결과를 기록합니다. '2라운드'의 경우, 내담자가 다음 중 하나 이상의 지침에 따라 모든 카드를 다시 분류하도록 지시합니다.
  - 다른 사람/사회로부터 가치를 배운 것 또는 '가치 있어야 한다는 당위should'를 느끼는 것
  - 지난 일주일 동안 자신의 행동으로 가치를 평가한 것

-10년 전에 가치로 여겼을지도 모르는 것

-20년 후, 나이가 조금 더 먹고 현명해졌을 때 어떤 가치를 중요하게 여길 것으로 생각하는지

-정말 존경하는 사람이 카드를 어떻게 분류할 것으로 생각하는지(예: 만약 당신이 X라면, 어떻게 분류할 것으로 생각하시나요? X의 삶이 어떤 것을 대표하는 것 같나요?) 그런 다음 내담자에게 두 번의 라운드에서 선택한 것들 사이의 유사점이나 차이점에 대해 이야기하도록 요청합니다.

- 만약 내담자가 관계를 맺고 있다면, 파트너와 함께 둘의 관계가 무엇을 나타내길 원하는지에 중점을 두고 카드를 분류하는 연습을 합니다.
- '1라운드'에서 카드를 가져와서 내담자에게 이를 그룹화하여 가능한 전체를 포괄하는 가치를 찾아내도록 합니다.

가치 카드 분류의 문제해결

이 연습은 일반적으로 간단하고 거의 문제가 되지 않지만(이것이 제가 치료 초기에 이 연습을 하고 싶은 한 가지 이유입니다.), 치료자들이 이 연습에서 막히는 것을 볼 수 있는 몇 가지 흔한 상황이 있습니다.

가치 카드 분류를 가치 검증 도구로 사용하는 것. 이 연습에서 제가 보는 가장 흔한 실수는 치료자와 내담자 모두 또는 어느 한쪽이 이 연습은 만능이며, 딱 한 번으로 끝나는 가치 확인 도구로 간주하는 경우입니다. 마치 그것이 해답을 가지고 있는 것처럼 치료자와 내담자 모두가 과제의 결과에 집중할 수 있습니다. "보세요, 다 했어요. 제 가치를 확인했어요. 이 세 단어예요. 이제 어떻게 하죠?" 이러한 함정에 빠지지 않게 조심하세요. 치료의 이 단계에서, 가치 작업은 내담자의 호기심과 가능성을 촉진하는 것이지, 그들의 가치를 명명하거나 확정하는 것이 아닙니다.

가치 카드 분류를 일종의 즉석 만남처럼 생각할 수도 있습니다[스피드 데이트 메

타포]. 스피드 데이트[1]는 시작하기에 좋은 상황이고, 매우 흥미로운 정보를 얻을 수 있으며, 더 탐색하고 싶은 것을 알려 줄 수 있지만, 그 결과만을 가지고 평생의 약속을 하고 싶지는 않을 것입니다. 이러한 경향을 해결하기 위해, 연습의 마무리 및 요약 반응 단계에서 종종 연습의 기능을 내담자에게 상기시키며 때로는 스피드 데이트 메타포를 사용하기도 합니다. (최근에 젊고 힙한 내담자가 스피드 데이트는 2012년에 대세였으니 저의 메타포를 업데이트할 필요가 있을지도 모른다고 알려 주었습니다!)

일부 내담자는 선택하는 과정을 배우는 데 도움이 필요하다. 일부 내담자는 자신의 선호도, 원하는 것, 욕구 또는 필요에 대한 학습을 촉진하거나 지지받지 못한 학대, 방임 또는 만성적인 비타당화의 역사가 있습니다. 그들은 자신이 선호하는 것을 다른 사람이 선호하는 것과 혼동하거나, 자신이 선호한다는 말을 들은 것(실제로는 아닌 것), 또는 자신이 선호해야 하는 것에 대한 내면화된 규칙을 얻습니다. 예를 들어 배고픈지, 화가 났는지, 슬픈지, 불안한지, 피곤한지 등 자신의 현재 상태를 고려하는 것을 잊습니다. 다른 사람들이 그들에게 말한 것을 기반으로 자신이 느끼는 것을 잘못 분류할 수 있으며, 심지어 주어진 순간에 자신이 무엇을 느끼는지 모를 수도 있습니다. 그들은 그들 자신, 선호도, 그리고 경험을 완전히 무시할 수 있으며, 대신 규칙이나 '해야 할 것'에 근거하여 반응할 수 있고, 따라서 그들 자신에 대한 자비compassion가 부족할 수 있습니다.

만약 어떤 사람이 자신이 무엇을 선호하는지 파악하는 연습을 한 적이 전혀 없다면, 나중에 가치 작업을 위한 기초의 일부로 선호도를 파악하는 과정에 도움이 필요할 수 있습니다. 이러한 내담자에게 있어서, 가치 작업의 '자유롭게 선택된' 측면으로 바로 뛰어들기는 두려울 뿐만 아니라 완전히 낯선 일일 수 있습니다. 이

1) speed dating: 미국 로스앤젤레스에서 처음 비즈니스 모델로 시행되었다가, 이후 미국 전역으로 인기가 퍼지면서 세계 20여 개국 이상에서 미혼 남녀를 서로 연결시켜 주는 역할을 톡톡히 하고 있는 싱글 파티의 한 형식이다(위키백과).

는 이전에 음악을 전혀 들어보지 않은 상태에서 바흐나 모차르트 중 어느 쪽을 선호하는지 질문을 받는 것과 같습니다. 따라서 이러한 종류의 어려움을 겪는 사람들의 경우, 너무 많은 선택지에 압도될 수 있는 가치 카드 분류와 같은 연습에 뛰어들기 전에, 선호하고 선택하는 과정에 대해 배우는 몇 가지 기본적인 연습을 시작하는 것이 좋을 것입니다. 제7장에서 내담자가 선호를 인지하고 선택하는 과정을 배우는 데 도움을 주는 방법에 대해 자세히 읽을 수 있습니다. 또한 이러한 어려움을 겪는 내담자가 선호를 알아차리고 선택함으로써 더 많은 연습을 할 수 있도록 도와주는 한 가지 방법을 보여 주는 샬럿Charlotte의 임상 사례를 http://www.newharbinger.com/43218에서 확인할 수 있습니다.

가치 평가를 위한 기타 도구

가치를 탐색하기 위한 과정을 시작하는 데 사용할 수 있는 다른 도구들도 있습니다. 그러한 두 가지 도구는 **가치 있는 삶 질문지**(Valued Living Questionnaire-2, 이하 VLQ-2; Wilson & DuFrene, 2009)와 **가치 과녁 질문지**(Bull's-Eye Values Survey, 이하 BEVS; Lundgren, Luoma, Dahl, Strosahl, & Melin, 2012)이며, 모두 무료로 사용할 수 있습니다. VLQ-2는 12개의 가치 영역을 확인하고, 내담자에게 각 영역에 대한 변화 가능성, 중요도, 행동의 일관성, 만족도 및 관심도를 평가하도록 요청합니다. BEVS 측정은 더 간단하고, 더 적은 영역을 다루며, 양궁 표적이라는 시각적 메타포를 사용하여[가치 과녁 메타포] 내담자가 자신의 가치와 관련하여 얼마나 '적중하여' 살고 있다고 느끼는지 표시할 수 있습니다. VLQ-2와 BEVS는 모두 상당히 간결하고 사용하기 쉬운 도구로, 특히 치료 초기에 어디에 초점을 맞출지에 대한 유용한 정보를 제공할 수 있습니다. 시간 경과에 따른 변화를 평가하는 데에도 사용할 수 있습니다.

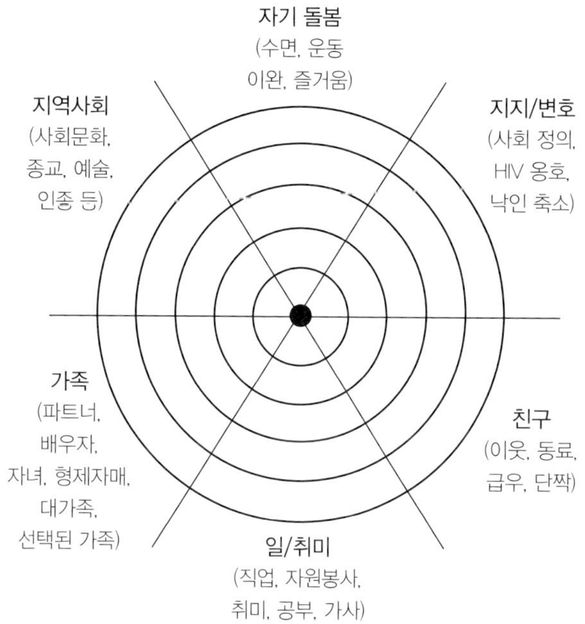

[그림 2] 가치 과녁 도표

출처: https://pressbooks.library.torontomu.ca/champsinaction/chapter/3-7/

더 심층적인 탐색을 하고 싶을 때 주로 사용하는 도구는 개인 가치 질문지(Personal Values Questionnaire, 이하 PVQ; Blackledge, Ciarrochi, & Bailey, 2006)입니다. PVQ는 상당히 길기 때문에 보통 회기 사이에 완료할 수 있도록 내담자에게 제공합니다. PVQ는 내담자에게 9개 영역별로 자신이 가치로 여기는 것을 설명하고, 각 영역에서 자신의 가치로 살아가는 데 있어서 얼마나 중요하고 성공적인지를 평가하도록 요청합니다. 또한 PVQ는 응종pliance(가정하는 가치가 다른 사람들이 자신을 어떻게 보는지와 관련이 있는지 여부) 및 경험회피(가치 있는 행동에 참여하는 것이 자신의 수치심, 불안, 죄책감과 같은 고통스러운 감정을 제거하는 방법인지 여부)에 관한 정보를 제공합니다. 내담자의 반응을 논의하는 것은 다른 심리적 유연성 레퍼토리, 특히 기꺼이하기와 탈융합에 대한 정보를 제공하는 데 매우 유용할 수 있으며, 이는 당신의 가치 작업에서 중요한 요인으로 작용할 것입니다. 일반적으로 가치 평가 과정을 사용하는 경우, 내담자와 결과를 논의하는 것은 협력적인 치료 계획을 수립하고 내담자의 반응이 무엇을 의미하는지 이해하기 위해 중요합니다.

청소년(Ciarrochi, Blackledge, & Heaven, 2006), 물질 사용으로 어려움을 겪는 사람들(Miller et al., 2016), 만성 통증을 겪는 사람들(McCracken & Yang, 2006)과 같은 특정 집단을 위해 맞춤형으로 제작된 것들을 포함하여 수많은 다양한 가치 측정 도구가 있습니다. 또한 내담자가 자신의 가치 행동을 추적할 수 있는 유망한 대화형 앱들도 있습니다(예시로 O'Connor, Tennyson, Timmons, & McHugh, 2019 참조).

가치 작업으로의 전환(또는 복귀) 시기에 대한 임상적 지표

가치는 제가 내담자와 함께하는 작업에서 결코 멀리 있지 않습니다. 가치 작업은 항상 제가 하는 일의 일부인데, 왜냐하면 제가 하는 일의 이유이기 때문입니다. 하지만 치료를 진행하는 동안 가치를 최우선으로 두는 것이 유용할 때가 있습니다. 가장 일반적인 세 가지 경우는 다음과 같습니다.

1. 내담자가 양가감정이 있거나 '동기가 없을 때'
2. 내담자가 무감각하거나, 단절되거나, 비참여적인 경우
3. 어려운 목표나 행동에 착수하기 전

양가감정이 있거나 동기가 부족할 때

치료는 어렵습니다! 내담자들은 때로는 '저항'으로 보이는 양가감정, 또는 심지어 '게으름'처럼 보일 수 있는 동기의 부족을 경험합니다. 아마도 그들은 회기를 취소하거나, 과제를 완료하지 않거나, 한 주에 대해 수다를 떨면서 회기를 보

내기도 할 것입니다. 이러한 일들은 저를 포함한 치료자들에게 좌절감을 줄 수 있지만, 저는 이를 내담자의 어떤 성격적인 결함의 결과로 개념화하는 것이 크게 도움이 되지 않는다고 생각합니다. 오히려 그들이 행동하지 않을 때, 단순히 행동에 필요한 촉매제와 접촉하지 않았다고 가정하는 것이 더 도움이 됩니다. 가치는 핵심 촉매제입니다. 수련생들과 이 이야기를 나눌 때, 슈퍼히어로의 힘을 발휘하여 손주가 갇혀 있는 버스를 들어 올리는 할머니의 메타포를 자주 사용합니다[버스를 들어 올리는 할머니 메타포]. 당신은 평소에 버스를 들어 올리지 않는 할머니를 절대 '저항적'이거나 '게으르다'고 말하지는 않을 것입니다. 그 힘은 소중한 손주를 구하기 위해 필요할 때만 사용할 수 있다고 말할 것입니다. 가끔 우리의 내담자는 우리가 그들에게 버스를 들어 올리도록 요청하는 것처럼 느낄 수 있습니다. 우리가 요구하는 들어올리기 힘든 일을 해낼 수 있기를 바란다면, 그 밑에 갇혀 있는 아이(가치)를 보게 해야 합니다.

내담자가 무감각하거나, 단절되거나, 비참여적인 경우

우리는 모두 고통을 피하고 싶어 합니다. 많은 내담자를 포함한 많은 사람들의 삶은 고통을 피하는 것(경험회피)을 중심으로 향할 수 있습니다. 때로는 경험회피가 고통을 줄이는 데 굉장히 효과적일 수 있습니다. 사회적인 모임을 피하는 것은 누군가가 사회적 불안을 느끼지 않게 해 줍니다. 대인관계를 피함으로써, 관계를 맺는 데 있어 겉으로 보기에 불가피하게 느껴지는 부분인 거절, 상실, 상처에 대한 두려움을 느끼지 않게 됩니다. 하지만 어떤 감정을 피해야 하는지에 대해서는 선택할 수 없는 경우가 많습니다. 경험회피는 종종 더 광범위하게 무감각해지고, 단절되며, 참여하지 않는 결과를 가져옵니다(Chawla & Ostafin, 2007).

가치를 향해 나아가는 것은 내담자들이 경험회피의 대가cost를 더 많이 인식하는 데 도움이 될 수 있습니다. 의도적으로 가치로 초점을 바꾸는 것은 '성공적으로' 회피해 왔던 고통 속으로 내담자를 이동시킵니다. 그들이 살고 있는 삶과 선택하고자 하는 삶 사이의 불일치를 접할 때 종종 상실감, 슬픔, 후회, 또는 수치심과 함께 올 것입니다. 이러한 고통은, 내담자가 추구하는 가치에 집중함으로써 내담자를 더 쉽게 또는 적어도 정직하게 만드는 작업이며, 이를 기꺼이 받아들일 때 변화를 향해 나아가는 데 도움이 될 수 있습니다. 고통 속에서 찾을 수 있는 가치와 경험회피와의 연결에 대한 자세한 내용은 제5장을 참조하십시오.

어려운 일을 시작하기 전에

내담자들은 우리를 믿고 신뢰합니다. 그들은 매우 고통스럽고 어두운 곳으로 이끄는 우리를 신뢰합니다. 바라건대, 우리는 이 놀라운 영광에 마땅해야 할 겸손함으로, 그리고 그것이 결국 가치가 있을 것이라는 이해와 함께 수행합니다. 그러나 우리는 내담자가 무엇을 가치 있게 생각하는지 알지 못한다면 그것이 내담자에게 '가치 있는' 것인지 알 수 없습니다. 무엇이 가치 있을지 정의하는 것은 그들의 가치입니다. 내담자와 저는 함께 작업하는 과정에서 매우 어려운 일(즉, 노출과제, 정서적 위기, 큰 삶의 변화, 고통을 가져올 가능성이 있는 가치전념행동)에 접근할 때, 항상 어둠과 고통을 헤쳐 나가는 완벽한 길을 알 필요는 없습니다. 대신, 저의 가장 중요한 임무는 우리가 지향하는 가치가 안내하는 불빛에 집중할 수 있도록 도와주는 것입니다. 그것을 놓치면 우리는 둘 다 길을 잃습니다. 내담자가 몹시 어려운 일에 한창일 때 항상 그 빛을 주시할 수 있으리라고 기대할 수는 없습니다. 대신, 내담자의 가치를 안내하는 빛을 가리키는 것이 저의 임무입니다.

어려운 일을 하기 전이나 중간에 가치를 되새기는 것은 당신과 당신의 내담자에게 이 힘든 작업이 무엇을 위한 것인지 상기시키는 하나의 방법일 수 있습니다. 두 사람의 힘든 여정에 존경을 표합니다. 이렇게 상기하는 것은 어둠 속에서 두 사람이 함께 길을 찾을 수 있도록 도와줄 것입니다.

가치 지향 작업의 함정

내담자를 가치로 이끄는 과정을 시작할 때, 주의해야 할 몇 가지 잠재적인 함정이 있습니다. 가장 일반적인 두 가지는, ① 가치를 명명하거나 확인하는 것을 너무 빨리 진행하는 것과 ② 응종pliance 또는 '당위shoulds'에 대한 어려움입니다.

가치를 너무 빨리 확인하려는 시도

가치 작업의 초기 단계에서 가장 흔한 문제점 중 하나는 가치를 너무 빨리 확인하려는 욕구입니다. 내담자들은 종종 '이것을 해결하기를' 바라는데, 치료자도 그 길을 따라가도록 유혹받기도 합니다. 그러나 너무 서두르면 특정한 개념이나 단어에 결부될 때, 즉 융합될 때 발생하는 경직된 행동이 종종 나타날 수 있습니다. 내담자는 자신의 가치를 확인하는 것으로 빠르게 넘어갈 수 있는데, 왜냐하면 내담자는 그것이 치료자가 원하는 것이거나 자신이 할 수 있어야 하는 일이라고 생각하기 때문입니다. 내담자가 "제 가치가 뭔지 모른다는 게 한심하지 않나요?"와 같이 수치심을 가지고 말하는 경우가 얼마나 많은지 모릅니다. 실제로 그것은 전혀 사실이 아닙니다. 많은 사람들이 목표를 확인하는 연습은 어느 정도 했지만(심지어 그렇지 않은 사람들도 있지만), 자신의 가치를 확인하는 데에는 어떠한 도움도 거의 받지 못했습니다. 따라서 대부분의 사람은 무엇이 잘 사는 삶을 만들어 줄 것인지에 대해 당연히 명확한 감각을 갖고 있지 않습니다!

대체로 저는 특정한 문구나 말하는 방식, 또는 질적 특성을 명확하게 표현할 수 있는지보다는, 가치 대화 이후 내담자가 가능성과 호기심을 느끼는 것에 훨씬 더 관심이 있습니다. 실제로, 초기 가치 대화를 마친 내담자가 자신의 가치에 대해 너무 확신을 가지면 종종 조심해야 합니다. 이것은 가치의 명료화가 아니라, 그들이 자신의 삶에 일반적으로 접근하는 것과 마찬가지로 엄격하고 융통성 없이 변화 과정에 접근하고 있다는 것을 나타내는 것일 수 있습니다.

응종과 '당위'

일부 내담자는 '해야 할 일'과 '해서는 안 될 일'에 심하게 집중했던 역사가 있어서, 이러한 종류의 외부 규칙에 반응하는 경향의 행동으로 이어집니다. 결과적으로, 그들은 규칙을 따르는 사람이 될 수도 있고, 반대로 다른 사람들이 자신에게 기대하는 것에 반발할 수도 있습니다. 가치 작업에서 내담자들은 종종 가치처럼 들리지만 실제로는 응종에 의한 것이거나 자신이 해야 한다고 생각하는 것에 관한 단어나 구절을 만들어 냅니다. 응종과 그 반대인 반-응종counter-pliance은 행동 분석의 전문용어로, 기본적으로 한 사람의 반응이 다른 사람을 기쁘게 하거나 불쾌하게 할 것이라고 배운 것에 따라 결정된다는 것을 의미합니다.

특히, 내담자가 당신이 만족할 만한 것을 근거로 반응할 때, 이러한 행동을 포착하기 어려울 수 있습니다. 일부 내담자는 실제로 '해야 한다'와 같은 단어를 사용하여 응종을 쉽게 알아차릴 수 있지만, 이러한 규칙-지배 행동은 더 교묘하여 행간을 읽는 것에 의해서만 관찰될 수 있습니다. 예를 들어, 신체 이미지와 식습관으로 힘들어하는 내담자가 '건강'을 매우 중요한 가치로 주장하는 경우 저는 종종 궁금해합니다. 대부분의 경우, 이것은 주로 아름다움과 바람직성과 같은 외부 메시지와 연결되어 있다는 것을 알게 되었습니다. 특히, 그들 대다수에게 '건강'은 체중 감량이나 날씬한 것과 동의어인 것처럼 보이기 때문입니다. 유사하게, 내담자가 치료자인 당신이 소중하게 여기는 것을 가치 있다고 주장할 때 조금 더 깊이 탐색하고 싶을 수도 있습니다. 당신의 노출이 내담자에게 치료자를 기쁘게 하려는 욕구로 반응하게 만들 수 있기 때문입니다. 가치 작업에서 응종과 반-응종을 다루는 더 자세한 내용은 제7장을 참조하십시오.

핵심 챙김

- 가치가 작업의 일부가 되어야 하는 시점은 언제일까요? 항상일 것입니다. 나머지 치료에 대해 알려 주는 지속적인 과정입니다.
- 내담자의 가치를 '파악하는 데' 집중하지 마십시오. 초기 단계에서는 호기심, 탐구심과 가능성, 그리고 선택의 아이디어에 대한 개방성을 높이는 데 더 중점을 둡니다.
- 가치 카드 분류는 가치의 주제를 탐색하기 위한 훌륭한 도구이지만, '정답'을 얻기 위해 의존하지 마세요. 가치는 단어가 아니라 삶의 방식입니다.
- 가치는 '당위'가 아닙니다. 응종을 주의하세요.

활용 단계

- 가치-중심적인 접근을 통해 보다 유익을 얻을 수 있다고 생각하는 한 명의 내담자를 선택합니다. 내담자에게 개념을 소개하는 방법을 큰 소리로 연습해 보세요. 아니면 더 좋은 방법으로, 가치에 대한 개념을 소개하는 동안 동료나 친구에게 내담자 역할을 수행하도록 요청합니다.
- http://www.newharbinger.com/43218에서 가치 카드를 다운로드합니다. 다양한 카드에 나열된 가치와 설명을 읽어 보고, 당신이 작업하는 방식에 가장 적합하다고 느끼는 변경 사항이나 추가 사항을 만들어 봅니다.
- 친구 또는 동료와 가치 카드 분류를 진행하면서, 내담자와 함께 진행하는 방법을 연습해 봅니다. 내담자에게 더 효과적으로 도구를 제공하는 데 도움이 될 수 있는 피드백을 꼭 요청하세요.
- **내면 통찰 학습**: 당신의 치료 업무 관련 가치에 초점을 두고 자체적으로 가치

카드 분류를 연습해 보세요. 선택 과정에 대해 어떤 것을 알아차렸나요? 선택한 카드들은 당신이 바꾸거나 개선하고 싶은 것에 대해 무엇을 말해 주나요?

제4장 가치 탐색하기: 송로 버섯 탐지견 되기

내 오랜 친구 홉스, 여긴 마법의 세계야. 탐험하러 가자!

- 빌 워터슨(1995년 12월 31일 출간된 『Calvin and Hobbes』 연재 만화의 마지막 줄)

저는 가치 탐색을 하는 것이 마치 송로 버섯truffle을 채취하러 가는 것과 비슷하다고 생각합니다[송로 버섯 탐지견 메타포]. 송로는 가장 평범한 요리도 놀라운 것으로 바꿀 수 있는 매우 귀하고 값비싼 버섯입니다. 송로 버섯은 지하에서 발견되며 일반적으로 나뭇잎, 흙, 기타 진흙 밑에 묻혀 있으므로 숲속을 돌아다니다가 우연히 발견하기는 어려워 노력이 필요합니다. 어디를 찾아야 할지 알아야 하고, 근처에 송로 버섯이 숨겨져 있을 수 있다는 징후를 잘 알고 있어야 합니다. 송로 버섯을 찾는 가장 좋은 방법 중 하나는 송로 버섯 탐지견(또는 돼지지만 송로 버섯 탐지돼지라고 부르는 것은 그다지 매력적이지 않아서 저는 송로 버섯 탐지견 메타포를 고수합니다.)의 도움을 받는 것입니다. 송로 버섯 탐지견은 고도로 훈련되었으며 송로 버섯 냄새를 맡는 데에만 집중합니다. 탐지견들은 어디에서 채취를 시작해야 하는지 알고, 송로 버섯 채취꾼이 볼 수 없는 것을 냄새 맡고 볼 수 있으며, 그를 소중한 보물로 안내하는 데 도움을 줄 수 있습니다.

송로 버섯과 같이, 가치는 엄청나게 소중합니다. 그것은 가장 어려운 삶조차도 특별하고 깊은 의미를 지닌 삶으로 변화시킬 수 있습니다. 그러나 송로 버섯과 마찬가지로 가치도 고통, 두려움, 심지어 삶 전체를 삼키는 사소한 것과 같은 많은 진흙 속에 묻혀 있는 경우가 많습니다. 따라서 우리의 가치 탐색에는 송로 버섯/가치가 묻혀 있을 수 있는 위치를 찾아내는 데 고도로 훈련된 사람이 안내하는 것이 도움이 될 수 있습니다. 가치-중심 치료자로서 제 임무는 송로 버섯 탐지견처럼 되는 것입니다. 저는 모든 답을 갖고 있지는 않지만 가치가 어디에 묻혀 있는지 알고 내담자를 잠재적으로 비옥한 땅으로 안내하는 데 도움이 되는 방법을 다루는 데 충분한 경험과 훈련을 받았습니다. 내담자와 저는 한 팀이 되어, 내담자의 삶을 의미 있게 만드는 것이 무엇인지 찾기 위해 내담자의 삶의 지형을 탐색합니다.

이 장에서는 송로 버섯 탐지견이 되도록 훈련하는 데 중점을 두어 내담자가 행복한 삶을 살 수 있도록 안내하고자 합니다.

가치 작업의 두 가지 진입점

프랑스, 이탈리아, 오레곤에 가서 송로 버섯을 찾을 수 있는 것처럼 가치 활동에도 다양한 진입점이 있습니다. 이 장에서는 내담자가 가치에 내재된 긍정적이고 강화적인 특성을 통해 자신의 가치에 접촉하도록 돕는 것을 중점적으로 다룰 것입니다. 이 전략에서 목표는 많은 사람들이 자신의 가치와 접촉할 때 경험하는 부드러움, 자부심, 기쁨, 경외감 등의 긍정적인 감정을 통해 과거, 현재 또는 미래의 장소에 가치-일치된 삶의 잠재적인 사례를 접촉하는 내담자의 능력을 촉진하는 것입니다. 긍정적 영향 경로는 일반적으로 가치가 작동하는 가장 직접적이고 확실한 경로입니다. 일반적으로 다음과 같은 내담자를 대상으로 이 진입점을 고려해 볼 수 있습니다.

- 긍정적인 감정을 표현하고 경험할 수 있는 내담자
- 보상이나 긍정적 강화에 민감한 내담자

- 최소한 어느 정도 감정 표현이 가능한 내담자
- 적어도 일부 상황에서는 편안함, 안전함, 소속감 및 또는 만족감을 느낄 수 있는 내담자
- 정서적으로 조심성 있거나 자기-보호적이더라도 감정적으로 완전히 무감각하거나 단절되어 있지 않은 내담자
- 과거 어느 시점에 자신의 가치와 접촉한 적이 있지만 그 가치와 접촉이 끊어진 적이 있는 내담자

가치가 항상 따뜻하고 포근한 감정과 연관되어 있는 것은 아니며 이것이 가치를 탐색하는 유일한 경로가 아니라는 점을 명심해야 합니다. 가치 작업의 두 번째 진입점은 정서적 고통을 통해서입니다. 다음 장에서는 고통이 어떻게 가치 활동의 관문이 될 수 있는지에 대해 이야기하겠습니다. 다만, 현재로서는 가치 탐색을 이끄는 일반적인 원칙과 질적 특성은 진입점에 상관없이 일관성을 유지하고 있지만, 일부 내담자는 긍정적인 감정에 의존하는 특정 전략에 반응하지 않을 수 있으며, 긍정적인 경험에 대한 접근성이 떨어질 수 있습니다.

효과적인 가치의 질적 특성 대화: 송로 버섯의 향

효과적인 가치 탐색자가 되기 위해서는 접촉하는 가치가 어떤 느낌이고, 어떤 소리가 들리고, 어떤 모습인지 알아야 합니다. 제가 함께 일하는 많은 치료자들에게서 보이는 가장 큰 장애물 중 하나는 내담자가 말하는 내용에는 많은 관심을 기울이지만 속도, 목소리 톤, 반응성, 몸의 자세, 표정 등 말하는 과정에는 그다지 관심을 기울이지 않는 경향이 있다는 것입니다. 예를 들어, 내담자는 가치보다는 목표를 암시하는 단어를 사용할 수 있지만, 목소리에 생명력과 취약성이 담겨 있다면 가치가 있을 가능성이 높으므로 그 말을 유지하고 조금 더 깊이 파고드는 것이

가장 좋습니다. 그 목표 밑에 숨겨진 가치를 발견할 가능성이 높기 때문입니다. 반대로 내담자는 "저는 제 파트너에게 인내심을 갖고 사랑하고 싶어요"와 같은 가치처럼 들리는 말을 하고 있지만, 체념한 태도로, 단조로운 목소리로, 또는 무표정하게 말한다면, 자유롭게 선택한 가치보다는 '해야 한다'는 것이 더 많을 수 있으므로 더 진정한 가치를 찾기 위해 다른 곳으로 이동해야 할 수도 있습니다. 그래서 저는 내담자와 가치 대화를 진행할 때 대화의 내용보다 대화의 질에 더 많은 관심을 기울이려고 노력하는 경우가 많습니다. 사실, 때때로 저는 수련생들에게 회기 영상 녹화본을 가지고 있다면 소리를 끄고 비언어적인 것만으로도 그 공간에 가치가 어느 정도 존재하는 경우를 알아차릴 수 있는지 확인하도록 권장하기도 합니다. 당신도 자신의 회기에서 이것을 시도해 볼 수 있습니다.

가치 측면에서 올바른 방향으로 가고 있는지를 알려주는 것은 보통 대화의 내용이 아니라 질적 특성이기 때문에 이 장에서는 그 질적 특성에 초점을 맞출 것입니다. 우선 효과적인 가치 대화에서 매우 자주 나타나는 네 가지 주요 질적 특성, 즉 생명력 있는 대화, 현재에 초점 맞추기, 기꺼이 취약성 마주하기, 자유로운 선택에 초점을 맞출 것입니다(Luoma et al., 2017). 이 네 가지 특징은 가치 송로 버섯의 주요한 향기 프로필이라고 생각할 수 있습니다. 하지만 실제로 경험하지 않고는 효과적인 가치가 어떤 모습/소리/느낌인지 알기 어렵다는 것을 명심하세요. 그래서 제가 대부분의 장 끝에 '내면 통찰 학습'에 대한 제안을 포함시킨 것입니다. 효과적인 가치-중심 치료values-guided therapy를 수행하는 방법을 알기 위해서는 지적 지식뿐만 아니라 경험적 학습도 필요합니다. 송로 버섯에 대한 설명만 읽는 것만으로는 송로 버섯의 실제 향이나 맛이 어떤지 알기가 어렵습니다. 실제로 송로 버섯 냄새를 맡고 맛보는 데 시간을 보내야 합니다.

생명력 있는 대화

만약 당신이 내담자와 대화를 하고 있고, 그들이 전에 백만 번이나 말한 것을 또 말하는 것처럼 느껴지거나 지루하게 느껴지거나 기계적으로 반복한 것을 말하는 것 같다면, 거기서 송로 버섯을 찾을 수 없을 것입니다. 가치는 '살아 있다'는 느낌을 주는 대화에 있습니다. 주의를 기울이면 거의 눈에 띌 만큼 에너지나 생명력이 넘치는 대화입니다. 이것이 항상 즐겁거나 기쁨이나 희망으로 가득 차 있다는 의미는 아닙니다. 때때로 그 에너지는 깊은 그리움, 슬픔, 상실감 중 하나입니다. 그러나 그것은 어떤 정서이든 상관없이 생명력이 있습니다.

효과적인 가치 대화에 존재하는 생명력은 또한 광범위한 질적 특성을 갖는 경향이 있습니다. 거기에는 지속적인 발견에 대한 신선함이나 감각이 있을 수 있습니다. 가치 탐색에서 당신은 그 사람이 무엇을 가장 소중히 여길지, 그들의 희망과 꿈을 가장 소중히 여길지, 또는 반대로 그들의 깊은 두려움과 후회의 배후에 무엇이 있는지를 탐색하는 것입니다. 이것은 의미 있고 중요하며 활기 있는 대화의 내용입니다.

삶으로 가득 찬 이 가치 대화는 일반적으로 지나치게 지적이지 않다는 것을 의미합니다. 즉, 생각에 사로잡혀 있지 않거나 '그것을 알아내려고' 노력하지 않는다는 것을 의미합니다. 당신의 가치 탐색이 제한적이거나, 지나치게 지적이거나, 너무 '문제해결'과 같다고 느껴진다면 그것은 올바른 방향으로 가고 있는 것이 아닙니다. 뒤로 물러서서 생명력을 느꼈던 마지막 장소로 이동하여 그곳에서 탐색을 다시 시작하세요.

가치 대화에 생명력이 있음을 나타내는 비언어적 지표가 몇 가지 있습니다. 억양 및 속도의 변화(더 단조롭거나 균일한 억양을 갖는 것과 반대), 일시 중지를 특징으로 하는 머뭇거리거나 탐구적인 특성, 심지어 호흡의 변화(숨을 참거나 약간 더 얕고 빠른 호흡) 모두 그 과정에 생명력이 있음을 나타낼 수 있습니다. 또한 내담자가 얼마나 감정적으로 표현하는지에 따라 종종 기쁨, 흥분 또는 자부심에서부터 두려움, 상실, 슬픔 또는 그리움에 이르기까지 모든 것을 포함할 수 있는 내담자의 감정적 표현에 의해 대화의 생명력을 추적할 수 있습니다. 또한 치료자 자신의 반응을 관찰하는 것도 가치-중심 대화에서 생명력의 유무를 가늠하는 데 도움이 됩니다. 예를 들어, 생명력이 넘치는 가치 대화 중에 치료자인 저의 영상을 보게 된다면, 제가 좌석 끝에 앉아 강렬한 관심이나 호기심을 표현하는 모습을 보게 될 것이고, 아마도 제 눈에 눈물이 그렁그렁한 모습을 여러 번 보게 될 것입니다.

현재에 초점 맞추기

제1장에서 언급했듯이, 가치는 언제나 즉각적으로 이용 가능합니다. 당신의 가치에 대한 조치를 취하기 전에 다른 곳을 찾거나 무언가를 먼저 성취할 필요는 없습니다. 어떤 것을 가치 있게 여긴다는 것은 다른 시간, 장소, 맥락이 아닌 지금 그 것을 가치 있게 여긴다는 것을 의미합니다. 이런 식으로 가치 대화는 항상 현재에 초점을 맞춥니다. 우리는 그 사람이 지금 이 순간에 무엇을 가치 있게 여기는지에 관심이 있고, 다른 상황이나 다른 시점이 아닌 이 순간에 가치를 두기로 선택할 것입니다.

가치 대화는 종종 과거나 미래를 다루지만, 효과적인 대화는 정서적 즉각성을 갖습니다. "어렸을 때 인생의 꿈은 무엇이었나요?" 또는 "인생의 끝에서 자신의 인생을 되돌아본다고 상상해 보면 어떤 삶을 살았다면 자랑스러울 것 같나요?"와 같은 질문은 가치 탐색을 돕는 데 매우 유용할 수 있습니다. 그러나 과거나 미래에 대한 이러한 질문을 '살아 있는' 것으로 만드는 열쇠는 조망 수용 전략, 즉 과거나 미래를 현재로 가져오기 위해 언어를 사용하는 시간, 장소, 사람 측면에서 관점의 변화를 활용하는 것입니다. 이러한 방식으로 언어와 조망 수용의 도구를 사용함으로써 당신은 내담자에게 단순히 과거를 회상하거나 상상한 미래에 대해 생각하도록 요청하는 것에서, 현재를 함께 탐색할 수 있는 장소로 이동할 수 있습니다. 즉, '그때-저기'를 '지금-여기'으로 전환할 수 있습니다.

대화에 사용하는 시제에 주의를 기울이는 것이 도움이 될 수 있습니다. 당신과 당신의 내담자가 과거, 미래 또는 조건부 시제, 즉 가능한 과거/미래에 대해 추측하고 만약-그때 문장을 사용하여 대화하고 있는지 주의 깊게 살펴보세요. 다음

세 가지 예의 차이점을 확인하세요.

치료자: 예전 대학 시절에 당신에게 삶이 더 살아 있음을 느끼고 당신에게 삶이 더 의미 있음을 느꼈다고 우리가 이야기했던 것을 돌이켜 보세요. 그 시절로 다시 돌아간다 상상해 보세요. 그때의 내가 나에게 말하고 있다면, 그때의 나는 나에게 중요한 것이 무엇이라고 말했을까요? **(내담자에게 과거의 시점으로 돌아가게 하는 것 외에도, 내담자를 제3자로 지칭하는 것은 그 사람의 관점을 변화시키는 데 도움이 됩니다.)**

예 A: 현재 시제

내담자: 저는 변화를 만드는 것에 정말로 관심이 있다고 말하고 싶습니다. 어떻게 하는지는 정확히 모르지만, 제 인생이 단지 돈을 버는 것 이상의 의미를 가진다는 것을 알고 있거든요. 저는 대부분의 시간을 단지 성공하려고 노력하는 것보다 제가 긍정적인 영향을 미친다고 생각하는 것을 하는 데 사용해요.

예 B: 과거 시제

내담자: 저는 변화를 만드는 것에 관심이 있었어요. 그 당시 저는 세상의 성공과 상관없이, 긍정적인 영향을 미칠 것이라고 생각하는 일들을 하면서 많은 시간을 보내곤 했습니다.

예 C: 조건부 시제

내담자: 그 당시에 방법을 알았다면 변화를 만들고 싶었을 것입니다.

치료실에서 이러한 각각의 대화들이 어떻게 느껴질지 차이를 구분할 수 있나요? 예 A에서, 내담자는 과거에 일어난 일에 대한 것임에도 불구하고 '지금'에서 말하고 있습니다. 때때로 내담자에게 현재 시세로 말하도록 직접 지도함으로써 현재 순간에 더 많은 것을 가져올 수 있습니다.

현재 순간에 집중하지 못한다는 것은 상상한 미래에 대한 이야기를 통해서도 알 수 있습니다. 이것은 종종 조건부 시제(만약-그때)의 사용을 동반하며, 종종 '멀어지려는' 의도(경험회피)가 대화에 스며들기 시작합니다. 이런 일이 일어나는 것을 볼 때 내담자가 지금-여기에서 실제로 가치를 두는 것이 무엇인지 알 수 있도록 도와줌으로써 대화를 현재로 되돌리는 것이 도움이 될 수 있습니다. 다음은 그 대화가 어떻게 진행될지 보여 주는 예입니다. 내담자가 '용기 있는' 삶을 사는 것을 중요한 방향으로 이미 확인한 후에 시작한 대화입니다.

치료자: 당신이 용기 있게 사는 것을 선택하려 한다는 걸 확실하게 알 수 있겠네요.

내담자: 물론이죠! 그것이 제가 불안감을 해소하기 위해 여기에 온 이유예요.

치료자: 죄송해요, 그 부분에서 제가 이해를 못했어요. 용기 내서 사는 것이 얼마나 중요한 일인지 말씀하셨는데, 불안함 없이 사는 것에 집중하고 싶다고 말씀하시는 것 같아요. 그런 일들이 당신과 어떤 관계가 있는지 알려 줄 수 있나요?

내담자: 불안감을 조절해서 더 용기를 내고 싶어요. **(지금 내담자는 조건부 시제를 사용하여 불안이 조절되면 용기를 중요시하고 싶다고 말하고 있습니다.)**

치료자: 그럼, 당신이 선택할 수 있다면 다른 일이 일어난 후 미래의 어느 시점에 용기 있게 살고 싶다고 생각하는 것 같군요. 하지만 지금 당신은 실제 삶에서 용기보다 불안을 더 중요하게 생각하거나, 더 구체적으로 불안을 없애는 것을 선택하나요? 맞나요?

이 간단한 예에서 내담자는 비교적 미묘하지만, 현재 순간에서 가치를 명료화하는 데서 벗어난 흔한 전환을 경험하고 있습니다. 내담자가 지금 가치를 평가하는 것을 관찰하는 데 도움이 되는 질문을 함으로써 대화를 현재로 되돌릴 수 있습니다. 가치가 행동의 패턴이라면, 내담자가 현재 자신의 행동을 통해 실제로 무엇에 가치를 두고 있는지 추적하도록 돕는 것이 중요합니다. 이를 통해 그들이 선택하고 싶은 가치와 일치하는지 평가할 수 있도록 해야 합니다.

기꺼이 취약성 마주하기

당신에게 가장 취약한 것은 무엇입니까? 인생에서 가장 상처받았던 때를 생각해 보십시오. 저는 그것이 당신이 깊이 관심을 갖고 있는 무언가나 누군가와 관련되어 있다고 확신할 수 있습니다. 저는 그것이 저에게도 해당된다는 것을 알고 있습니다. 관심은 우리를 깊이 열고 우리의 가장 부드러운 부분을 드러냅니다. 누군가가 자신이 깊이 관심을 갖고 있는 것과 접촉하고 있다면 그 사람은 취약한 상태이며, 그 취약성은 대화에 나타나게 됩니다. 그 취약성 속에 삶이 담겨 있습니다. 이러한 순간에는 놀라운 부드러움이 있을 수 있습니다. 특히, 그 사람의 행동이 그들이 중요하게 여기는 것과 완전히 일치하지 않을 때, 그 감정은 씁쓸할 수 있습니다. 예를 들어, 자녀들과 함께 하는 것이 얼마나 중요한지 느끼면서도 주 80시간을 일하느라 자주 자녀들을 볼 수 없는 상황은 씁쓸한 감정을 안겨 줄 수 있습니다.

효과적인 가치 대화 중에 나타나는 취약성은 특정한 종류의 취약성인데, 바로 기꺼이 취약성 마주하기입니다. 그러한 기꺼이하기에는 종종 놀라운 힘, 용기, 또는 치열함이 담겨 있습니다. 제가 작업하는 대부분의 사람들, 그리고 아마도 당신의 내담자들 중 많은 사람들이 삶에서 깊은 피해를 입었을 것입니다. 그들은 희생당하고 착취당했습니다. 그들은 이용당했고 극심한 무력감을 느꼈습니다. 이런 종류의 취약성은 무력한 상황에서 비롯되며, 저의 내담자들은 이러한 취약성에 대해 더 이상의 연습이 필요하지 않습니다. 하지만 기꺼이 취약성 마주하기를 보이는 것은 완전히 다른 것입니다. 제가 말하는 것은 강력하고 힘 있는 "그래, 해 보자!"라는 태도로, 이와 같은 취약성은 누군가가 가장 소중한 것을 위해 맞서기 위해 필요한 모든 것을 기꺼이 할 때 발생한다는 것입니다.

이런 종류의 취약성은 저에게 경외감을 불러일으킵니다. 브레네 브라운Brené Brown이 말했듯이, "취약성은 용기에 대한 가장 정확한 척도입니다"(Brown, 2012). 정말 용기 있는 분들과 함께 작업하게 된 것을 영광으로 생각합니다. 저의 내담자 케이티는 바로 그런 사람이었습니다.

임상 사례: 케이티

케이티Katie는 극심한 학대와 방치을 당한 경험으로 인해 스스로를 사랑하기는 커녕 누구에게도 붙어 있거나 누군가가 친절하게 대할 것을 기대할 수 없다는 것을 학습하였습니다. 우리가 함께 작업한 처음 몇 달 동안, 제가 상담을 지속하고 그녀의 상담을 '종결'시키지 않는 것에 대해 그녀가 계속 놀라워했습니다. 사랑스럽지 않고 '사용 후 버려질 수 있다'라는 강렬한 두려움 때문에 그녀가 친밀한 관계를 유지하는 것이 얼마나 어려웠는지 상상할 수 있었습니다.

가치-중심 치료를 함께 진행하는 어느 시점에서 케이티는 위탁 부모가 되기 위한 훈련을 시작하기로 결정했습니다. 그리고 케이티는 단지 위탁 부모가 되기를 원했을 뿐 아니라, 특히 나이가 많은 아이들와 청소년의 위탁 부모가 될 계획이었습니다. 10대 아이들을 선택한 이유를 묻자 "가장 사랑받아야 할 사람이 바로 청소년이기 때문"이라고 말했습니다. 거절당하고 사랑받지 못하는 것이 너무 두려워서 저를 찾아온 한 여성이, 이제는 기꺼이 자신이 가끔은 거절당하고 분노와 원망의 대상이 된다고 느낄 수 있는 삶을 살기로 전념한다는 것을 생각해 보세요(당신이 10대를 만난 적이 있다면 제 말을 이해하실 겁니다.). 그리고 케이티는 이것을 알고 있었습니다. 그녀는 그 과정에 대해 어떤 환상도 갖고 있지 않았습니다. 우리는 그녀가 돌보던 위탁 아동이 떠나면 그녀가 어떻게 될지에 대해 오랫동안 대화를 나눴습니다. 그녀는 또한 많은 아이들이 애착을 가지거나 효과적으로 사랑을 표현하는 데 어려움을 겪을 것이라는 것을 알고 있었습니다. 하지만 그럼에도 불구하고, 이 아이들을 사랑으로 돌보는 그녀의 가치는 그녀가 결코 거절당하지 않을 것을 보장받는 것보다 훨씬 더 중요했습니다. 어떻게 그런 면에서 경외심을 느끼지 않을 수 있겠습니까? 그것은 취약성 기꺼이 마주하기에서 분명히 드러나는 힘과 용기입니다.

우리가 찾고 있는 질적 특성은 **기꺼이** 취약성을 마주하기라는 것을 기억하는 것이 중요합니다. 기꺼이하기가 부재한 상태에서 취약성은 아마도 가치 있는 행동의 표시이기보다는 무력함의 표시일 것입니다. 자신이 가장 두려워했던 바로 그 감정을 느끼기 위해 기꺼이 자신을 개방하려는 케이티의 결정은 추진력에서 나왔습니다. 그녀는 단순히 자신에게 사랑을 줄 수 없는 사람들과의 관계를 다시 맺는 과거의 패턴을 반복하고 있는 것이 아니었습니다. 오히려 그녀의 결정은 자신에게 가장 중요한 일에 따라 행동하기로 선택함으로써 자신의 삶에서 힘을 되찾은 결과였습니다. 그리고 그녀는 기꺼이 '전적으로!' 그런 방식으로 그에 따른 취약성을 경험하도록 허용했습니다.

가치는 행동에 관한 것이기 때문에 기꺼이 하는 부분이 핵심입니다. 취약성은 경험이고, 기꺼이하기는 행동입니다. 우리는 상처받을 수 있고, 고통스러운 일이 일어날 수 있다는 것을 느낄 수 있지만, 더 크고, 더 포괄적이고, 더 중요한 것을 위해 기꺼이 그 위험을 받아들입니다. 우리의 가치는 더욱 포괄적인 경험을 만들어 내고 취약성을 선택하도록 동기를 부여합니다. 따라서 기꺼이 취약성 마주하기는 가치가 존재한다는 신호입니다.

기꺼이 취약성 마주하기의 질적 특성을 찾을 때, 자신의 반응에서도 그 단서를 발견할 수 있습니다. 예를 들어, 기꺼이 취약성 마주하기가 좀 더 부드러운 특성을 갖는 경우 저는 보통 연민을 느끼고, 기꺼이 취약성 마주하기가 좀 더 씁쓸한 경우에는 종종 슬픔을 느낍니다. 하지만 기꺼이 취약성 마주하기가 치료실 내에 존재할 때 제가 느끼는 가장 일반적인 반응은 경외, 겸손, 그리고 영감 중 하나입니다. 케이티와 제가 돕는 수많은 다른 내담자들의 용기 있는 기꺼이 취약성 마주하기에 어떻게 감동하지 않을 수 있을까요?

자유로운 선택

제 조카 조세핀Josephine이 유아였을 때, 저는 그녀를 위해 이야기를 지어내곤 했습니다. 조카는 장르, 배경, 주인공을 선택하였고(놀랍지 않게도, 종종 '조시라는 이름의 어린 소녀'였습니다.), 그러고 나서 저는 그녀의 기준에 따라 이야기를 만들어 냈습니다. 저는 그녀가 자신의 이야기에 어떤 것이 포함되기를 원하는지 생각하는 그녀의 표정을 보는 것이 좋았습니다. 그것은 아이들이 큰 꿈을 꿀 수 있도록 허락받았을 때의 모습과 같았습니다. 마치 인생은 그들이 자유롭게 선택할 수 있는 무한히 많은 선택지를 보여 주는 것 같습니다.

그러다가 시간이 지나면서 삶은 우리를 위축시키는 경향이 있습니다. 우리는 우리 삶의 내용, 우리가 이용할 수 있다고 상상하는 것, 우리가 될 수 있다고 상상하는 것을 제한하기 시작합니다. 어떤 사람들에게는 이런 일이 아주 초기에 일어나는 반면, 다른 사람들은 '나에게는 무엇이든 가능하다'는 생각을 조금 더 오래 누리게 됩니다. 그것은 종종 미묘하고 우리는 보통 그것이 일어나고 있다는 것을 알아차리지도 못하지만, 그것은 모두에게 똑같이 일어납니다.

조세핀의 얼굴에 보이던 '큰 꿈을 꾸는' 표정이 제가 가치 탐색하는 동안 찾고 있는 모습입니다. 이것은 "정말로, 모든 것이 가능하다면?"이라는 기대하는 표정입니다. 저의 임무는 내담자가 일시적일지라도 삶이 결코 좁아지지 않고 대신 삶의 모든 가능성을 이용할 수 있는 세상을 만들도록 하는 것입니다. 이 세상에서는 삶이 축소되지 않고, 오히려 모든 가능성이 열려 있습니다. 이 세상에는 옳고 그름, 해야 한다/하지 말아야 한다, 수치심, 외부 규칙, 제한적인 논리나 역사, 두려움이 존재하지 않으며, 내담자의 선택을 제한하지 않습니다.

자유 선택이 있다는 것이 실제로 '사실'인지 아닌지에 대해 내담자(또는 자신의 마음)와 철학적 논쟁을 벌이지 않는 것이 중요합니다. 행동주의 모자를 쓰면 우리 모두가 주로 학습 역사의 산물인 것처럼 보입니다. 하지만 내담자와 함께 가치를 탐색하려고 할 때, 그 모자는 그다지 유용하지 않습니다. 그래서 저는 그 시간 동안 무한한 가능성의 자유로운 선택이라는 모자를 쓰게 됩니다. 당신이나 당신의 내담자가 자유 선택에 관해 믿는 것은 다소 무관합니다. 중요한 것은 당신의 내담자가 자유 선택이 존재하는 세계로 들어가서 무슨 일이 일어나는지 볼 수 있도록 돕는 것입니다. 만약 그들이 무엇이든 선택할 수 있다면 그들은 실제로 무엇을 가치 있게 여기겠다고 선택할까요? 그것은 놀랍고 때로는 자유롭고 때로는 압도적인 질문입니다.

마찬가지로, 우리는 그 사람이 자신이 선택한 것을 실제로 가질 수 있는지 여부에 대해 토론하는 데 별로 관심이 없습니다. 가치는 어떤 목적지에 도달하거나 무언가를 얻는 것이 아니라 여정에 관한 것입니다. 특정 목표, 행동 또는 결과는 우리에게 제공되지 않을 수도 있지만 가치 있는 방향은 항상 가능합니다. 어떤 일이 가능한지 불가능한지에 대한 대화에 참여하고 있다면 선택의 여지가 없으며 방향을 바꿔야 한다는 신호일 가능성이 높습니다.

제3장에서 언급하고 샬럿의 사례(http://www.newharbinger.com/43218 참조)에서 예를 들었듯이 일부 사람들은 선택하는 연습을 해 본 적이 거의 없었습니다. 어쩌면 그들은 따라야 할 매우 명확한 흑백 규칙이 있는 좀 더 엄격한 환경에서 자랐을 것입니다. 혹은 주변에 자신에게 큰 관심을 보이거나 자신의 생각, 선호도 또는 선택이 무엇인지에 대해 질문하는 사람이 전혀 없었을 수도 있습니다. 자신의 선호도나 욕구를 아는 활동이 거의 없는 내담자의 경우, 너무 많은 선택지 중에서 선택하는 것은 처음에는 부담스러울 수 있으며 학습으로 이어지지 않을 수도 있습니다. 이런 경우에는, 예를 들어 이전 장의 가치 카드 분류 연습과 같은 방법을 사용하여 처음에 선택 사항을 약간 좁히는 것이 좋습니다. 이 아이디어는 가치 탐색 과정을 자유롭게 선택하는 과정으로 실제로 경험하고 있다는 느낌을 갖게 합니다. 이것이 바로 당신이 추구하려는 질적 특성이며, 당신은 상황에 따라 가능해 보인다면 내담자가 선택할 수 있는 범위를 넓히기 위해 노력할 수 있습니다.

연습: 생명력 있는 대화, 현재에 초점 맞추기, 기꺼이 취약성 마주하기 및 자유로운 선택 확인하기

효과적인 가치 대화에 나타나는 질적 특성 중 상당수는 비언어적이거나 적어도 녹취록의 단어를 통해서는 전달할 수 없습니다. 따라서 이러한 질적 특성을 확인하는 활동을 할 수 있노록 가치 대화 영상으로 역할극을 만들었습니다. 영상을 보려면 http://www.newharbinger.com/43218에 방문하세요. 시청하면서, 함께 제공된 '효과적인 가치 대화의 네 가지 특징' 유인물(http://www.newharbinger.com/43218)을 사용하여 역할극에서 생명력 있는 대화, 현재에 초점 맞추기, 기꺼이 취약성 마주하기, 자유로운 선택 여부를 코드로 작성하세요. 한번 시도해 보고, 관찰한 내용과 유인물 하단에 있는 답변을 비교해 보세요.

더 깊은 가치 탐색

이제 당신은 가치 대화의 방향을 이끌어 줄 수 있는 질적 특성에 대한 감각을 갖게 되었기를 바랍니다. 당신이 치료실에서 이러한 질적 특성을 본다면, 아마도 올바른 방향으로 가고 있을 것입니다. 그런 다음에는 일반적이고 모호한 것에서 구체적이고 풍부한 것으로 더 깊이 들어갈 때입니다.

탐색 vs 식별

우리가 내담자와의 작업에서 가치를 더 깊이 파고들기 시작하면서, 이 작업에서 필수적인 것을 잃지 않는 것이 중요합니다. 인간은 사물을 파악하는 것을 좋아합니다. 우리는 사물에 이름을 붙이고, 분류하고, 상자에 넣는 것을 좋아합니다. 이것은 인간의 매우 정상적이고 종종 유용한 경향성입니다. 그러나 때때로 우리는 가치를 '식별'하거나 단어로 표현하려는 노력에서 본질적인 것을 잃어버리고 그것들은 단지 단어에 지나지 않게 됩니다.

우리가 가치를 식별하기 위해 사용하는 단어들이 삶의 가치를 평가했던 실제 삶의 경험을 대체하기 시작하는 것은 너무나 쉬운 일입니다. 그렇기 때문에 제가 말하는 '가치'와 선택 과정에 대한 일반적인 개념을 내담자가 갖게 되면, 저는 내담자가 구체적인 가치 단어를 식별하도록 하는 것을 보류합니다. 대신, 저는 일반적으로 내담자가 자신의 가치를 실천할 때 어떤 모습인지에 대한 은유적(또는 어떤 경우에는 문자 그대로) 그림을 그려 보도록 내담자와 협력합니다. 저는 우리가 외부의 가치를 내부에서 알기를 원합니다. 그 가치가 무엇이라고 불리는지는 그다지 중요하지 않습니다. 제가 원하는 것은 그 가치의 질적 특성과 그것이 지닌 특성에 대해 더 깊이 이해하는 것입니다. 이것은 '그랜드캐니언'이라는 단어를 말하는 것과 그랜드캐니언의 사진을 보는 것의 차이 또는 그랜드캐니언의 북쪽 가장자리에 서서 실제로 그것을 경험하는 것의 차이로 생각할 수도 있습니다.

이를 위해 저는 종종 저의 가치 탐색에 단어만 사용하는 것에서 벗어나려고 노력합니다. 때때로 저는 내담자에게 그림을 그려 달라고 요청하거나, 내담자의 삶에서 찍은 사진, 심지어 의미 있고 잘 사는 삶으로 구현될 것이라고 생각하는 일부 질적 특성을 나타내는 것 같은 잡지의 사진을 가져오도록 요청합니다. 또한 내담자에게 시나 노래를 가져오라고 요청하기도 하는데, 노래와 시의 단어는 종종 그림이나 메타포처럼 기능하는 경향이 있기 때문입니다. 저는 내담자가 자신의 가치를 탐색하도록 돕기 위해 시각화 활동도 자주 사용합니다.

도구: 최고의 순간 연습

최고의 순간은 더 깊은 가치 탐색을 촉진할 수 있는 훌륭한 시각화 활동입니다. 그 안에서 치료자는 내담자가 항상은 아니더라도 종종 가치 있는 삶과 관련된 긍정적인 정서와 접촉했던 과거의 시간을 회상하도록 요청하는, 눈을 감고 하는 연습을 통해 내담자를 안내합니다. 최고의 순간 연습의 기본 개념은 당신과 당신의 내담자가 그들의 가치가 명확하게 존재하고 실천되는 세계로 들어갈 수 있는 맥락을 만드는 것입니다. 우리는 두 사람 모두 과거의 시간으로 이동할 수 있도록 관점을 전환함으로써 이 작업을 수행합니다. 최고의 순간은 당신과 당신의 내담자가 가치 있는 삶을 경험적으로 탐색할 수 있도록 가치에 생명을 불어넣는 데 도움을 줄 수 있습니다.

이것은 치료 시작 시 자주 사용하는 활동이지만, 일반적으로 내담자와 저는 이미 치료 계획을 중심으로 협력하고 초기 가치-기반 치료 목표를 설정한 후에 수행합니다. 따라서 저는 최고의 순간 연습을 시작할 때 내담자가 작업에 가장 관심을 갖는 영역이나 가치 있다고 느끼는 분야가 무엇인지 대략적으로 파악하는 경우가 많습니다. 치료 과정 전반에 걸쳐 활동 중에 나타난 이미지와 정서로 필연적으로 돌아가게 됩니다(때로는 활동 자체를 반복하기도 합니다.). 구체적이고 세부적이며 사실에 근거한 것을 향해 나아가는 것은 더 많은 것을 연상시키는 경향이 있으며, 이로써 내담자를 본질적으로 강화하는 가치의 속성과 접촉하게 하는 데 도움이 됩니다. 따라서 이러한 방식으로 가치를 접촉하는 것은 나중에 치료 과정에서 어려운 과제(노출 작업, 후회에 직면하기, 자신과 타인에 대한 용서 등)에 직면했을 때 지속하도록 동기를 부여하는 역할을 할 수 있습니다.

저는 이것이 인생의 어느 시점에서 자신의 가치와 더 많이 접촉은 했지만 자신에게 중요하고 의미 있는 생활 방식에서 멀어진 내담자에게 특히 유용한 활동이라는 것을 알게 되었습니다. 또는 이는 한 영역에서는 자신의 가치와 더 밀접하게 접촉하지만 다른 영역에서는 그렇지 않은 개인에게도 도움이 될 수 있습니다. 그런 경우에는 활동 중에 자신의 가치와 더 관련이 있는 영역을 탐색할 수 있으며, 그 '최고의 순간'에 무엇이 있었는지, 치료 계획의 초점인 다른 가치 영역에 대해 무엇을 시사하는지 되돌아볼 수 있습니다.

최고의 순간 연습 지침

다음에 설명하는 최고의 순간 연습의 변형은 약 15분에서 전체 회기까지 지속될 수 있습니다. 이 영역의 마지막에는 대화 예시도 있으므로 모두 통합하여 어떤 모습일지 알 수 있습니다. 이것은 고전적인 ACT 활동의 다양한 변형 중 하나일 뿐이며, 그중 다른 변형은 다른 자료에서 찾을 수 있습니다(Stoddard & Afari, 2014; Wilson & DuFrene, 2009; Wilson & Sandoz, 2008 참조). 이 활동을 사용하기로 결정하더라도, 이러한 가치 대화에서 우리가 찾고 있는 네 가지 질적 특성(생명력 있는 대화, 현재에 초점 맞추기, 기꺼이 취약성 마주하기 및 자유로운 선택)에 대해 항상 주의를 기울이세요.

1단계: 가치 영역을 확인하기. 눈을 감기 전에 내담자가 집중하고 싶어 하는 일, 우정, 가족 또는 건강과 같은 가치 영역을 미리 식별하는 것이 유용하다고 생각합니다. 치료 계획을 통해 이 내용을 이미 알고 있거나, VLQ-2(Wilson & DuFrene, 2009) 또는 BVS(Lundgren et al., 2012)와 같이 제3장에서 언급한 평가 방법 중 하나를 사용하여 목표로 할 우선 순위 영역을 식별할 수 있습니다. 또는 내담자에게 활동 중에 어떤 영역에 집중하고 싶은지 물어볼 수 있습니다.

2단계: 소개하기 및 동의 얻기. 탐색할 영역이 무엇인지 파악한 후 내담자에게 활동에 대해 간략히 소개하세요. 해당 용어는 다소 모호하기 때문에 '최고의 순간'이 무엇을 의미하는지 설명해야 할 것입니다. 이 활동은 가치를 긍정적으로 강화하는 특성을 통해 접근하려고 하기 때문에 '최고의 순간'이 무엇인지에 대한 설명은 느낌에 의존할 가능성이 높습니다. 최고의 순간은 그들의 삶 속에서 완전함을 느낄 수 있는 순간이라고 표현할 수도 있고, 어쩌면 소중하거나 부드러우면서도 단순히 '달콤한' 것이었을 수도 있습니다. 내담자에 따라 저는 이 시점에서 제 자신의 삶을 예로 들 것입니다. 이러한 맥락에서 저의 자기-개방은 적어도 두 가지 역할을 합니다. 첫째, '최고의 순간'에 대한 실제 사례를 제시하며, 둘째, 제 가치 중 일부를 내담자와 공유할 수 있는 기회를 갖습니다. 이는 개방한 가치가 내담자와의 관계나 우리가 함께 작업하는 것과 연관되어 있다면 특히 도움이 될 수 있습니다(치료자의 가치-개방에 대한 자세한 내용은 제9장을 참조하세요.).

최고의 순간이 꼭 거창한 순간일 필요는 없다는 점을 분명히 하는 것이 중요할 수 있습니다. 사실, 그런 순간들은 매우 단순하고 심지어 평범한 순간들인 경우가 많습니다. 이 활동은 고양감, 스릴, 흥분 또는 정복과 관련된 경향이 있는 강렬한 정서적 경험(제 내담자가 때때로 '질정 경험'이라고 부르는 것)에 초점을 맞출 필요는 없습니다. 실제로, 시각화가 더 미묘한 감정 경험, 즉 소속감이나 유대감을 느끼는 순간에 초점을 맞출 때 가장 효과적이라는 것을 자주 발견했습니다. 이러한 순간들은 보통 누군가 또는 자신이 진정으로 신경 쓰는 무언가와 교감하고 있을 때입니다. 그 시기는 부드러움, 만족감, 의미나 완전성에 대한 감각이 있는 시기인 경향이 있습니다. 이러한 다양한 유형의 긍정적인 영향을 주는 경험 간의 차이점에 대한 자세한 내용은 이 장 뒷부분의 문제해결 영역을 참조하세요.

3단계: 눈을 감고 시각화하기. 이 활동 부분에서는 내담자가 최고의 순간의 기억을 유지하도록 안내합니다. 내담자가 그 순간에 경험한 것과 접촉할 수 있도록 마음챙김이나 중심 잡기 지침으로 시작할 수 있습니다. 그런 다음, 일반적으로 내담자가 눈을 감은 상태에서, 집중할 영역 내에서 최고의 순간을 떠올리도록 요청합니다. 당신은 그들이 최고의 순간의 자신을 상상할 수 있었을 때를 나타내기 위해 몇 가지 표시(예: 고개를 끄덕이거나 약간 손을 드는 것)를 하도록 요청할 수 있습니다. 그 시점에서, 당신의 임무는 그들이 그 장면을 내부에서 조금 탐색할 수 있도록 돕는 것입니다. 그들은 무엇을 보나요? 그들은 이곳에서 무엇을 느끼거나 듣거나 냄새를 맡나요? 그들이 장면에서 무엇을 하고 있는지 알아차리게 하세요. 그리고 그들이 무엇을 하고 있는지 그 이상으로, 그들의 행동 특성과 행동 방식을 접할 수 있도록 도와주세요. 예를 들어, 관찰자의 조망을 수용하는 등 관점의 변화에 참여하도록 요청할 수도 있습니다. 이 장면을 보면서 그들은 이미지 속 인물에 대해 어떤 느낌을 갖게 될까요? 그들이 지켜보고 있는 이 사람을 어떻게 묘사할까요?

이 단계에서 내담자의 임무는 당신에게 무언가를 설명하는 것이 아니며, 그들은 종종 아무 말도 하지 않는 경우가 많습니다. 그러나 당신은 그들의 비언어적 표현을 관찰하고 싶을 것입니다. 왜냐하면 이것은 이 작업이 제대로 진행되고 있는지를 파악하는 데 도움이 될 수 있기 때문입니다. 그들이 따라가고 있는지 확신이 서지 않는다면, 당신은 단순히 그들이 경험하고 있는 것에 대해 가끔 확인할 수 있습니다. 기억해야 할 주요 사항은 천천히 진행하고, 오래 머무르며, 내담자가 기억할 뿐만 아니라 실제로 그 최고의 순간에 다시 접촉하도록 돕는 것입니다.

4단계: 경과 보고.[1] 이 단계는 방금 내담자가 탐색한 최고의 순간으로 당신을 데려가도록 요청하는 단계입니다(눈을 뜨라고 요청하기 전이나 후에 할 수 있습니다.). 이를 유도하는 유용한 방법은 다음과 같이 말하는 것입니다. "저는 그것이 당신에게 어떤 것인지 정말 이해하고 싶습니다. 당신의 눈 뒤에서 그 최고의 순간이 어떤 것인지 볼 수 있도록 도와주세요. 저를 위해 그림을 그려 주세요." 성찰에 도움이 되는 질문을 할 수도 있고, 내담자가 무슨 일이 일어나든 공유할 수 있도록 대체로 개방형으로 둘 수도 있습니다. 내담자가 가치를 명명하거나 결론을 내리도록 하는 데 집중하지 마세요. 당신의 임무는 단순히 현존하면서 최고의 순간이 나타나는 힌트를 볼 수 있는지 확인하는 것입니다. 네 가지 가치 특성을 살펴보세요. 더 생명력이 넘치고, 선택의 감각이 있거나, 기꺼이 취약성 마주하기가 나타나는 것 같은 장면의 요소에 특히 주의를 기울이세요. 그런 장소들을 보면, 내담자에게 좀 더 자세히 설명해 달라고 요청하세요. 이것이 송로 버섯의 재료입니다!

마무리와 과제

종종, 저는 이 활동을 구두로 요약할 필요가 별로 없다는 것을 알게 되었습니다. 하지만 "가치는 우리가 방금 탐색한 최고의 순간과 같은 곳에서 찾을 수 있습니다. 그것들에 더 익숙해짐으로써, 당신은 그 최고의 순간에 존재했던 질적 특성이 당신 삶의 다른 순간에도 언제 존재하는지 알아차릴 수 있게 될 것입니다. 이는 당신의 삶이 어떤 방향으로 가고 싶은지 알려 주는 지표가 될 수 있습니다." 다음은 경험을 토대로 내담자에게 제안할 수 있는 몇 가지 회기 밖 활동입니다.

---

1) debrief: 경과 보고, 경과 논의, 과정 정리, 요약 반응으로 설명할 수 있다. 이 책에서는 경과 보고, 과정 정리 2가지를 혼용하였다(역자 주).

- 신뢰할 수 있는 사랑하는 사람과 연결되어 최고의 순간을 공유하고(그것이 가치 있는 행동이라면) 최고의 순간의 특성을 더욱 탐색하세요.
- 매일 일상생활의 어떤 면에서 최고의 순간을 연상시키는 한 가지를 발견할 수 있는지 살펴보세요. 이를 적어서 다음 회기에 가져오세요.
- 최고의 순간을 더 자세히 탐색하는 방법으로 그림을 그리거나 글을 쓰는 시간을 보내세요.
- 당신이 '최고의 순간'의 요소 중 어떤 부분을 제거해도 여전히 '최고의 순간'으로 남을 수 있을지 생각해 보세요. (여기서 우리는 구체화된 세부 사항을 넘어서 본질적인 특성을 파악하려는 것입니다.)

최고의 순간 연습에 대한 문제해결

최고의 순간 연습은 많은 내담자들에게 매우 영향력이 있지만, 이 활동은 모든 사람들에게 효과가 있는 것은 아닙니다. 이 책의 다른 어떤 활동보다도, 저는 최고의 순간 연습이 '좋다', '싫다' 둘 중 하나인 활동이라는 것을 알게 되었습니다. 그것이 효과가 있을 때, 그것은 믿을 수 없을 정도로 강력할 수 있습니다. 하지만 그것이 그 사람이 가치를 강화하는 속성들과 접촉하도록 돕는 의도된 기능을 수행하지 못하는 때도 있습니다. 따라서 특히 이 활동과 관련하여, 저는 내담자에게 그것을 시도해 보기로 결정하기 전에 맥락적인 요소들을 고려하는 것이 매우 중요하다고 생각합니다.

긍정적인 정서 수준이 낮은 내담자. 특히, 이는 긍정적인 정서에 대한 접근이 제한적인 내담자(예: 감정 표현 불능증alexithymic으로 묘사할 수 있는 내담자 또는 긍정적 강화나 보상에 덜 민감한 내담자)에게는 어려운 작업이 될 수 있습니다. 이러한 개인의 경우 '최고의 순간'에 연결될 수 있더라도 자극에 대한 정서적 반응을 많이 경험하지 않는 경향이 있습니다. 이로 인해 내담자는 활동에 대한 반응이나 반응 부족으로 인해 수치심을 느낄 수 있습니다. 또는 "나에게 뭔가 문제가 있다"거나

"내가 차갑고 무자비한 사람이라는 것을 알았다"와 같이 내담자가 융합될 수 있는 도움이 되지 않는 이야기를 강화할 수도 있습니다. 결과적으로 활동은 우리가 원하는 주요 기능, 즉 개인이 가치-일관 행동의 강화된 특성과 접촉하도록 돕는 주요 기능을 수행하지 못하게 됩니다.

긍정적인 기억을 떠올리지 못하는 내담자. 이와 관련하여, 자신의 과거에 대해 긍정적이고 달콤하고 부드러운 기억을 떠올리기 어렵거나, 심한 학대를 당한 경험이 있는 내담자의 경우처럼, 자신이 취약함이 위험과 관련이 있는 내담자에게는 적절하지 않을 수 있습니다. 만약, 내담자가 자신의 삶이나 과거에 대해 생각할 때 고통(학대, 수치심, 후회 등)으로 가득 차서, 최고의 순간이 아닌 이러한 감정들을 즉시 유발한다면, 이 활동이 그들에게 너무 어려울 수 있습니다. 특히, 처음에는 그렇습니다. 이러한 고통스러운 감정이 해롭다는 것은 아닙니다. 다만, 만약 그것이 이 활동에 의해 유발된다면 아마도 의도된 기능을 수행하지 못할 것입니다. 당신은 치료적 관계가 더 안정적으로 느껴지고, 적어도 하나의 최고의 순간 자극에 대해 좋은 감각을 갖게 될 때까지 기다릴 수도 있습니다. 아니면 당신은 먼저 그 개인과 최고의 순간을 만드는 데 노력할 필요가 있을 수도 있습니다. 일부 내담자들에게는, 그들이 연결할 수 있는 유일한 최고의 순간이 당신과의 관계에서 일어난 것일 수도 있습니다. 어쨌든, 그들에게는 시간이 필요합니다.

보상-중심의 내담자. 보상과 관련된 결과와 보상에서 오는 강렬한 감정에 지나치게 집중하는 내담자에게는 때때로 다른 수정이 필요합니다. 이들은 종종 '과잉 성취자', '일 중독자' 또는 '아드레날린 추적자'로 확인되는 내담자입니다. 추가적인 지시가 없다면, 이 내담자들은 종종 짧지만 더 강렬하고 긍정적인 영향과 연관된 '대단한' 순간에 자신의 최고의 순간을 집중할 것입니다. 예를 들어, 산 정상에 오르기, 큰 선거에서 승리하기, 또는 자신의 첫 번째 소설을 출판하기 등과 같은 순간입니다. 내담자는 때때로 이를 '절정 경험'이라고 부릅니다. 이러한 '절정 경험'

에 최고의 순간을 집중시키는 것의 문제는 이러한 내담자의 협소한 초점, 즉 경험 회피와 융합에 의해 종종 촉진되는 초점을 키우는 경향이 있다는 것입니다. 특히, 이러한 협소한 초점은 결속, 연결 또는 친밀감과 관련된 더 미묘하거나 강도가 낮은 사회적 경험의 강화된 결과를 경험하는 능력을 방해하는 경향이 있습니다.

경직되게 보상에 초점을 맞춘 내담자의 경우, 최고의 순간 연습을 시작하기 전에 다양한 유형의 강화물에 대한 약간의 교육이 도움 될 수 있습니다. 예를 들어, 성취, 정복, 승리 또는 성취와 관련된 보상-기반 강화물과 더 많은 사회적 또는 관계적 강화물을 구별하는 것이 이러한 내담자에게 도움이 될 수 있습니다. 첫 번째 세트인 보상-기반 강화물은 종종 더 강렬하고 더 높은 각성과 관련이 있는 반면, 두 번째 세트(사회적 또는 관계적 강화물)는 더 '느긋'하고 더 낮은 각성과 관련이 있습니다. 사회적 강화요인의 예로는 일요일 아침 일찍 아이들이 침대에 함께 기어 다니도록 하거나, 가장 친한 친구와 함께 하이킹을 마친 후 호수 옆에 앉아 지난 몇 년간 함께 나눈 모험을 감상하는 것 등이 있습니다. 이러한 유형의 강화물은 안전과 만족(Gilbert, 2010) 및 사회적 참여(Porges, 2003)의 경험을 조절하는 것으로 알려진 신경생리학적 시스템과 관련이 있습니다. 또는 개를 사랑하는 제 내담자 중 한 명이 설명했듯이, '배를 긁어 달라고 누워 있는' 그런 종류의 강화물입니다. 이는 보상-기반 강화물에서 더 자주 발견되는 흥분이나 아드레날린 분출과는 대조적으로 부드러움, 소속감, 만족감, 안전감 또는 온전함과 관련된 경향이 있습니다. 그래서 만약 누군가가 더 강렬하고 보상-기반의 강화물을 추구하는 데 많은 시간을 보내고 있지만 다른 유형의 강화물에 대한 접근이나 경험이 부족하다면, 먼저 그들의 삶에서 더 편안하게 느끼는 영역을 식별해 보는 것이 좋습니다. 즉, 제 내담자의 표현을 빌리자면 '배를 긁어 주는' 경험을 하고 있는 부분을 찾아보아야 합니다. 그런 경험이 있는지 확인하고, 그 지점을 탐색해 보는 것이 좋습니다.

임상 사례: 재키

재키Jackie는 두 번째 자살 시도 후 병원에서 퇴원한 직후 치료에 처음 왔을 때, 경계심과 분노로 가득 찬 18세 소녀였습니다. 초기 몇 번의 회기는 서로를 탐색하려는 시도로 조금 힘들었습니다. 하지만 저는 다른 사람들로부터 자신을 보호하기 위한 기능으로 보이는 검은 아이라이너와 "건드리지 마" 같은 태도 외에도, 재키는 제가 지금까지 작업해 본 사람들 중에서 가장 큰 마음을 가진 사람 중 하나라는 것을 금방 깨달았습니다. 재키는 강렬하게 느끼고 돌보는 마음을 가졌지만, 그녀의 삶 속 사람들에게서 반복적으로 실망하고 거절당한 경험이 있었습니다.

다음 대화록은 다섯 번째 또는 여섯 번째 회기에서 나온 것입니다. 우리는 강력한 치료적 관계를 구축하는 데 이미 상당한 진전을 이루었습니다. 협력적인 치료 계획에서 우리는 동료 및 가족과의 관계 영역에 주로 초점을 맞추기로 결정했습니다. 저는 최고의 순간 연습을 사용하여 해당 영역에서 가치 있는 삶이 그녀에게 어떤 모습일지 탐색하는 데 도움을 주었습니다.

치료자: (1단계: 영역 확인) 그래서 재키, 우리의 작업이 적어도 부분적으로는 당신이 더 의미 있고 만족스러운 관계를 가질 수 있도록 돕고, 관계 안에서 당신이 원하는 사람이 되도록 돕는 데 어떻게 하기를 원하는지에 대해 함께 이야기했습니다. **(재키는 자신이 과거의 관계에서 어떻게 행동했고, 또한 그녀가 스스로를 돌아보았을 때, 그 관계들 중 많은 부분에서 '자신을 어떻게 대우받도록' 했는지에 대해 많은 수치심을 가지고 있었습니다.)** 저는 우리가 함께 이 목표를 더 구체적으로 이해할 수 있으면 좋겠어요. 그래서 저는 당신이 최고의 관계를 맺을 때 어떤 모습인지, 그리고 당신의 관계가 당신에게 더 만족스럽고 의미 있을 때 어떤 모습인지 더 잘 이해하기 위해서 눈을 감고 하는 연습을 해 보려고 해요.

내담자: 좋아요.

치료자: (2단계: 서론) 그래요, 저는 당신의 관계 중 하나에서 기억할 수 있는 최고의 순간을 찾아보라고 할 거예요.

내담자: 최고의 순간이 대체 뭔데요?

치료자: 알아요, 좀 촌스러운 표현일 수도 있지만, 그런 순간들이 저에게는 그런 느낌이에요. 아마 당신은 다른 표현을 찾아볼 수도 있을 겁니다. 하지만 저에게 있어 '최고의 순간'은 잠시 멈춰서 바라보면 어떤 식으로든 감동을 느낄 수 있는 인생의 소중한 순간 중 하나인데요. 느낌에 가깝기 때문에 설명하기가 조금 어렵네요. "아, 바로 이거야"라고 진심으로 느낄 수 있는 순간 중 하나죠. 부드러움이나 만족감 또는 단순히 온전함을 느낄 수도 있습니다. 그리고 큰 것이 아니어도 괜찮습니다. 종종 최고의 순간은 매우 단순하고, 말로 설명할 수 있는 것보다 훨씬 더 많은 것을 포함하는 것처럼 보이는 부드러운 순간입니다. 제가 무슨 말을 하는지 이해가 가시나요?

내담자: 글쎄…… 잘 모르겠어요.

치료자: 제 삶의 예를 들어드릴까요?

내담자: 네, 그러면 좋을 것 같아요. **(이전 상호작용에서 재키는 이전 치료에서는 경험하지 못했던 제가 기꺼이 공유하고 및 취약성을 드러내는 것에 대해 높이 평가하고 잘 반응하는 것 같았습니다. 따라서 이러한 자기-개방을 제공하는 것이 이 경우 유용할 수 있다고 느꼈습니다.)**

치료자: 좋아요. 아시다시피, 제가 가졌던 가장 중요한 관계 중 일부는 제가 평생을 함께해 온 강아지들과의 관계였어요. **(인간이 아닌 동물을 돌보는 것은 우리가 가진 공통점이었고, 이전에도 이를 기반으로 연결된 적이 있었습니다. 또한 저는 강아지들과의 관계에 전념하고 충실한 것에 대한 제 가치가 우리의 치료적 관계에도 적용될 수 있다고 느꼈습니다. 그래서 저는 특히 이 최고의 순간을 그녀와 공유하기로 결정한 것입니다.)** 그것과 관련된 저의 최고의 순간 중 하나가 있는데요. 이 최고의 순간 이미지를 보면, 춥고 안개가 자욱한 아침의 이른 시간입니다. 밖은 아직 캄캄하고 제 강아지 그레이스Grace와 저는 아침 운동을 시작한지 45분 만에 15번가와 하이랜드 모퉁이에 있어요. **(저는 구체적이고 자세하게 말하고 있습니다. 그런 구체성이 더 생생하게 느껴지기 때문입니다.)** 저는 강아지를 내려다보고 강아지는 꼬리를 흔들며 저를 올려다보고 있습니다. 저는 강아지에게 약간의 간식을 주기 위해 모퉁이에서 잠시

멈춰서 강아지 등을 쓰다듬어요. 그리고 그 순간, 저는 강아지를 잘 보살피고 있고, 저에게 의지하고 있는 이 생명체를 보살피는 데 충실하고 헌신하는 저 자신을 봅니다. 그 순간에는 아무것도 필요하지 않아요. 그 순간 저는 다른 모습일 필요가 없어요. 그 순간은 제가 사랑하는 이 강아지를 잘 돌보고, 전념하고, 충실하며, 돌부는 면에서 제가 최선을 다하고 있음을 나타낼 뿐이죠. **(당신의 최고의 순간에 대해 이야기하는 또 다른 장점은 효과적인 가치 대화의 특성 중 일부를 끌어내기 시작하고 내담자의 최고의 순간을 위한 발판를 마련할 수 있다는 것입니다.)**

내담자: 네, 맞아요. 정말 좋네요.

치료자: 감사합니다. 저도 그렇게 생각해요. 하지만 당신의 최고의 순간이 저와 같을 필요는 없어요. 여기에는 옳고 그름이 없습니다. 큰일이 아니어도 되고, 단지 당신이 무언가 구체적인 것, 구체적인 사례나 이미지를 떠올리는 것이 중요합니다. 그리고 우리가 하고 싶은 것은 그 최고의 순간이 어떤 것인지 탐색하는 것입니다. 마치 함께 그림을 보고 그 모든 것을 완전히 받아들이려고 노력하는 것처럼요.

내담자: 그럼 제가 어떻게 해야 해요?

치료자: 관계에서 당신에게 최고의 순간이 될 수도 있는 한 장면의 이미지를 떠올릴 수 있도록 도와줄 몇 가지 단계를 안내해 드릴게요. 아무 말도 하지 않아도 됩니다. 저는 당신이 거기에 조금 머물면서 무엇을 발견할 수 있는지 볼 수 있도록 도와줄 거예요. 무슨 일이 일어나든 옳습니다. 그리고 잠시 후, 당신이 보고 경험한 것 중 무엇을 저와 공유하고 싶은지 물어볼게요. 어떻게 들리나요?

내담자: 좋은 것 같아요.

이제 최고의 순간 연습의 3단계인 눈감기 활동으로 이동합니다.

치료자: 좋아요, 발을 땅에 대고 편안하게 앉아 있을 수 있도록 하세요. 눈을 지그시 감으세요. **(저는 그녀가 현재 순간에 중심을 삽을 수 있도록 몇 분 동안 마음챙김 활동을 하도록 안내했습니다. 연습의 남은 부분 동안, 저는 그녀가 자신의 경험을 되돌아볼 수**

있도록 자주 잠시 멈추었습니다.) 당신 앞에 파일 서랍장이 있다고 상상해 보세요. 이 파일 서랍장에는 서랍이 여러 개 있습니다. 각 서랍에는 인생에서 중요한 관계 중 하나가 표시되어 있습니다. **(재키와 관련해서 그녀의 선택 범위를 약간 좁힐 수 있도록 몇 가지 지침을 제공한 것이 도움이 되었습니다.)** 한 명은 '엄마', 다른 한 명은 '수전Susan'(그녀의 여동생)이라고 말합니다. 아래 서랍에는 '샘Sam'(그녀의 예전 가장 친한 친구)이라고 말하고, 다른 한 명은 '블루Blu'(그녀가 사랑하는 강아지)라고 말합니다. 다른 서랍들에는 어떤 라벨이 붙어 있는지 알아보세요. (멈춤) 이제 이 파일 서랍장 앞에 서서 어떤 서랍을 열 것인지 선택하는 게 어떤 느낌인지 알아차려 보세요. **(여기서 저는 그녀가 선택 과정을 추적하도록 돕고 있습니다.)** 하나의 서랍을 여는 것에 끌리고, 다른 서랍을 여는 것에 거부감을 느끼시나요? 무엇이 당신에게 나타나는지 알아차려 보세요.

이제 당신이 선택한 서랍을 열어 본다고 상상해 보세요. 서랍의 무게를 손으로 느껴 보세요. 여는 소리를 들어보세요. 당신의 심장이 지금 어떤지, 당신의 몸을 통해 어떤 감각을 느끼고 있는지, 당신의 마음이 당신에게 어떤 생각을 주고 있는지 알아차려 보세요…….

그러고 나서 그 서랍에 손을 뻗으면 그 서랍 안에는 그 관계의 최고의 순간(가장 좋은 지점)을 보여 주는 사진이 있습니다. 사진이 보이기 시작하면 제가 알 수 있도록 언제든지 고개를 끄덕여 주시면…… **(내담자는 고개를 끄덕입니다.)**

좋아요. 이제 파일 서랍장에서 사진을 꺼냅니다. 손에 있는 것을 느껴 보세요. 사진 속 당신의 표정을 알아차림 하세요. 주변의 세부적인 모습도 알아차림 하세요.

이제, 저는 당신이 그 사진 속으로 들어가는 것이 가능한지 확인하길 원합니다. 사진을 보는 것에서 그 장면 속으로 이동하세요. 당신은 지금 그 장면에 살고 있습니다. 무엇이 보이나요? 그곳에서 당신의 피부에 느껴지는 감각을 알아차려 보세요. 야외에 있다면 약간의 바람이 느껴질 수도 있습니다. 누군가와 함께 있거나 블루와 함께 있다면, 그들 근처에 서 있으면 따뜻함을 느낄 수 있는지, 아니면 그들의 향기나 당신이 있는 이곳의 냄새를 느낄 수 있는지 알아차려 보세요. 당신 몸의 모든 세포가 그 자리에 있는 것이 어떤 것인지 느낄 수 있도록 하세요. 그 속에 몰입하여 이 장면의 존재를 만끽하는 시간을 가져보세요.

그리고 지금, 그 순간에 당신이 어떤지에 집중하세요. 당신의 행동의 질적 특성을 알아차려 보세요. 그 자리에 서서 다른 어떤 것도 필요하지 않은 완전함을 느끼고 다른 사람이나 다른 곳에 있을 필요가 없는 자신에게 중요한 것이 무엇인지 알아차려 보세요. **(당신이 필요하다고 생각하는 것에 따라 장면을 시각화하도록 내담자를 안내하는 데 더 많은 시간을 할애할 수 있습니다.)**

자, 재키, 지금 이 순간 당신의 몸에 대해 다시 알아차리도록 요청할게요. 눈을 감고 이 최고의 순간에서 시간을 보낸 후 지금 무엇을 경험하고 있는지 알아차려 보세요. 당신에게 갈망이나 충동이 있다면 당신이 느끼는 것이 무엇인지 알아차려 보세요. 그러한 감정이 당신에게 진정으로 중요한 것에 대해 말해 주는 것이 있는지 생각해 보세요. 그 최고의 순간에 있다는 것이 당신의 관계에서 당신에게 정말로 의미 있는 것은 무엇인지, 당신이 관계에서 무엇을 하고 싶은지에 대해 말해 주는 것이 있나요?

그 후 저는 계속해서 재키에게 눈을 뜨고 그녀가 알아차린 것을 공유해 달라고 부탁했고, 그 장면에 대한 세부 사항을 물어서 비유적으로 들어갈 수 있도록 했습니다. 우리는 또한 그 장면에 대해 그녀가 어떤 반응을 보였는지, 그러고 나서 그 반응에 떠오르는 어떤 생각이 있었는지에 대해서도 논의했습니다. 그리고 회기 이후에도 작업을 계속하기 위한 방법으로 예술가인 재키에게 그녀의 최고의 순간을 그려 달라고 요청했습니다. 다음 회기에서 그녀는 자신의 최고의 순간에 대한 경험을 표현한 그림을 가져왔습니다. 그녀는 그 이후로 우리가 가진 거의 모든 회기에 그 그림을 가져왔고, 우리는 나머지 치료 기간 동안 우리의 작업이 무엇을 위한 것인지를 안내하고 상기시켜 주기 위해 함께 그것을 사용했습니다.

초기 가치 탐색의 함정

당신과 당신의 내담자가 함께 가치 탐색 과정을 시작할 때, 당신을 경로에서 벗어나게 할 수 있는 몇 가지 일반적인 함정은 다음과 같습니다.

탐색에서 명명으로 너무 빠르게 이동하기

저와 함께 작업하는 많은 치료자들은 내담자가 자신의 가치(예를 들어, 사랑, 자비, 모험)에 대한 서술적인 용어나 단어를 빨리 생각해 내도록 유도하려는 충동을 느끼고, 그로 인해 가치를 명료화하는 본질적인 특성을 잃게 됩니다. 가치는 내담자가 필요에 따라 지속하거나 변화하고 치료(및 삶)의 힘든 작업을 수행하도록 긍정적인 동기를 제공하기 때문에 중요합니다. 가치에 대해 아는 것이 이름뿐이라면 가치는 그다지 강력한 강화물이 되지 않습니다. 그 가치를 완전히 활용하려면, 그 가치를 실제로 경험해 보고, 그로 인해 어떤 기분인지 아는 것이 필요합니다. 따라서, 첫 번째 회기나 심지어 열 번째 가치 탐색 회기를 마친 후에도 내담자가 자신의 가치를 명확히 말하지 못한다면, 오히려 당신이 정확한 방향으로 가고 있는 것일 수 있습니다.

'긍정적인' 감정만을 기대하기

이 장에서 삶의 가치, 특히 '최고의 순간'과 같은 종종 긍정적인 영향과 연관되는 방식에 대해 많이 이야기했지만, 그들이 표현한 이야기가 가치가 아니듯이, 감정도 가치가 아닙니다. 우리는 가치를 실천하면서 기쁨, 만족, 자부심과 같은 즐거운 감정을 경험하게 되는 경우가 많습니다. 하지만 때로는 그렇지 않습니다. 예를 들어, 제가 재키와 공유한 최고의 순간 사례에서 아침 5시 30분에 그레이스

Grace와 함께 운동을 할 때 저는 긍정적인 느낌을 거의 느끼지 못합니다. 그레이스를 내려다보고 제가 하고 있는 소중한 행동을 알아차리기 위해 잠시 멈추는 순간, 저는 종종 자부심이나 만족감을 느낍니다. 하지만 저는 또한 대개 짜증이 나고, 피곤하고, 춥고, 불편함을 느낍니다. 저는 강아지와 함께 운동하는 것이 즐겁기 때문에 운동하는 것이 아닙니다(이 점에 대해서는 저를 믿어 주세요!). 그보다 저는 '내게 속한 생명체들'(인간과 비인간 모두)을 잘 돌보는 삶을 살기로 선택한 것입니다. 가치는 방향을 설정합니다. 그 여정에 관련된 실제 단계는 다른 확장된 여정과 마찬가지로 항상 정서적으로 복잡한 것입니다. 그러므로 내담자에게 삶의 가치는 긍정적인 감정만을 포함하며, 그들이 '긍정적인' 것을 느끼지 않는다면 그것은 진정한 가치가 될 수 없다는 것을 암시하지 않도록 주의하세요.

질적 특성이 아닌 규칙 따르기

당신은 설명한 대로 최고의 순간 연습(또는 이 책에 있는 모든 연습)을 정확하게 수행할 수 있고, 기본에서 완전히 벗어날 수도 있습니다. 규칙에 따라 활동하는 데 너무 집중하면 경직되고 내담자에게 반응하지 못하게 될 수 있습니다. 특히, 처음에는 대본을 따르는 것이 괜찮지만 효과적인 가치 대화의 질적 특성을 놓치지 않도록 해야 합니다. 이러한 질적 특성은 모든 대본이나 단계에 대한 지침이 되어야 합니다. 대본은 안내일 뿐 송로 버섯에 대한 지도는 아닙니다. 이 장의 최고의 순간 연습을 시도했는데 실패했다면, 네 가지 가치 특성 중 어떤 것이 있었는지, 어떤 것이 대화에 빠졌는지 자문해 보세요. 그러면 해당 내담자와 함께 가치 탐색을 계속할 때 집중할 수 있는 공간이 제공될 것입니다.

핵심 챙김

이 장에서는 가치 작업을 수행할 때 숙달하기 가장 어렵다고 생각되는 내용을 많이 다루고 있습니다. 그러므로 스스로에게 친절하고 인내심을 가지세요. 이것은 쉬운 일이 아닙니다. 다음은 이러한 가치 탐색 영역으로 나아갈 때 명심해야 할 몇 가지 사항입니다.

- 가치 대화에서 '무엇'(내용)보다 '어떻게'(질적 특성)에 더 많은 관심을 기울이세요. 비언어적 단서에 특히 주의를 기울이세요. 원하는 특성을 환기시키고 높이기 위해 신체와 어조/속도를 사용하세요.
- 구체적으로 다가가고 현재에 초점을 맞추세요. 가치를 치료실에 가져와서 당신과 당신의 내담자가 그 세계가 어떤 모습인지 탐색할 수 있기를 바랍니다.
- 가치 단어를 확인하는 것은 멈추세요. 가치를 나타내는 단어를 찾는 데 집중하기보다는 구체적으로 이 사람에게 가치 있는 삶을 사는 것이 무엇인지에 대한 전체 그림을 그리려고 노력하는 것에 집중하세요.
- 내담자가 가치 단어를 떠올린다면, 그 단어가 어떤 삶을 가리키는지 궁금증을 가져 보세요. 가치 있는 행동은 잘 사는 삶을 창조하는 것입니다. 예컨대, 생생한 경험으로서의 '자비'란 무엇인가요? 어떤 느낌인가요? 무엇처럼 보이나요? 자비롭게 살아갈 때 그들은 무엇을 하고 있나요? 그들은 무엇을 하지 않는 걸까요?

활용 단계

- 이번 주 치료 회기 중 하나에서 중점을 둘 네 가지 가치의 질적 특성(생명력

있는 대화, 현재 순간에 초점 맞추기, 기꺼이 취약성 마주하기, 자유로운 선택) 중 하나를 선택하세요. 대화할 때 그 질적 특성을 불러일으킬 수 있는 방식으로 대화를 촉진할 수 있는지 확인해 보세요. 그것이 대화에 어떤 영향을 미쳤다고 생각하나요?

- 최고의 순간 연습을 통해 동료나 친구를 이끄는 활동을 해 보세요. 마지막에 그들의 경험에 대한 피드백을 받아 보세요. 무엇이 효과가 있었고 무엇이 효과가 없었나요? 이것이 당신이 내담자를 대하는 방식에 어떤 영향을 미칠 수 있는지 생각해 보세요.
- 이번 주에 기대했던 것만큼 잘 진행되지 않는 것 같던 내담자와의 회기를 고르세요. 대화를 전환하기 위해 더 많은 기꺼이 취약성 마주하기, 생명력 있는 대화, 자유로운 선택에 대한 감각, 또는 현재 순간에 초점 맞추기를 어떻게 유도할 수 있었을지 생각해 보세요.
- **내면 통찰 학습**: 집중하고 싶은 인생의 중요한 영역(예: 직장, 가족 관계, 건강)을 선택한 다음 눈을 감고 최고의 순간 연습을 진행해 보세요. 시각화 작업을 마친 후, 활동 중에 무엇이 당신에게 나타났는지 생각해 보거나 글을 쓰는 시간을 가져보세요. 장면에서 자신을 관찰하면서 자신의 행동의 질적 특성을 어떻게 설명하시겠습니까? 활동을 하고 난 후 어떤 충동이나 갈망이 생기나요? 이 활동을 통해 수행하고 싶은 조치(아주 작은 조치라도)가 있나요? 그렇다면 다음 단계는 무엇인가요?

제5장 고통 속에서 가치 찾기

삶이 조금이라도 의미를 가지려면, 고통에 의미가 있어야 합니다.

-빅터 프랭클

가치-중심 치료자로서 우리는 종종 기쁨, 연결감, 자부심 또는 애정과 같은 긍정적 감정을 통해 내담자가 가치에 접촉할 수 있도록 도울 수 있습니다. 이것이 바로 이전 장에서 초점을 둔 내용이었습니다. 그러나 가치는 삶의 고통스러운 순간들에서도 발견할 수 있습니다. 사실, 고통의 시기야말로 중요한 것과 접촉할 수 있는 빠른 지름길을 제공하기도 합니다. 슬픔과 그리움은 연결, 소속감, 기여와 관련된 가치와 접촉하도록 돕습니다. 그리고 분노는 우리가 세상에 변화를 일으키거나 옳다고 생각하는 것을 위해 목소리를 내는 가치와의 접촉을 돕습니다. 수치심처럼 고통스러운 것조차도 우리가 다른 사람들이나 세상과 조화롭게 지내는 것과 관련된 가치를 상기시켜 줍니다. 생명력 있는 대화, 현재 순간의 접촉, 기꺼이 취약성 마주하기, 그리고 자유로운 선택과 같은 가치 대화의 효과적인 모든 특성들은 기쁘고 따뜻한 시간뿐만 아니라 고통의 시간 속에서도 발견할 수 있습니다. 개방적인 자세와 마음챙김의 태도로 고통에 주의를 기울이는 것은 이 세상에서 우리가 어떤 존재이며, 우리가 바라는 존재가 어떤 모습인지에 대한 많은 것을 알려 줍니다.

사실 가치 명료화가 항상 긍정적인 영향을 동반한다는 말은 가치를 향한 길에 놓여 있을지 모르는 슬픔, 비탄, 실망, 불안, 분노, 또는 이 외 고통스러운 감정을 회피하도록 부추길 수 있습니다. 단순히 긍정적인 감정만 추구하다 보면 오히려 잘못된 방향으로 갈 수 있으며, 때로는 고통스러운 경험이 가치가 있는 곳을 알려 주는 이정표가 될 수 있습니다. 이번 장에서는 정서적 고통과 가치가 어떻게 연결되는지 알아볼 것이며, 긍정적 영향이 아닌 고통을 가치 탐색 과정에서 활용할 경우, 정서적 고통이 가장 큰 시기에 효과적인 가치 대화를 할 수 있는 방법에 대해 알아볼 것입니다.

고통이 우리를 가장 중요한 곳으로 인도할 때

생명력 있는 대화, 자유로운 선택, 기꺼이 취약성 마주하기, 현재 순간에 초점 맞추기에 대한 감각은 우리가 탐험하려는 영역이 무엇이든 우리를 가치로 이끕니다. 이러한 특성은 삶의 고통스러운 시간과 최고의 시간 모두에서 가치를 탐색하는 하나의 지침이지만, 저의 경험을 통해 볼 때 고통스러운 시간을 진입점으로 하여 가치를 탐구하는 것이 긍정적인 영향을 통해 진입하는 것보다 덜 구조화된 경향이 있습니다. 내담자의 힘든 과거 경험에 세심하게 귀 기울여 주는 누군가가 곁에 있는 상황에서 고통의 영향이 드러나게 되면 가치를 탐색할 수 있는 기회는 유기적으로 나타납니다. 가치-중심 치료자들은 이러한 고통스러운 경험이 새로운 가능성으로 가는 지름길이 될 수 있다는 것을 알고, 이 작업을 이끌어 가기 위해 사용하는 네 가지 특성을 주시하면서 가치 탐색에 있어 자연스럽게 나타나는 고통을 활용해 볼 수 있습니다. 따라서 내담자와 함께 가치를 탐색할 때, 유연성을 유지하면서 언제든 방향을 전환할 수 있도록 해야 하는데, 그래야 정서적 고통이 나타나면 이것을 향해 나아가고 마음을 열 수 있기 때문입니다.

고통이 가치로 가는 가장 적합한 경로가 될 수 있는 내담자

고통 속에서 가치를 발견하는 학습은 모든 내담자들과 작업할 때 필수적입니다. 그러나 일부 내담자들의 경우 정서적 고통이 가치 탐색에 있어 가장 접근하기 쉬운 진입점이 될 수 있습니다. 이런 내담자는 제4장에서 다룬 긍정적 영향의 경로를 탐색하는 것으로 시작하기보다는 의도적으로 고통을 가치 탐색의 주요 도약지점으로 활용해 볼 수 있습니다. 특히, 정서적 고통을 가치 탐색의 진입점으로 삼을 수 있는데, 이는 다음과 같은 내담자에게 사용해 볼 수 있습니다.

- 상대적으로 낮은 수준의 긍정적 영향을 경험하는 내담자
- 보상에 덜 민감하거나, 욕구 만족감을 채워 주는 상황에 비해 혐오감을 주는 상황에 더 민감하게 반응하는 내담자
- 상대적으로 표현력이 부족하고, 정동이 단조롭거나 감정적으로 단절되어 있는 내담자
- 특히, 다른 사람들과 편안함, 안전감, 소속감 또는 만족감을 느끼기 어려운 내담자

이러한 내담자와 함께 작업을 할 때 최고의 순간 연습(제4장)과 같은 연습이나 긍정적으로 균형이 잡힌 감정을 의도적으로 불러일으키는 자극들은 다루기 힘들 수 있습니다. 그리고 이러한 내담자들에게 있어 가치를 긍정적으로 강화시키는 질적 특성과 접촉하도록 돕는 것은 불가능하며 때로 이는 중요하지 않습니다. 그들은 긍정적 정서를 접촉하고 표현하는 빈도가 적고 희박할 뿐입니다. 강도가 옅거나 미묘한 긍정적 정서를 활용하기는 더 어려울 수 있습니다. 왜냐하면 이러한 사람들의 삶은 대개 감정들이 매우 뒤섞여 있는 것 같고, 불쾌하고 괴로운 정서가 지속되고 있기 때문에 이들에게는 이미 존재하는 강렬한 정서적 고통 경험을 가치 탐색의 지름길로 사용하는 것이 더욱 합리적입니다.

사실 어떤 내담자와 작업을 하든지 간에 정서적 고통은 분명히 어떠한 가치 작업의 일부분에 포함될 것입니다. 만약 가치가 잘 사는 삶의 핵심이라면, 가치를 찾아야 한다는 것 또한 고통일 수 있습니다. 하지만 이를 위해서는 먼저 고통을 제거해야 할 대상 또는 '필요악'으로 보는 것이 아니라 가치 있는 것으로 바라보는 관점으로 나아가서 우리가 고통에 접근하는 방식을 재검토할 필요가 있습니다.

스승과 같은 역할을 하는 고통

고통을 포함한 모든 감정은 우리에게 필수적인 정보를 제공합니다. 감정은 우리의 '욕구'나 바람과 관련이 있고, 목표를 향해 행동하도록 동기를 부여합니다. 고통은 우리가 삶에서 행하는 중요한 많은 변화들의 원동력이기도 합니다. 예를 들어, 육체적 고통이 죽음이나 부상을 막기 위한 동기를 부여하거나 수치심과 같은 정서적 고통이 따돌림을 피하기 위해 행동을 변화하고 수정하도록 동기를 부여하는 것과 같이 고통은 우리가 어떠한 행동을 하도록 동기를 제공합니다(Nesse, 1991). 신체적 고통과 심리적 고통이 없다면, 대다수의 내담자들은 그들에게 어려운 변화를 요구하는 치료법을 감당할 동기를 갖지 못할 것입니다.

또한 감정은 의사소통을 하며, 이러한 기능은 흔히 대인관계 기능으로 봅니다. 만약 제가 당신에게 미소를 짓거나 눈살을 찌푸리면, 제가 당신을 어떻게 느끼는지 그리고 당신과 어떤 관계를 맺고 싶은지에 대한 무언가를 전달합니다. 하지만 감정은 또한 개인 내적 의사소통 기능도 가집니다. 즉, 감정은 우리 자신에게 있어 중요한 것을 말해 줍니다. 상실, 비탄, 후회, 슬픔, 불안과 같은 고통스러운 감정은 우리에게 중요한 곳으로 안내하는 내장된 GPS와도 같습니다. 이러한 고통스러운 감정들을 무시하거나 변화시키거나 설명, 정당화, 규제, 부인하고 싶은 유혹에 빠질 수 있지만, 우리는 그렇게 하지 않으면서 중요한 학습 기회에 스스로 접근할 수 있습니다. 내담자의 고통을 탐색하면서 "이 고통이 나에게 정말 중요한 것에 관하여 무엇을 말해 주는가?" 또는 "이 고통은 내가 배워야 할 것에 관하여 무엇을 말해 주는가?"와 같은 질문에 대해 성찰하도록 해 줍니다. 그리고 우리는 내담자가 그들의 정서를 문제라고 보는 관점에서, 관리될 수 있는 잠재적으로 중요한 스승이라는 관점으로 전환될 수 있게 돕습니다.

고통의 풍경 속에서 가치의 향을 추적하다

지난 장에서 우리는 가치를 안내하는 치료자로서 가치의 '향'을 알아야 할 필요가 있다는 점을 다루었습니다. 자유로운 선택, 생명력 있는 대화, 기꺼이 취약성 마주하기, 현재 순간에 초점 맞추기와 같은 질적 특성은 우리를 가치 탐색으로 이끌며, 이러한 탐색은 삶에서 최고의 순간이나 정서적으로 고통스러운 경험 모두에 해당합니다.

고통 속 선택에 대한 알아차림 증진시키기

고통과 관련해서 인간은 약간 곤경에 처해 있습니다. 우리가 만나는 내담자들을 포함하여 우리 대부분은 고통과 병리를 동일시해 왔습니다. 그래서 우리는 삶에서 육체적 · 정서적 고통을 제거할 수 있고, 그래야만 한다고 배웁니다. 다양한 광고나 자기계발서 또는 '전문가'들은 우리를 괴롭거나 불편하게 만드는 모든 것을 제거하는 새로운 방법들에 대한 끊임없는 메시지를 줍니다. 그리고 고통을 없애는 산업pain-killing industry(심리 및 신체적 고통 모두)은 수십억 달러 규모 수준이며, 무서운 속도로 확장하고 있습니다(Bastian, 2018).

그럼에도 불구하고 스페인의 옛 속담에는 "사랑이 있는 곳에 고통이 있다"라는 말이 있습니다. 사랑해 본 적이 있는 사람, 누군가 또는 무언가에 깊은 관심을 가져본 적이 있는 사람은 누구나 상처받지 않고 자신의 마음을 쏟을 수 없다는 것을 알고 있습니다. 가치는 우리 마음속 가장 깊은 곳에 존재하며, 가치가 있는 곳에는 고통도 존재한다는 것은 당연한 이치입니다다. 따라서 가치와 고통은 동전의 양면처럼 서로 불가분의 관계에 있습니다.

선택을 위해서는 대가를 알아야 한다

고통과 가치가 동전의 양면일 때, 우리가 고통에서 벗어나기 위한 쪽으로 방향을 정하는 것은 가치를 외면하는 것일 수도 있습니다. 하지만 내담자들은 종종 그들이 지불하는 대가cost에 대해 잘 모르고 있습니다. 자유롭게 선택할 수 있다는 것은 자신이 선택할 수 있는 선택지의 대가를 알고 있다는 것을 의미합니다. 따라서 가치 작업의 핵심은 내담자가 가치를 위해 무엇을 선택하고 있는지 더 잘 알 수 있도록 돕는 것이며, 이와 마찬가지로 중요한 것은 그들이 가치를 위해 무엇을 선택하지 않고 있는지에 대해서도 아는 것입니다.

내담자들이 고통을 외면하는 데 드는 숨겨진 대가에 접촉할 수 있도록 돕기 위해 할 수 있는 한 가지 질문은 "고통스럽지 않기 위해 신경 쓰지 말아야 할 것이 무엇이 있나요?"라는 것입니다. 이와 같은 질문을 할 때 고통과 가치의 연관성이 분명하게 드러납니다. 예를 들어, 사랑하는 이의 죽음으로 슬픔에 빠져 있는 사람은 상실의 고통을 느끼지 않기 위해 사랑하는 사람에게 신경 쓰지 않으려는 모습을 종종 보입니다. 하지만 선택에 대한 감각이 강조되면 고통을 감내할 수 있고, 심지어 이를 사랑의 행위로 기꺼이 받아들일 수 있습니다.

그러나 고통의 감소에 가치를 두는 것의 진정한 대가를 밝혀내는 것은 다른 경우에는 덜 명확할 수 있습니다. 예컨대, 사회불안을 겪고 있는 내담자는 불안의 고통이 사라지면 더 이상 '완벽해야 하는 것' 또는 '실수하면 안 되는 것'에 대해 더 이상 신경 쓰지 않게 될 것이라고 느낄 수 있습니다. 이러한 반응은 아마도 여전히 회피와 관련이 있을 가능성이 큽니다. 이런 경우에는 계속해서 깊이 파고들어야 할 필요가 있습니다. 이 경우 "불안이 사라지기 위해서는 어떤 행동을 포기해야 하는가?" 또는 "불안을 더 이상 느끼고 싶지 않다면 어떤 관계를 놓아주어야 하는가?" 등의 질문을 통해 회피하고자 하는 고통과 연결된 잠재적 가치를 발굴해 낼 수 있습니다. 이와 같은 방식으로 더 깊이 들어가면서 내담자는 불안의 고통을 연결이나 소속감 관련 가치들과 불가분의 관계에 있는 것으로 보게 될 수 있습니다. 따라서 불안을 떨쳐 버리기 위해서는 이러한 가치들도 버려야 하는 것입니다. 이러한 대가를 알아가면서 우리는 고통을 선택하는 감각을 갖게 됩니다. 이를 통해 우리는 내담자들이 고통 속에서 가장 중요하게 선택할 수 있는 것과 접촉하도록 돕고, 이로써 어려운 상황에서 새로운 사고방식과 행동에 대한 가능성을 열어 줍니다.

도구: 동전의 양면/사진

고통과 가치의 관계를 탐색하는 한 가지 방법은 실제로 '동전'(보통 메모지나 종이 한 장으로)을 만들어 보는 것입니다[동전의 양면 메타포]. 이 연습을 통해 내담자는 자신에게 중요하다고 확인된 가치를 선택하여 '동전'의 한 면에 쓰게 됩니다. 그런 다음 내담자가 그 가치를 실현하는 과정에서 고통스러운 생각, 감정, 경험들이 종종 떠오르는지 성찰하도록 합니다. 그리고 그 고통스러운 경험들은 동전 카드의 반대쪽에 씁니다. 치료자는 내담자가 '동전'을 보며 성찰하거나 그것에 대해 큰 소리로 이야기하면서 상호작용하도록 이끄는 동시에 떠오르는 고통스러운 생각, 감정, 감각 또는 기억들을 알아차리도록 합니다. 이와 같은 연습을 통해 내담자들은 그 가치와 관련하여 발생하는 고통을 더 잘 수용하게 되며, 그 결과 선택에 대한 감각이 개방됩니다. 동전으로 해 보는 이번 연습의 방법은 http://www.newharbinger.com/43218에서 찾아볼 수 있습니다.

동전 연습에서 개인적인 사진이나 이미지들을 활용하는 것은 내담자에게 더 적합하고 좋은 기억들을 떠오르게 만들 수 있습니다. 이를 위해 내담자가 아끼는 어떤 물건이나 소중한 사람의 사진을 가져오도록 할 수 있는데, 이것들은 또한 일부 고통과 정서적 어려움을 지닌 것들이기도 합니다. 만약 자신이 아끼는 모든 것들과 단절되었다고 보고하는 내담자와 함께 작업한다면, 대안적으로 내담자가 한때 소중하게 여겼지만 지금은 단절되었다고 느끼는 것의 사진이나 이미지를 가져오도록 해 볼 수 있습니다. 그 사진은 내담자의 자녀, 배우자 또는 다른 사랑하는 사람들, 자신의 어린 시절 사진일 수도 있고 자연 또는 영성과 같은 가치 영역을 표현한 것일 수 있습니다. 이번 연습의 경우 동전이 아닌 사진을 사용하지만, 기본적으로 연습 내용은 동일하게 진행됩니다. http://www.nerharbinger.com/43218에서는 이번 연습에서 사진이 어떻게 활용되는지 보여 주는 임상용 삽화를 찾아볼 수 있습니다.

기꺼이 취약성 마주하기를 통해 고통 속 가치 찾기

살아 있다는 것은 우리가 고통받을 것이라는 점을 의미합니다. 불교 신자들은 이에 대해 분명하게 깨달았습니다! 그리고 우리가 무언가를 더 소중히 여길수록, 우리는 더 많은 고통에 노출됩니다. 즉, 소중히 여기는 것은 취약성을 만들어 냅니다. C. S. 루이스Lewis는 이에 대해 다음과 같은 아름다운 글을 썼습니다.

> 안전한 투자는 없습니다. 무언가를 조금이라도 사랑한다는 것은 취약해진다는 것입니다. 무언가를 사랑하게 되면 마음은 분명 짓눌리게 되고, 아마 상처도 날 것입니다. 마음을 온전하게 지키고 싶다면, 당신은 동물이든 그 누구에게든 마음을 주지 말아야 합니다. 취미와 작은 사치품들로 주의를 돌리고, 모든 복잡한 관계들과의 얽힘을 피하며, 이기심의 관이나 상자에 안전하게 가두어 두어야 합니다. 그러나 안전하지만 어둡고 적막하고 공기가 없는 상자 안에서 당신의 마음은 변하게 될 것입니다. 부서지지 않고, 철옹성 같으며, 구제할 수 없는 상태가 될 것입니다(Lewis, 1960, p. 169).

종종 사람들은 스스로 취약해지지 않기 위해 소중하게 여기는 것으로부터 자신을 차단해 버립니다. 이는 고통스러운 사건과 트라우마에 있어서 이해할 수 있는 정상적인 반응입니다. 그러나 이와 같은 자기-보호에 대한 인식은 간혹 비싼 대가를 치르게 합니다. 마음에 갑옷을 입히고 닫아 버리면 그 결과 삶은 더욱 무의미해지고, 충족감이 덜해지며, 선택지가 제약된 것처럼 보입니다. 대다수의 내담자들이 이러한 상태로 치료자에게 오게 됩니다. 따라서 치료에서는 내담자들이 취약해질 수 있는 공간을 허용하고, 기꺼이 그들 자신을 보호하기 위해 노력했던 정서적 고통에 개방하며, 삶의 의미와 목적과 귀중함을 가져다주는 가치들과 재연결(때로는 처음으로 연결)함으로써 이 과정을 역전시킬 수 있습니다.

가치는 고통을 감내하도록 해 준다

저의 사랑스러운 노견 달라이Dalai와의 삶의 마지막 몇 년간은 엄청난 슬픔과 두려움으로 가득 찼습니다. 저는 이 작은 생명체를 너무나도 사랑했지만, 달라이의 몸이 노쇠해 가는 시간을 함께하는 것은, 남은 시간이 더욱 한정적이라는 것을 끊임없이 제게 상기시켜 주었습니다. 때로는 고통이 저를 압도할 것 같은 강도로 너무 위협적으로 느껴져, 저는 종종 달라이에게서 멀어지더라도 그 고통을 벗어나기 위해 할 수 있는 것은 무엇이든 하고 싶은 충동을 느끼기도 했습니다. 저를 사랑하는 사람들은 제가 고통받는 모습을 보고 "달라이와 함께하는 시간을 즐기면 된다" 또는 "달라이는 지금 아직 떠나지 않았으니 그 사실이 행복하다는 것에 집중하자"와 같은 선의의 말을 해 주곤 했습니다. 하지만 불행히도 이러한 방법들은 달라이가 여기 있어 행복하다는 것과 제가 느끼는 두려움, 슬픔, 불안, 때로는 분노 사이의 거대한 불일치를 강조하는 결과로 이어졌고, 이는 훨씬 더 고통스러운 생각과 감정을 불러일으켰습니다. 결국 제 고통을 변화시킨 것은 그 고통을 저의 삶에서 가장 의미 있는 것에 대한 신호로 보기 시작했을 때였습니다. 다시 말해 죽어가는 달라이를 포함한 제 삶의 사람들을 위해 헌신하고, 변함없는 태도를 갖고, 전념하는 것이었습니다. 저에게 많은 것을 준 사랑스러운 이 강아지에게 해 줄 수 있는 마지막 사랑의 행위 중 한 가지는 내 고통을 외면하지 않고 기꺼이 마주하며 경험하는 것이었습니다. 이 괴로움으로 돌아가는 것은 나가오는 상실의 고통으로부터 완전히 보호받지 못한 채 극도로 취약해질 수 있다는 것을 의미했습니다. 하지만 그 감정을 받아들이는 것은 필연적으로 마주하게 될 이별을 그저 기다리는 것이 아니라, 제가 어떤 사람이 되고 싶은지 상기시키는 데 도움이 되었고, 우리가 함께했던 그 시간에 대한 목적과 방향성을 제공해 주었습니다. 그래서 가치는 제가 고통을 감내할 수 있도록 해 주었습니다.

가치와 연결하기 위해 기꺼이 취약성을 마주하는 것은 내담자가 평소 회피하는 고통스러운 감정을 느끼게 탐색하고, 머무는 것을 필요로 합니다. 우리는 내담자에게 부서지는 파도의 고통에 맞서기보다 그 파도 속으로 뛰어드는 방법을 가르칩니다. 그렇게 되면 고통은 우리가 회피하거나 영향력을 줄이려고 하거나 또는 억지로 참아야 하는 것이 아니라, 우리가 소중히 여기는 무언가와 연결되어 있기 때문에 명예와 가치를 지닌 대상으로 변모하게 됩니다. 내담자와 함께 이 작업을 수행하는 한 가지 방법은 소위 '최악의 순간'을 탐색하는 것입니다.

도구: 최악의 순간을 탐색하기

제4장에서 설명한 '최고의 순간' 연습은 주로 '달콤하거나' 애정 어린tender 기억을 탐색하는 데 의존합니다. 때로 후회나 상실감과 같은 고통스러운 감정들이 연습 중에 나타날 수도 있지만, 주된 초점은 부드러움, 연결, 기쁨, 온전함, 만족과 관련된 개인 삶의 한 시점과 접촉함으로써 가치를 탐구하는 것입니다. 상대적으로 '달콤한' 영역을 개방적으로 탐색하고 기꺼이 취약성을 마주하는 것이 요점입니다. 하지만 고통이 우리에게 중요한 무언가를 알려 준다면, 우리가 갈망, 후회, 고립감 또는 두려움을 느꼈던 때와 같은 고통스러운 경험을 탐색할 때, 개방적이고 취약성을 기꺼이 마주하는 자세를 갖는 것도 중요합니다. 따라서 최고의 순간 연습에서 사용한 것과 같은 기본 전략 중 일부를 활용해서 '최악의 순간'의 기억을 탐색해 볼 것이며, 이러한 기억은 좀 더 고통스럽습니다.

최악의 순간 연습에 대한 설명. 이 연습은 몇 가지 변경 사항만 있을 뿐 제4장에서의 '최고의 순간' 활동과 동일한 지침을 따를 수 있습니다. 최고의 순간 연습과 마찬가지로 먼저 치료자와 내담자가 탐색할 가치 영역을 선택합니다. 그런 다음 제4장에서 설명한 것과 동일한 유형의 시각화 과정으로 내담자를 이끕니다. 그러나 최고의 순간 대신 상실이나 패배, 무망감이 느껴진 시간, 또는 운동으로 인한 부상 등과 같이 자신이 집중하고 있는 영역과 관련하여 고통스러운 사건이 발생한 특정 시점을 떠올리도록 합니다. 다행스럽게도 치료자는 이미 내담자와 깊게 연관된 경험에 대해 이미 알고 있을 것이고(경험에 대한 감각을 지니고 있을 것이며), 그 기분과 관련된 시간에 대해 내담자에게 구체적으로 묻게 됩니다. 예를 들어, 다음과 같이 말해 볼 수 있습니다.

치료자: 고립감/공허감/슬픔/수치심이 느껴졌던 구체적인 시점의 기억을 떠올려 보세요. 반드시 당신이 그 느낌을 가장 강렬하게 경험했던 시간일 필요는 없지만, 생생한 기억을 지닌 단 한 번의 특정한 시점일 수 있습니다.

그 지점에서 내담자가 무엇을 하고 있는지 또는 무엇을 하고 있지 않은지, 그 순간 그들이 무엇을 보고 느끼는지 살펴보면서 최고의 순간 기억에서 하듯이 그 장면을 탐색해 볼 수 있습니다. 하지만 고통은 이러한 최악의 순간 기억에서 지배적인 존재이기 때문에 치료자는 내담자로 하여금 이와 동시에 존재할 수 있는 가치의 신호를 찾도록 명시적으로 안내해야 합니다. 다음과 같은 질문을 통해 이 작업을 수행해 볼 수 있습니다.

- 그 장면 속에서, 당신에게 중요한 것을 알아차리고 있나요?
- 이 고통 속에서 스스로 무엇을 갈망하는지 알아차리고 있나요?

관점의 변화를 촉진하는 것도 도움이 됩니다. 예컨대, 최고의 순간 연습 지침에는 내담자가 '관찰자 자기'의 관점에서 장면을 바라볼 수 있도록 도와주는 방법들이 포함되어 있습니다. 이와 같은 관찰자 자기의 관점에서 내담자에게 다음과 같은 최악의 순간들도 관찰해 보도록 요청해 볼 수 있습니다.

- 이 고통스러운 순간에 있는 자신을 지켜보면서 당신은 그녀/그/그들에게 무엇을 원하나요?
- 만약 그 고통스러운 상황에 있는 당신에게 무언가 하거나 말하도록 상상할 수 있다면, 그것은 무엇일까요?

이러한 질문들은 모두 내담자가 고통에 가려질 수 있는 잠재적 가치를 알아차릴 수 있도록 설계되었습니다.

내담자가 아픈 기억이나 이미지를 개방적으로 탐색할 수 있도록 도와주면서 고통에 대한 취약성을 기꺼이 마주하도록 해 줄 수 있습니다. 내담자를 최악의 순간 기억 속 고통에 기꺼이 취약해지도록 만듦으로써 내담자는 그 고통의 깊은 곳에 묻혀있는 가치를 탐색하고 접촉할 수 있습니다.

고통 속에서 생명력 찾기

앞서 언급했던 바와 같이 가치는 고통을 감내하도록 해 줍니다. 하지만 고통과 가치의 관계는 일방적인 관계가 아닙니다. 고통은 단지 원치 않는 것이 아니라 우리의 가치 여정에 항상 존재하는 것이며, 무언가에 기여합니다. 그리고 고통은 필수적입니다. 연구에 따르면 괴로움과 고통은 집단의 협동을 증진시키고(Bastian, Jetten, & Ferris, 2014), 자기-효능감self-efficacy과 자비심compassion을 향상시키며(Joseph, Linley, & Harris, 2004), 타인의 공감적인 반응을 촉진하는 등 많은 적응적인 기능을 수행한다는 것이 밝혀졌습니다(Hadjistavropoulos et al., 2011). 사회심리학자 브록 바스티안Brock Bastian은 "고통pain과 괴로움suffering은 행복과 상반되거나 단순히 부수적인 것이 아닙니다. 그것들은 행복에 필수적입니다"라고 언급하기도 했습니다(Bastian, 2018, p. ix). 즉, 어둠이 없다면 빛을 가질 수도 없는 것입니다.

칼릴 지브란Kahlil Gibran은 '고통에 대하여'라는 시에서 다음과 같이 표현했습니다.

> 당신의 고통은 당신의 이해와 깨달음을 막고 있던 단단한 껍질이 깨지는 것이다.
>
> 마치 돌처럼 단단한 열매의 씨앗, 그 속의 심상이 빛을 보기 위해서는 껍질을 깨야 하듯,
>
> 당신도 고통을 통한 진정한 이해에 도달하기 위해 고통을 알아야 한다.

투쟁 속에 의미와 목적이 있다

고통이 행동과 사건에 목적과 의미를 부여하는 데 도움이 될 수 있다는 증거가 있습니다(Bastian, Jetten, Hornsey, & Leknes, 2014; Liu, Liu, & Elliott, 2010). 사람들이 단지 경치 때문에 에베레스트에 오르는 것은 아닙니다. 헬리콥터가 당신을 정상에 내려다 주어 셀카를 찍게 해 준다고 해도 그것은 에베레스트에 직접 오른 것과는 다릅니다. 사람들이 그 경험에서 의미 있게 생각하는 것 중 한 가지는 등반 과정에서 필요한 고통과 투쟁입니다. 출산, 어렵게 얻은 학위 취득, 사랑하는 이의 죽음의 과정을 함께하는 것과 같이 사람들에게 있어 매우 의미 있는 사건 중 한 가지를 고려해 볼 수 있습니다. 그 고통과 투쟁은 이러한 사건들의 본질적인 부분입니다.

현존의 고통 vs. 부재의 고통을 이용하여 가치 탐색을 안내하기

우리가 삶에서 어떠한 길을 택하든지 간에 고통은 그 여정의 일부가 될 것입니다. 그러나 현존의 고통과 부재의 고통이 모두 같은 것은 아닙니다(Hayes, 2005). 현존의 고통pain of presence은 의미와 목적 있는 삶을 살아가면서 나타나는 일종의 고통입니다. 여기에는 사랑하는 사람의 죽음 또는 어떠한 이유로 그들이 당신을 떠났을 때 느껴지는 상실감이나 슬픔이 해당되며, 새로운 연습을 시도할 때 필연적으로 뒤따르는 실패, 또는 당신이 성장하기 위해 안정적인 영역 밖으로 나아갈

때 느끼는 두려움 등이 포함됩니다. 이와 대조적으로 부재의 고통pain of absence은 경험회피에 사로잡혀 가치 밖에서 많은 시간을 보낼 때 느끼는 고통입니다. 이는 종종 공허감, 무의미, 후회 또는 방향 감각의 상실을 포함합니다.

현존의 고통은 삶이나 생명력의 감각, 눈에 띌 만한 에너지를 가지고 있습니다. 이와 달리 부재의 고통은 종종 더 죽은 듯하고, 생명력이 없고, 부재하거나 상실된 특성을 지닙니다. 만일 내담자들이 이 두 가지 유형의 고통을 구별하는 법을 배운다면, 현존의 고통은 피해야 할 존재가 아니라, 내담자를 목적과 의미 있는 삶으로 인도하는 등불로 변화될 수 있습니다. 이와 반대로 내담자는 부재의 고통을 통해 자신의 삶에서 무엇이 부족한지 또는 무엇을 변화시켜야 하는지에 대해 배울 수 있습니다.

아래 내용에서는 현존의 고통과 부재의 고통 개념에 관하여 내담자와 어떻게 대화를 할 수 있는지 예시를 보여 줍니다.

임상 사례

치료자: 만약 우리의 삶의 방식이 당신이 고통을 받을지 말지를 선택하는 것이 아니라, 당신이 겪을 고통의 종류를 선택하는 것이라면 어떨까요? 여기 두 가지 종류의 고통이 있습니다. 첫 번째 유형은 현존의 고통이라고 합니다. 이것은 당신이 가치를 따라 잘 살고 있을 때 느끼는 고통이에요. **(다음은 몇 가지 일반적인 예이지만, 이상적으로는 내담자의 삶에서 예시를 사용하는 것이 좋습니다)** 일이 잘 풀리지 않을 때 느끼는 실망감이나 친한 사람이 배신을 했을 때 느끼는 상처가 여기 해당돼요. 또한 당신이 친구에게 진심으로 마음을 열었지만 그가 떠나갔을 때 느끼는 상실감이기도 합니다. 그뿐 아니라, 당신이 새로운 방식으로 나아가고자 시도할 때 경험하는 피할 수 없는 실패의 감정이기도 하죠. 이런 현존의 고통은 자신의 가치대로 살고자 선택할 때 발생합니다. 의미와 목적을 가진 삶을 사는 데 필연적인 부분이기도 해요.

하지만 또 다른 유형의 고통인 부재의 고통도 있습니다. 부재의 고통은 보통 고통을 느끼지 않는 것을 지향하며 살아갈 때 발생해요. 고통을 느끼지 않고 사는 삶은 당신

> 의 가치로 인도하지 않는 삶이기도 합니다. 하지만 그 삶 역시 고통을 수반해요. **(다시 말하지만, 내담자의 삶에서 사례를 선택하는 것이 이상적입니다.)** 부재의 고통은 당신의 삶이 다음 해결책을 찾고자 마치 햄스터의 쳇바퀴 속에 있는 것 같이 느껴지는 무의미함이기도 하고, 당신이 가족에게 마음을 닫고 있을 때 느끼는 단절감이기도 해요. 누군가와 진정으로 관계 맺는 것을 포기하는 것에서 발견되는 무망감일 수도 있고요. 만약 당신이 삶에서 할 수 있는 유일한 선택이 고통을 겪을지 말지 여부가 아니라, 부재의 고통과 현존의 고통 중 하나라면 어떨까요? 만약 당신이 이에 대해 개방적인 태도를 갖고 있다면, 당신이 그동안 어떤 고통을 선택해 왔는지 탐색해 보는 것이 도움이 될 것 같네요.

일단 내담자가 이와 같은 두 가지 유형의 고통에 대한 감을 얻으면, 치료자는 고통이 그들의 일상, 관계, 또는 삶의 방식에 있어 무엇이 중요하고 의미 있는지에 관해 알려 줄 수 있는 생명력 있는 관점을 탐색해 보도록 도울 수 있습니다. 만약 그 고통이 생명력 없는 특징을 갖고 있다면, 당신은 내담자와 함께 그 고통을 탐색하면서 무엇을 놓치고 있는지, 무엇을 갈망하고 있는지, 또는 그 고통이 삶에서 무엇이 중요하다고 말하고 있는지를 확인할 수 있습니다.

현재의 가치를 찾기 위해 고통에 머무르기

대부분의 내담자들은 고통 속에서 우리를 찾아옵니다. 때때로 그 고통은 명확합니다. 어쩌면 세상에는 그들의 정체성과 안정감을 뒤흔드는 죽음이나 트라우마 사건, 혹은 다른 무언가가 있는지도 모릅니다. 정서적 고통은 이러한 삶의 사건들을 직면한 사람들과 함께할 때 주로 중심이 됩니다. 또한 고통은 단순히 가치에 대한 대화만으로도 자연스럽게 나타납니다. 저는 간혹 내담자들에게 치료실에 마법의 눈물 소파가 있다고 농담처럼 말합니다. 그저 앉기만 하면 눈물이 흐르기 시작한다고요. 고통과 가치는 매우 얽혀 있어서 내담자와 나누는 가치에 대한 대화를 통해 고통이 자연스럽게 드러나는 경우가 많습니다.

하지만 때때로 내담자들은 경험회피가 너무 효과적이어서 거의 고통을 느끼지 못하기도 합니다. 하지만 문제는 경험회피가 우리를 상당히 둔감하게 만드는 도구라는 점입니다. 따라서 몇몇 감정emotion들을 성공적으로 둔감화시키는 것은 다른 감정들도 마찬가지로 무감각하게 만드는 경향이 있습니다(Durso, Luttrell, & Way, 2015). 이러한 현상을 임상 장면에서는 감정적으로 단조롭거나flat 감정표현이 불능한alexithymic 사람들에게서 찾아볼 수 있습니다. 이들은 경험회피의 대가과 접촉하지 못했을 수 있고, 그 결과 무엇이 가장 의미 있고 보상이 되는지 파악하는 데 도움 되는 감정과의 접촉도 잃었을 수 있습니다. 그들은 큰 고통을 느끼지 않을 뿐만 아니라, 삶에서의 충족감, 충만함, 생명력 있는 삶vital life, 기쁨, 의미, 연결감과 같은 다른 감정들도 느끼지 못합니다.

어떤 사람들에게는 삶이 감정을 꽁꽁 감싼 상태로 표현하지 못하게 만들기도 합니다. 이와 같이 정서적으로 과잉 통제된 내담자들은 치료에서 탐색하기 유용한 고통을 실제 경험하고 있지만, 그 고통을 표현하는 데에는 매우 큰 어려움을 보입니다. 앞서 언급한 바와 같이 감정은 동기부여와 의사소통의 기능을 동시에 수행합니다. 따라서 내담자가 고통감을 포함하여 다양한 감정들을 표현할 수 없다면, 내담자와 치료자 간(내담자의 삶이나 내담자 자신 안에서도) 의사소통의 통로는 닫히게 됩니다. 따라서 이러한 내담자들이 자신의 여러 가지 감정을 충분히 표현하고 접근할 수 있도록 도와줌으로써 개인 간 및 개인 내 의사소통의 길을 활짝 열어 줄 수 있습니다.

내담자가 고통에 접근하지 못한다면, 가치-중심 치료자가 가장 첫 번째로 해야 하는 것은 현재 공간에 고통이 머물도록 하는 것입니다. ACT(Hayes, Strosahl, & Wilson, 2012)와 기능분석치료(FAP; Kohlenberg & Tsai, 1991)[1], 정서초점치료(EFT;

1) 기능분석치료(Functional Analytic Psychotherapy: FAP): 내담자의 변화를 극대화하기 위한 수단으로 치료 관계에 초점을 맞춘 임상행동분석(CBA)을 기반으로 하는 심리치료 접근 방식(역자 주).

Greenberg, 2015)[2]와 같은 경험적 치료 기법들은 현재 공간에 머무는 감정들을 매우 강조하며, 감정을 유발하고 활용합니다. 이러한 치료 기법들과 여타 치료 기법들이 상담실에서 감정을 불러일으키는 다양한 방법들에 대해 논의하는 것은 이 책의 범위를 벗어나는 내용이므로, 다음으로는 치료자가 현재 공간에 있는 내담자의 정서적 고통을 활용하는 데 사용해 볼 수 있는 가치-중심적인 도구들을 제시하고자 합니다.

도구: 경건한 추도사

경건한 추도사 연습은 자신의 가치와 단절된 삶을 살아가는 데 따르는 고통스러운 결과를 현재의 순간으로 가져올 수 있는 도구입니다. 이 연습은 좀 더 표준화된 추도사standard eulogy 또는 팔순잔치80th birthday 연습의 변형이며(Hayes, Strosahl, & Wilson, 2012), 대본은 웹 사이트에서 찾아볼 수 있습니다(http://www.newharbinger.com/43218). 경건한 추도사 연습은 만약 내담자가 오늘 죽게 된다면 어떤 일이 벌어질지를 중점적으로 다루며, 평소 내담자를 잘 아는 사람들의 관점에서 내담자의 삶을 조망하도록 돕고, 이를 통해 그들의 행동이나 가치 있게 여겨 온 것들에 대한 조망 수용을 용이하게 합니다.

경건한 추도사 연습은 종종 내담자가 현재 가치 있게 여기는 것을 기반으로 상상할 수 있는 미래를 현재로 가져오며, 우리가 가치 작업을 통해 찾는 현재 순간의 질적 특성을 구현합니다. 우리가 진정으로 소중히 여기는 쪽으로 방향을 전환한다는 것은, 우리가 소중히 여기기로 선택한 것과 그동안 우리가 행동하거나 행동하지 않음으로써 소중히 여겨 왔던 것 사이의 간극을 고려할 때 발생하는 고통스러운 감정들(예컨대, 후회, 수치심, 죄책감, 상실감, 슬픔)에 직면하는 것을 의미합니다. 내담자가 가치 있게 여겨온 것과 관련된 고통스러운 감정에 접촉하도록 돕는

2) 정서초점치료(Emotionally Focused Therapy: EFT): 인간의 문제형성 및 해결의 핵심 요소로 정서를 인정하고, 내담자의 정서에 초점을 맞추고 일차정서를 경험하도록 하여 정서의 적응적 기능을 살려 인간의 문제해결 및 자기실현을 도와주는 상담 접근법(역자 주).

것은 내담자로 하여금 너무 늦기 전에 자신의 삶에서 지향하고 싶은 것에 대한 대안을 더욱 완전하게 탐색할 수 있는 기회를 제공합니다.

이 연습의 주된 목적은 내담자가 행동을 통해 현재 가치를 두는 것과 그들이 실제로 가장 가치를 두고자 하는 것 사이의 차이를 강조하는 것이기 때문에, 특히 이 연습은 가치와 단절되어 있거나 자신의 행동이 가져오는 대가와의 연결이 끊어져 있고, 감정에 무감각해진 내담자들에게 유용하게 사용할 수 있습니다. 저는 특히 내담자와 관계 가치에 대해 다루거나, 내담자가 삶에서 중요한 사람들에게 있어 본인이 어떤 존재가 되고 싶은지에 대해 이야기를 나눌 때 활용하는 것을 선호합니다.

경건한 추도사 연습에 대한 설명. 다음은 한 회기 내에서 내담자와 하는 연습에 대한 지침입니다. 하지만 이 연습은 내담자가 회기 외 시간에 수행하도록 과제로 내줄 수도 있습니다. 내담자에게 과제로 제공하는 표준화된 추도사 및 경건한 추도사 연습 기록지는 http://www.newharbinger.com/43218에서 찾을 수 있습니다.

1단계: 연습 소개하고 동의 얻기 일부 내담자들에게 있어서 이 연습은 강렬한 경험이 될 수 있기 때문에 먼저 동의를 얻고, 강렬한 경험을 할 수 있다는 잠재적인 발판을 마련해 두는 것이 중요합니다.

치료자: 사람들은 사랑하는 사람을 잃거나 위협적인 사건을 경험하고, 현저한 손실이나 심각한 질병을 겪은 후 일반적으로 삶에 있어서 두 번째 기회를 얻는 경험을 하게 됩니다. 이러한 종류의 사건들은 우리에게 인생에서 정말로 중요한 것이 무엇인지 생각하도록 해 줄 수 있습니다. 즉, 인생에서 고통스러운 경험은 때로 우리에게 최고의 스승이 되지요. 저는 당신이 이 세상에서 보낸 시간이 어땠는지 되돌아보는 방법 중 하나로 자신의 장례식에 참석한 장면을 상상해 보는 연습을 제안하고 싶습니다. 당신에게 있어서 중요한 것이 무엇인지 탐색해 보는 이 방법에 관심이 있나요? **(동의**

를 받았다면 계속합니다.)

2단계: 내담자를 현재로 데려와 장면을 상상하도록 돕기

치료자: 사람들은 이 연습에 대해 매우 다양한 종류의 경험들을 느낄 수 있습니다. 어떤 사람들에게는 감정을 불러일으킬 수도 있지만 다른 사람들에게는 그렇지 않을 수도 있습니다. 그리고 어떤 사람들은 이 연습을 통해 흥미롭거나 놀라운 것이 떠오른다고 하며, 어떤 이들은 이 연습이 때로 그들이 오랫동안 알고 지내던 것과 접촉하는 것을 돕는다고 느낍니다. 어떤 경험이든 좋습니다. 당신에게 어떤 일이 일어나는지 지켜봅시다.

만약 기꺼이 해 볼 수 있다면 눈을 지그시 감을 수도 있고, 바닥의 한 지점을 응시해 볼 수도 있습니다. **(호흡이나 오감을 알아차리는 것과 같은 간단한 작업을 통해 중심으로 이끌어 주세요.)** 오늘 밤 당신이 잠들어 있는 동안 어떤 운명의 장난으로 세상을 떠난다고 상상해 보세요. 그리고 당신의 삶 속에 있는 사람들이 장례식을 준비하죠. 당신은 영혼을 통해 장례식에 참석할 수가 있고요. 그곳에 소리 소문 없이 가서 사람들의 눈에 띄지 않고 그 상황이 어떻게 진행되는지 지켜볼 수 있어요. 이제 당신이 하고 싶은 일을 더 이상 할 시간도 없고, 저지른 실수를 만회할 시간도, 후회되는 일을 시정할 시간도 없이 삶의 끝자락에 이르렀다고 상상하면서 당신이 겪고 있는 반응에 대한 감각을 느낄 시간을 가져보세요. 어떤 것이 나타나든 알아차려 보세요. **(길게 멈추는 시간을 가집니다.)**

당신과 지내 온 삶을 기억하기 위해 장례식에 모인 사람들을 당신이 지켜보고, 듣고 있습니다. 당신의 친구, 자녀, 배우자, 동료 그리고 부모**(치료자가 내담자의 과거력에 대해 알고 있는 내용을 바탕으로 그곳에 있을 법한 사람들에 대해 나열합니다.)**가 모두 그곳에 있습니다. 당신의 마음속 눈을 통해 그 공간에 있는 것이 어떤 느낌인지 상상해 보세요. 그 공간에서 어떤 냄새가 나는지, 귀에 들리는 여러 가지 소리, 그리고 그곳이 얼마나 밝은지도 알아차려 봅니다. **(잠시 멈춥니다.)**

장례식처럼 누군가 일어나 추도사를 합니다. 당신의 삶에 대해 가장 먼저 말하고 싶어 하는 사람이 누구일지 잠시 상상해 보세요. 특정한 사람을 떠올려 보세요. 그 사람은 당신이 원하는 사람일 수도 있고, 심지어 이미 죽은 사람일 수도 있고, 당신이 아직 만나지 못한 사람일 수도 있습니다. 나의 삶에 대해 추도사를 해 줄 사람으로 당신이 누구를 원하는지 상상해 보세요. **(치료자는 내담자에 대해 알고 있는 정보를 바탕으로 특정한 사람을 제안해 볼 수 있습니다. 그런 뒤 잠시 멈추고 그 사람을 상상할 시간을 줍니다.)**

3단계: 특정 누군가가 어떻게 생각하고 말할지 상상하기

치료자: 이제 당신이 상상한 그 사람이 추도사를 하기 위해 일어났다고 상상해 보세요. 하지만 이 장례식에는 다른 점이 있습니다. 장례식 동안 모든 사람들은 매우 솔직합니다. 그래서 사람들은 단지 존경심 때문에 듣기 좋은 말을 하지 않습니다. 그들은 진정으로 당신이 삶에서 가장 중요하게 생각한 것에 대해 정확하게 기억해 내려고 노력합니다. 자, 여기 당신이 지금까지 살아왔던 삶을 되돌아보고, 최선을 다해 당신의 행동이 무엇에 도움이 되었는지 정확하고 정직하게 설명해 줄 사람이 있습니다. 지금까지 당신이 행동으로 보여 주었던 중요한 것들에 대해 그들이 언급하는 시간을 잠시 가져 보세요. **(내담자가 상상할 수 있는 시간을 주기 위해 30초 정도 기다립니다. 만약 효과가 더 있을 것 같다면, 내담자에게 눈을 뜨고 그 사람이 말할 거라고 생각하는 내용을 종이에 써보라고 할 수도 있습니다.)**

이 사람이 정말 솔직하다면, 당신이 그들과 어떻게 관계를 맺어 왔는지 그리고 당신이 그들에게 어떤 영향을 미쳤는지에 대해 무엇이라 말할지 생각해 보는 시간을 가져봅시다. 당신이 그들과 어떻게 지내왔는지 그들이 정직하고 솔직하게 말하도록 해 보세요. 아마도 당신이 그들을 실망시켰거나 상처를 주었던 내용들까지 말할 수 있습니다. 그들의 입에서 실제로 그런 말들이 나오는 것을 들을 수 있는지 확인해 보세요. 제가 상상해 볼 수 있는 시간을 좀 더 드릴게요. **(잠시 멈추고 내담자가 그 사람이 무슨 말을 하길 바라는지 상상해 보는 시간을 가집니다.)**

지금까지 살아온 당신의 삶에 대해 말해 보는 것이 어떤 느낌인지, 그리고 이 사람에게 어떤 영향을 미쳤는지를 알아차려 보세요. 그리고 당신의 몸에 어떤 감정이나 감각이 느껴지는지 관찰해 보세요. 머릿속에 드는 모든 생각도 알아차리세요.

4단계: 추도사를 하는 사람들을 추가적으로 상상해 보기

치료자: 이제 또 다른 사람이 자리에서 일어났다고 상상해 보세요. **(내담자에 대해 알고 있는 정보를 바탕으로 내담자의 관계를 탐색하는 데 있어 중요한 몇몇 사람들을 지정합니다.)** 그다음 사람이 일어나 무대 위로 가서 당신이 살아온 삶, 그리고 당신이 행동을 통해 중요하게 만들어 온 것, 이 세상이나 그들과의 관계에서 당신이 무엇을 지지하고 의미를 두고자 했는지에 대해 말하는 것을 상상해 보세요. 다시 말하지만, 이 사람들은 개개인의 관점에서 당신이 무엇을 가장 중요하게 여겨 왔으며, 지금까지 인생의 대부분의 에너지를 어떤 것에 많이 사용했는지에 대해 매우 정직하게 평가합니다.

(5단계로 넘어가기 전에 3단계를 반복하여 이러한 작업을 총 3명에 대해 실행합니다.)

5단계: 과정 정리 내담자가 부드럽게 치료실로 돌아와 연습 내용에 대해 경과를 보고할 수 있도록 시간을 가집니다. 이야기를 하는 동안 내담자가 이 연습을 통해 알아차리고 경험한 것을 탐색하도록 돕습니다. 과정을 정리하면서 네 가지 질적 특성(자유로운 선택, 기꺼이 취약성 마주하기, 생명력 있는 대화, 현재 순간에 초점 맞추기)을 찾아보고, 그 특징들이 있을 때에는 그것들을 기반으로 하고, 없을 때에는 그것들을 불러일으키기 위해 노력합니다. 그리고 아래 내용과 같이 질문해 볼 수 있습니다.

- 추도사를 하는 사람 중 누가 당신의 눈에 띄었나요? 만약 그렇다면, 그 사람은 누구이고 그 이유는 무엇인가요? 그 사람이 당신에 대해 또는 당신과의 관계에 대해 뭐라고 말했나요?
- 그 사람들이 당신에 대해, 그리고 당신이 살아온 삶과 그들과의 관계에 대해

묘사할 때 어떤 단어들을 사용했나요? 사람들이 당신이 어떻게 살아왔는지를 묘사할 때 사용한 단어들을 되짚어 보면 어떻게 느껴지나요?

- 지금 당신이 '중요하다고 여기고 있는importanting'(새로 지어낸 이 단어는 가치 명료화의 동사적 특징을 강조하는 데 도움이 됩니다.) 것에 시간을 보내는 것과 씨름하는 시간을 보내는 것 간의 차이를 알아차렸나요? 그리고 당신이 살아온 삶에 대해 사람들이 말해 주길 바라는 이상적인 것과 실제로 중요했던 것 간의 차이도 느끼셨나요?

이 연습은 고통감을 포함하여 다양한 감정들을 불러일으킬 수 있습니다. 아마 내담자는 극심한 후회나 수치심을 느낄지도 모릅니다. 하지만 이것은 내담자로 하여금 종종 그들에게 가장 중요한 것과 다시 연결되도록 해 주고, 그에 따라 그들의 삶을 변화시키도록 하는 현재의 고통과 접촉하도록 합니다. 이번에는 내담자에게 어떻게 나타났는지 모를 고통감을 활용하여, 내담자가 가치를 향해 한 걸음을 내딛도록 돕기 위해 연습을 어떻게 마무리할 수 있는지 한 가지 예시를 보고자 합니다.

치료자: 이 연습을 통해 당신이 하게 된 중요한 한 걸음은, 당신이 살고 싶은 삶과 현재 삶 사이의 불일치를 탐색해 보는 거예요. 그것은 결코 쉬운 일은 아니죠. 하지만 그 간극은 변화를 일으킬 수 있는 여지를 만들어 줍니다. 그리고 이는 고통과 가치 모두 삶의 일부가 될 수 있는 공간을 마련해 줘요. 고통스러운 생각과 감정은 방향감을 주고 앞으로 가치 선택을 향해 나아가는 데 도움을 줄 수 있습니다. 당신은 지금 혼란을 느끼고 이것이 무엇을 의미하는지 의아할 수 있습니다. 또한 당신은 스스로 해낼 수 없거나 어떻게 변화해야 할지 모르는 생각과 감정을 가질 수도 있어요. 지금 시점에서 이는 모두 적절하고 정상적인 반응이에요. 이것은 마음mind으로 이해할 수 있는 것이 아니라, 삶을 살고 선택함으로써 현재 순간에 경험해야 하는 것입니다. 우리는 앞으로 몇 회기 동안 이 문제를 계속 탐구할 거예요. 이 연습을 기꺼이 하는 것만

으로도 당신은 가치를 향해, 그리고 당신이 가장 살고 싶어 하는 삶을 창조해 나가는 데 한 걸음을 내딛는 것입니다.

후속 과제. 이것은 일회적으로만 이루어지는 연습이 아닙니다. 저는 치료 전반에 걸쳐 이 연습으로 자주 되돌아갈 것입니다. 또한 당신의 내담자가 연습을 통해 보여준 것들을 따라가 보는 것이 중요합니다. 당신과 함께 연습한 후에 내담자가 다음 단계에서 스스로 취해 볼 수 있는 몇 가지 아이디어들이 있습니다.

- 사람들이 당신과 당신이 살아온 삶을 묘사하기 위해 추도사에서 사용했던 여러 가지 단어들을 나열해 보세요. 이 단어 목록을 보면서 당신에게 어떤 생각과 감정이 떠오르나요? 이 목록 옆에 당신에게 잘 사는 삶을 묘사할 수 있는 단어들을 몇 개 적어 보세요.
- 장례식에서 추도사를 했던 사람들과 어떤 관계를 맺고 싶은지에 적어 보는 시간을 가지세요. 그들에게 있어 당신은 어떤 사람이 되고 싶고, 그리고 그들이 당신을 어떤 사람으로 알아주기를 바라나요? 그들과 원하는 관계를 맺기 위해 현재 당장 무엇을 시작해야 할까요? 생각나는 아이디어가 현실적이든 아니든 한번 적어 보세요.
- 이 추도사에서 나온 내용을 바탕으로 바라는 변화를 만들어 내기 위해 무엇을 다르게 해 볼 수 있는지, 무엇을 시작해야 하는지, 또는 무엇을 중단해야 하는지에 대해 생각하는 시간을 가져보세요. 그 변화를 만드는 데 방해되는 것이 무엇이라고 생각하나요? 그 삶을 사는 데 있어 미래에 걸림돌이 될 수 있는 것이 무엇이라고 생각하나요?
- 당신이 장례식에서 읽고 싶어 할 만한, 이상적이고 잘 사는 삶을 반영하는 추도사를 자세하게 써 보세요. 그리고 당신이 가장 살고 싶어 하는 삶에 대해 무엇을 말하고 싶은지 가능한 한 상세하게 설명하세요. 당신은 삶에서 무엇을 중요하게 여기고 있었나요? 당신은 어떤 영향을 미쳤나요? 당신에게 무엇

이 중요하고 누가 중요한가요? 무엇이 또는 누가 당신의 삶에서 그다지 중요하지 않았나요? 당신의 삶에서 중요한 사람들에게 어떻게 행동했나요?

경건한 추도사 연습에서 발생할 수 있는 문제해결하기. 이 연습이 효과적이기 위해서는 내담자가 몇 가지 관점 변화에 참여할 수 있어야 하며, 실제로 상상한 미래에 발을 들여놓을 수 있어야 합니다. 미래를 현재로 가져오는 관점의 변화는 본 연습의 현재 순간의 특성에 있어 필수적입니다. 특히, "나는 천하무적이야."라고 생각하는 삶의 단계에 머물러 있는 나이가 어린 내담자의 경우, 자신의 운명과 죽음을 상상하는 것이 어려울 수 있습니다. 마찬가지로 급성이거나 해결되지 않은 슬픔 또는 트라우마를 경험한 사람들은 죽음을 둘러싼 생각에 너무 정신이 팔려 이 연습에 참여하지 못할 수 있습니다. 그리고 또 다른 이들은 감정에 너무 압도되어 참여하지 못할 수 있습니다. 이와 같은 연습을 하는 것이 도움이 될 것으로 생각된다면 학교 졸업식이나 직장의 퇴임식, 그리고 집을 나와 멀리 떠나는 것, 장기 여행과 같은 몇 가지 변형된 형태의 질문들을 내담자에게 해 볼 수 있습니다. 이러한 아이디어는 상실이나 전환의 순간인 중요한 미래 사건으로 내담자를 이끌고 성찰하면서 다른 사람들이 내담자에 대해 어떤 생각을 하거나 느낄지 상상해 보도록 하는 것입니다.

일부 내담자들은 "사람들이 내 추도식에서 상처가 되는 말을 하지 않을 거다"는 생각에 사로잡혀 장례식에서 고통스러운 말을 하는 것을 상상하기 어려워하는 경우도 드물지 않습니다. 이런 경우 치료자는 사람들이 큰 목소리로 말하지 않더라도 실제로 어떤 생각을 하고 있을지 상상해 보라고 내담자에게 요청할 수 있습니다. 또는 남들이 보지 않는 자신만의 일기장에 그들이 무엇을 쓸지 상상해 보도록 할 수도 있습니다. 대안적으로 내담자는 스스로 최선을 다하지 못했을 때(예를 들어, 배우자와 싸우고 난 뒤, 친구에게 불친절하게 대했을 때, 또는 자녀들을 위해 시간을 내어주지 않았을 때 등)를 상상해 볼 수 있습니다. 그런 다음 사랑하는 사람이 그 당시 내담자에 대해 어떤 생각을 하고 있었는지 또는 어떤 느낌을 느꼈는지에 대해 이야기를 나눕니다. 내담자가 경건한 추도사 연습을 어려워할 것 같다면, 방향을 잡기 위해 연습하기 전 이러한 연습을 해 볼 수도 있습니다. 물론 우리들 중 누구도 사랑하는 사람들에 대해 전적으로 좋거나 나쁜 평가를 하지 않습니다. 그러나 경건한 추도사 연습에서는 우리가 종종 생각하는 것을 피하게 되는, 보다 고통스러운 것들 중 몇 가지를 다루어 보고자 합니다. 내담자가 사랑하는 사람들에게서 모든 긍정적인 평가를 받지 못했을 때를 기억하도록 돕는 것은 그들이 이 고통스러운 것들 중 일부와 접촉하도록 도울 수 있습니다.

고통을 통해 가치를 탐색할 때의 함정

고통을 통해 가치를 탐색하는 길을 걷는 것은 쉽지 않습니다. 많이 걸어 보지 않은 길은 대개 평탄하거나 쉬운 길이 아닙니다. 그리고 당신이 고통을 통해 가치를 탐구하는 길에 있기 때문에 조심해야 하는 몇 가지 잠재적인 함정이 있습니다.

고통을 애써 좋게 포장하거나, 고통에서 벗어나 문제해결하기

고통/가치 동전의 '밝은 면'을 너무 빨리 찾으려 하지 않도록 조심해야 합니다. 고통과 연결될 수 있는 가치로 빠르게 이동하는 것은 고통에 완전히 몰두하고 있는 내담자들에게는 비타당화나 진정성 부족으로 느껴질 수 있습니다. 따라서 그들이 고통에 계속 머무르고, 개방하고, 탐색할 수 있도록 해야 합니다. 가치는 그 탐색을 통해 자연스럽게 나타날 것이기 때문입니다.

고통의 가치를 알려 주기 위해 너무 빨리 진행하는 것은 치료자 입장에서도 경험회피의 한 형태가 될 수 있습니다. 이는 내담자에게 고통을 애써 좋게 포장하거나 고통에서 벗어나 문제해결을 하도록 하는 방법이 될 수 있습니다. 따라서 고통과 가치가 함께하는 것을 부정하기보다는 고통과 가치를 연결하는 데 집중하고 있는지 확인해야 합니다.

더 많은 것이 반드시 더 나은 것은 아니다

학습이 발생하기 위해서는 내담자가 현재에 머무르고 개방적인 태도를 유지할 수 있어야만 합니다. 만약 누군가 극단적인 감정으로 너무 혼란스러워하거나 압도적인 위협감에 반응해서 마음의 문을 닫기 시작한다면, 그들은 새로운 것을 배우지 못할 가능성이 높아집니다. 해리 또는 극심한 감정표현 불능증alexithymia을 포함하는 이와 같은 반응은 본질적으로 위험하지 않지만(고통스러운 경험에 대처하기 위해 내담자가 자해 행동과 같이 손상을 주는 전략을 사용할 수 있긴 합니다.) 새로운 학습을 방해할 수 있습니다. 따라서 차단shutting down, 무미건조함flatness 또는 마비numbness가 트라우마 관련 내담자들에게서 나타난 경우, 가치를 명료화하는 과정에서 고통을 불러일으키는 것을 조절하는 것이 필요할 수 있습니다. 예컨대, 고통을 직면한 상황임에도 불구하고 고통에 개방하고 기꺼이 하는 것을 유지할 수 있는 방법을 확인하면서 이러한 시간 동안 그들이 스스로를 안정시키도록 돕는 작업이 필요합니다. 감정을 덜 불러일으키기 위해 연습을 수정해야 할 수도 있습니다. 또한 제4장에서 논의한 사회/관계적 강화요인들과 내담자가 더 많이 접촉하여 스스로를 진정시키도록 하는 것도 도움이 될 수 있습니다. 예로, 치료자인 당신이 내담자에게 안전감 또는 연결감을 주는 자원으로 생각된다면, 연습 중에 내담자 옆에 앉거나 특히 고통을 유발하는 연습 중에 내담자의 어깨에 손을 올려보는 것도 시도해 볼 수 있습니다.

가치와 관련된 감정이 항상 총천연색은 아니다

가치와 접촉하는 모든 사람들의 경험이 극도의 희열이나 큰 감사함 또는 이와 반대로 고통이나 현저한 수치심과 같은 강렬한 감정들을 겪는 것은 아닙니다. 때로 가치와 관련된 '긍정적인' 감정이 사랑보다는 호감으로, 기쁨이나 흥분보다 만족감 정도로 경험되기도 합니다. 이와 마찬가지로 가치로 이어질 수 있는 고통은 깊은 슬픔이나 극심한 고립감이 아니라 막연한 단절감이나 불쾌감일 수 있습니다. 가치를 탐색하기 위해 항상 강렬한 감정이 필요한 것은 아니며, 때로 가치는 좀 더 미묘하고 옅은 감정에 놓여 있을 때도 있습니다.

치료자도 고통을 회피한다

내담자가 고통스러워하는 것을 지켜보는 것은 힘들고, 그들을 의도적으로 고통으로 이끄는 것은 훨씬 더 어렵습니다. 우리는 치료자로서 내담자를 연약하거나 무능한 사람으로 보면서 우리 자신의 경험회피 전략에 휘말릴 수 있습니다. 이러한 상황에서 치료자는 자신의 가치에 다시 접촉하고, 무엇을 위해 이 치료자로서의 역할을 하는지 상기시켜 보는 것이 도움이 됩니다. 이는 우리가 소중히 여기는 누군가를 구하지 못하고 고통받는 것을 바라보는 것을 포함하여 어려운 것을 해낼 수 있는 동기로 작용할 수 있기 때문입니다.

핵심 챙김

- 정서적 고통이 있는 곳에 가치도 존재합니다. 일부 내담자들의 경우 정서적 고통이 가치를 탐색하는 가장 효과적인 경로일 수 있습니다.
- 고통스러운 감정은 우리를 중요한 것으로 이끄는 내장된 GPS와도 같습니다. 내담자가 고통에 대해 탐색하도록 도와주면서 우리는 이러한 감정들을 관리해야 할 대상에서 가치 있는 스승으로 변화시킬 수 있습니다.
- 고통과 가치 사이의 상호 연관성을 통해 내담자가 고통 속에서 선택과 접촉할 수 있도록 도와야 합니다.

- 단순히 고통을 견디거나 참는 법을 배우는 것이 아니라 취약성을 기꺼이 마주하고 고통에 개방함으로써 이를 명예로운 것으로 변모시킬 수 있습니다.
- 고통 속에는 생명력이 있습니다. 고통은 우리에게 의미와 목적에 대한 감각을 더해 주며 필수적인 요소입니다.
- 둔마된 정서를 가치가 부족한 것으로 여기지 말아야 합니다. 이는 아마도 '성공적인' 경험회피의 신호일 것입니다. 내담자가 자신의 삶에서 의미를 만들어 내는 것과 다시 연결되도록 돕기 위해 내담자의 고통이 현존하도록 할 필요가 있습니다.

활용 단계

- 내담자와 회기 내에서 동전의 양면 메타포(사진 요소를 포함하거나 포함하지 않는)를 사용하여 연습하면서 고통과 가치 사이의 상호 연결 지점에 존재하는 선택을 강조합니다.
- 동료나 친구와 함께 경건한 추도사 연습을 해 봅니다. 이를 내담자에게 어떻게 전달할 수 있을지 구체적으로 설명하기 위해 피드백을 받아 볼 수 있습니다.
- **내면 통찰 학습**: 당신이 직장에서 경험한 중요한 실패에 대해 글로 써 보세요. 이는 내담자가 치료자인 당신을 해임시킨 경우이거나, 상사와 문제가 생긴 경우처럼 크게 느껴지는 일일 수 있고, 스스로 최선을 다하지 않았다고 느껴지는 상담 회기와 같이 다소 미미한 사건일 수 있습니다. 그것이 무엇이든 간에 당신을 꼼짝 못 하게 만드는 사건이나 적어도 그 당시를 떠올렸을 때 당신을 움츠러들게 만드는 사건을 선택해 보세요. 당신은 그 사건에 대해 어떤 감정을 느끼나요? 어떤 생각이 드나요? 어떠한 욕구가 알아차려지나요? 이러한 것들이 당신의 가치나 당신에게 중요한 것들에 대해 무엇이라 말할지 고찰해 봅니다.

이제 또 다른 실패 경험에 대해 떠올려 볼 건데, 그것은 큰 사건일 수도 있고 작은 사건일 수도 있습니다. 하지만 이번에는 그 사건이 당신을 꼼짝 못하게 만들지는 않습니다. 비록 이 또한 '실패 경험'이기는 하지만 이 사건에 접촉했을 때 당신에게 현저한 고통감을 유발하지는 않습니다. 이것이 당신에게 중요하지 않은 것에 대해 어떤 통찰을 제공할 수 있을까요?

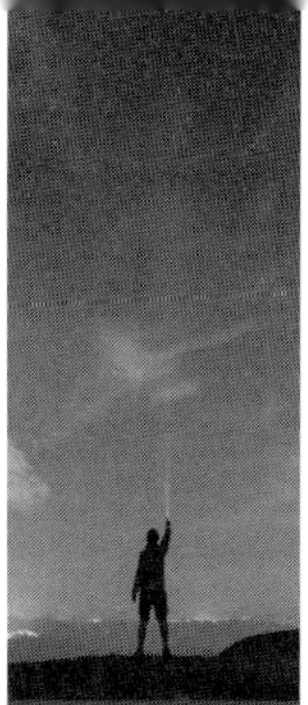

제6장 행동을 통해 가치 탐색하기

우리는 행동하기 전에 모든 답을 알 필요도 없고, 실제로도 결코 알 수 없습니다. 종종 행동을 통해 답의 일부를 발견할 수 있을 뿐입니다.

- 샬럿 번치

때때로 최고의 학습은 행동을 통해 옵니다. 당신은 피아노 연구에 관한 세상의 모든 책을 읽을 수 있고, 위대한 걸작들을 들으며 몇 시간을 보낼 수 있고, 심지어 아름다운 스타인웨이Steinway 피아노를 사게 될 수도 있지만, 건반에 손가락을 대지 않는다면 당신은 결코 피아노 연주자가 될 수 없을 것입니다. 사실, 실제로 피아노를 연주하기 전까지는 피아노 연주자가 되길 원하는지 확신할 수도 없습니다. 가치도 그런 것 같습니다. 내담자들이 자신이 무엇을 가치 있게 여기길 원하는지 알고 있다고 생각하는 곳에 도달하도록 돕는 것만으로는 별 의미가 없습니다. 실제로 그 가치를 행동으로 실천해 보지 않는다면 말입니다. 이 장에서는 내담자가 가치 있는 삶의 다양한 버전을 실험함으로써 어떤 삶이 내담자에게 가장 의미 있는 삶인지에 대해 더 많이 배우게 될 것입니다. 저는 이것을 '가치 원형작업values prototyping'이라고 부릅니다.

치료에 대한 접근 방식과 상관없이, 궁극적인 목표는 내담자를 더 나은 삶으로 이끄는 행동 변화를 만들도록 돕는 것일 겁니다. 내담자가 행동 목표를 설정하고 유지하는 데 가장 도움이 되는 방법에 대한 지침을 제공하는 수많은 자료들이 있습니다. 만약 ACT 관점에서 내담자가 자신의 가치에 일관된 행동을 취할 수 있도록 돕는 방법에 대해 더 배우고 싶다면, 『전념행동의 실제』(Moran, Bach, & Batten, 2018)를 읽어 볼 것을 제안합니다. 하지만 이 장에서는 이미 확인된 가치에 따라 행동하고 살아가기 위해 실행 가능한 방법을 확인하는 데 초점을 맞추기보다는, 가치에 전념하기 전에 가치를 더 탐색하기 위한 방법으로써의 행동을 사용하고 있습니다. 가치 원형작업에서 내담자는 가치 있는 삶의 다양한 버전을 실험해 보기 위해 행동을 취하며, 특정 가치에 기반한 삶이 어떨 것 같은지 실험하면서 경험적인 지식을 얻습니다. 가치 있는 삶의 다양한 버전을 원형작업함으로써 내담자는 "이 가치 명료화 과정에 참여해서 나에게 가장 중요한 것이 무엇인지에 대해 어떤 피드백을 얻게 될까?"라는 질문에 대해 생각해 볼 수 있습니다.

가치 명료화 과정을 통한 학습

저는 이 책을 시작할 때, 가치는 단순한 대상이 아니라는 것을 말씀드렸습니다. 가치 명료화 과정은 행동입니다. 내담자에게 가장 의미 있고 중요한 삶이 무엇인지 잘 배우는 것은 바로 가치 명료화 행동을 통해 이루어집니다. 그러나 내담자가 다양한 가치 원형작업을 시도할 수 있도록 도와주기 전에, 먼저 그들이 어떤 가치를 명료화해 왔는지와 그 가치 명료화의 결과를 알아차릴 수 있도록 도와야 합니다. 그것으로부터 많은 것을 배울 수 있기 때문입니다.

가치 명료화 과정은 지속적으로 일어나고 있다

우리는 모두 현재 행동으로 무언가에 가치를 부여하고 있습니다. 문제는 우리의 행동이, 우리에게 선택의 자유가 있다면 가장 가치를 두고 싶어 하는 것에 가치를 두지 않을 수 있다는 것입니다. 제 개인적인 가치 영웅 중 한 명인 제인 구달

Jane Goodall 박사는 "당신은 주변 세계에 영향을 미치지 않고는 단 하루도 보낼 수 없다. 당신이 하는 것이 변화를 만들며, 당신은 어떤 종류의 변화를 만들고 싶은지 결정해야 한다."라고 말한 것으로 전해집니다(Goodall, n.d). 우리 각자의 삶은 우리가 삶을 살고 있다는 사실만으로도 영향을 미칠 것입니다. 그 영향은 우리가 가치 있다고 말하는 것에 기반한 것이 아닙니다. 우리의 삶이 무엇을 의미했는지를 말해 주는 것은 우리의 행동이 남긴 발자국일 것입니다. 따라서 우리는 내담자의 발자취의 방향과 가치 있는 행동valued action이 그들을 어디로 데려가고 있는지를 알아차리기 위해 잠시 멈출 수 있도록 돕는 방법을 알아야 합니다. 그러기 위해서는 내담자가 더 나은 가치 추적자가 될 수 있도록 도와야 합니다.

가치 명료화 과정의 추적

우리는 대부분의 삶을 자동 조종 장치autopilot대로 살아갑니다. 따라서 모든 순간에 우리 대부분은 시간을 비롯한 다른 자원들을 어떻게 사용할지에 대한 선택을 통해 우리가 무엇을 가치 있게 생각하는지 알아차리지 못합니다. 자동 조종 장치는 우리가 올바른 경로에 있고, 주변에 탐색해야 할 심각한 장애물이 없는 경우 유용합니다. 하지만 대부분의 경우, 내담자들이 치료를 받으러 올 때에는 그들이 경로에서 이탈했거나 어떤 중요한 장애물에 직면하고 있다는 것을 의미합니다. 이 시기에는 자동 조종 모드를 해제하도록 도움을 주는 것이 중요합니다.

내담자가 가치 명료화하는 것을 추적하는 방법을 배우도록 돕는 것은 그 행동의 결과와 접촉하게 해 줍니다. 이렇게 함으로써 필요한 경우 새로운 경로를 설정할 수 있게 자동 조종 장치를 끕니다. 금전적 지출을 추적하는 것과 마찬가지로, 시간/에너지/자원의 지출을 추적하는 것은 놀라운 경험이 될 수 있습니다. 내담자가 가치를 두는 것과 두지 않는 것을 깨닫는 것은 때로는 고통스러울 수 있습니다. 그러나 이러한 고통은 새로운 것을 선택할 자유를 허용하는 알아차림을 가져옵니다.

내담자가 지속적으로 자신이 가치 명료화하는 것을 추적하도록 돕는 다양한 방법이 있습니다. 회기에서 다음과 같은 질문으로 시작할 수 있습니다.

- 오늘 무엇을 하며 시간을 보냈나요? (이 질문은 당연한 질문으로 보일 수 있지만, 실제로 내담자가 하루 동안 다양한 시간을 어떻게 보내는지에 대해 얼마나 잘 알지 못하는지 발견하고 놀라게 될 수도 있습니다.)
- 그 행동의 목적은 무엇이었나요? 그 행동이 단기적으로나 장기적으로 어떤 기능을 했나요?
- 그 행동은 당신이 중요한 것을 향해 다가가는 것을 목표로 했나요? 아니면 원하지 않는 것(불쾌한 생각, 감정, 감각, 기억)에서 멀어지기 위한 것이었나요?

또한, 내담자가 참여한 활동에 대해 이야기할 때마다 다음과 같은 질문을 통해 해당 행동의 가치 명료화 과정을 추적하는 방법을 배우도록 돕는 기회로 삼을 수 있습니다.

- 그 활동에 참여하기로 선택하면서 당신이 무엇을 '중요하게' 여겼다고 생각하나요?
- 그 활동에 참여했을 때, 어떻게 행동하고 있었나요? 활동 중에 어떻게 행동하고 있었는지를 설명하는 데 어떤 형용사나 부사를 사용하시겠어요?

이러한 회기 내 질문 외에도, 내담자가 회기 밖에서 발생하는 가치 명료화 과정을 추적하도록 하는 것이 종종 도움이 될 수 있습니다. 또한 이러한 실시간 가치 명료화 과정의 추적은 그들의 가치 명료화 행동의 결과에 대한 중요한 정보를 제공할 수 있습니다. 구조화된 추적 양식을 사용하면 단순히 내담자에게 사건과 결과를 기억에서 회상하도록 요청하는 것보다 더 구체적이고 정확한 자료를 제공할 수 있습니다.

도구: 일일 가치 명료화 과정 추적 양식

내담자가 가치 명료화 행동 패턴을 성찰할 수 있도록 피엘레흐Pielech와 동료의 가치 추적 도구의 수정 버전을 만들었습니다(Pielech et al., 2016). 일일 가치 명료화 과정 추적 양식이라고 부르는 양식의 사본은 http://www.newharbinger.com/43218에서 찾을 수 있습니다. 내담자에게 이 양식을 사용하여 다음과 같은 일일 평정을 제공할 수 있습니다.

- 오늘 더 나은, 더 활력 있는 삶의 특성에 기여하는 행동을 취하는 데 얼마나 효과적이었나요?
- 오늘 당신에게 중요한 삶의 영역에서 진전을 이루는 데 얼마나 효과적이었나요?

또한, 이 양식은 매일 내담자에게 위의 두 문장과 관련된 가치-기반 행동의 구체적인 예를 확인하도록 요청합니다. 따라서 내담자는 자신이 가치 명료화 행동에 얼마나 '성공적으로' 참여했다고 느끼는지 추적할 뿐만 아니라, 그 성공에 기여한 구체적인 가치 명료화 행동이 무엇인지에 대한 정보도 수집할 수 있습니다.

일일 가치 명료화 과정 추적 양식에서 수집된 정보를 검토하면서 드러나는 가치 명료화 과정의 더 큰 패턴을 탐색할 수 있습니다. 이를 바탕으로, 내담자는 가치 명료화 측면에서 시험해 보고 싶은 어떤 변화를 고려하기 시작할 수 있습니다. 다음을 포함한 질문들이 이러한 대화를 촉진할 수 있습니다.

- 당신이 더 나은 삶을 살 수 있도록 돕거나 자신에게 중요한 영역에서 진전을 이루는 데 효과적이라고 평가한 날에는 어떤 행동을 했나요? 그날 하지 않았던 행동에 대한 어떠한 패턴을 알아차렸나요?
- 당신이 가치를 두어 왔던 것을 관찰해 볼 때, 시간과 에너지를 어떻게 사용하고 싶은지에 대해 이상적으로 변화시키고 싶은 것이 있나요?

- 당신이 가장 중요하게 생각하는 것에 가치를 두고 더 많은 시간을 보내는 데 방해가 되는 것은 무엇인가요? 더 의미 있고 잘 살아가는 삶의 방식에 더 많은 시간을 보내려면 어떤 변화가 필요할까요?

단지 '무엇'이 아니라 '어떻게'

내담자의 구체적인 행동을 추적하여 그들이 무엇을 가치 있게 여기는지를 알아차릴 수 있도록 돕는 것은 훌륭한 시작점입니다. 하지만 그들이 무엇을 하고 있는지 뿐만 아니라 어떻게 하고 있는지를 추적하는 것도 중요합니다. 즉, 행동의 질적 특성입니다. 행동의 특성을 추적하는 것은 행동의 기능을 이해하는 데 핵심입니다.

행동의 특성을 살펴보는 것은 내담자가 그 행동을 할 때 가치에 부합하는지 여부를 구별하는 데 도움이 될 수 있습니다. 예를 들어, 내담자가 가족을 사랑으로 응원하는 것을 가치로 선택했다고 가정해 보겠습니다. 그들은 자녀의 야구 경기에 참석하는 것이 이러한 의도와 일치하는 행동이라고 인식합니다. 이제, 자녀의 야구 경기에 참석하는 것은 누군가가 자녀를 사랑으로 응원하는 한 방법일 수 있지만, 그렇지 않을 수도 있습니다. 그들이 그곳에 있는 동안 무엇을 하는지와 행동으로 가져가는 질적 특성은 중요합니다. 그들은 관중석에 앉아 있을 수 있지만 다른 사람들이 자신들을 어떻게 인식하고 있는지에만 완전히 집중할 수 있습니다. 아니면 자신이 얼마나 '응원하는' 부모인지 페이스북에 글을 올리느라 휴대전화에 너무 열중해서 딸이 필드에서 무엇을 하는지 완전히 놓칠 수도 있습니다. 혹은 아들이 3회 연속 삼진을 당했을 때 진정한 사랑으로 응원하는 대신, 관중석에서 아이에게 "정신 차려!"라고 외치는 또 다른 목소리가 될지도 모릅니다. 보시다시피, 내담자가 자녀의 야구 경기를 보러 갔다는 사실뿐만 아니라, 그 활동에 참여하는 동안 그들의 행동의 특성은 그 행동이 진정으로 무엇을 위한 것이었는지에 대한 중요한 정보를 우리 모두에게 제공할 수 있습니다. 이 예시에서 치료자는 내담자가 그들의 가치 명료화 행동의 특성을 추적하는 데 도움이 되는 다음과 같은 질문을 할 수 있습니다.

- 경기장에 있을 때 당신의 행동을 어떻게 설명하시겠습니까?
- 만약 누군가가 당신을 경기장에서 보았다면, 그들은 당신이 아이를 사랑으로 응원하기 위해 거기 있었는지, 다른 어떤 이유로 인해 거기 있었는지 어떻게 알 수 있을까요? 당신이 가치를 명확하게 나타내기 위해 어떤 행동을 하고 있거나 하지 않고 있는 것을 그들이 보게 될까요?
- 당신이 경기에 참석하되 사랑과 응원을 표현하지 않는다면, 무엇을 하고 있거나 하지 않고 있을까요?

이러한 질문들은 내담자가 하는 행동뿐만 아니라, 그들의 행동이 가치를 부여하기로 선택한 자신의 의도를 반영하는지에 대해 깊이 생각하도록 도와줄 수 있습니다.

한 가지 알아두어야 할 점은 내담자가 그들의 행동의 질적 특성보다는 자신이 가치를 두는 행동에 참여하면서 느낀 감정에 대해 종종 보고한다는 것입니다. 가치 명료화 추적 과정의 일환으로 나타난 감정, 생각, 감각에 대해 내담자에게 자주 질문하겠지만, 행동의 특성과 감정을 혼동하지 않는 것이 중요합니다. 당신은 내담자에게 가치 행동을 하고 나서 특정한 감정을 가지려고 노력해야 한다는 메시지를 암묵적으로 전달하지 않아야 하며, 만약 내담자가 긍정적인 감정을 느끼지 못한다면 그것이 가치 있는 행동이 아니라는 메시지를 암묵적으로 전달하지 않도록 주의해야 합니다. 가치 있는 행동에 참여하면 긍정적인 감정으로 이어지는 경우가 많지만, 항상 그런 것은 아닙니다. 대부분의 경우 뒤섞여 있습니다. 또한 내담자가 자신의 가치에 따라 행동할 수 있는 것은 그들이 그렇게 느낄 때만 가능하다는 것을 암시하지 않는 것도 중요합니다. 앞의 예시에서, 내담자가 가족을 사랑으로 응원하는 부분은 감정이 그들을 다른 방향으로 끌어당길 때에도 이 가치에 따라 행동한다는 것을 의미합니다. 중요한 것은 그들이 어떻게 행동을 하는지이며, 그 순간의 감정에 상관없이 그들이 가장 되고 싶은 사람이 되고 있는지입니다. 감정은 자료를 제공할 수 있지만, 가치 행동의 기준은 아닙니다.

의도적으로 가치 명료화를 강화하기

내담자가 새로운 가치 경로를 계획하는 방법을 고려할 때, 그들의 안내자로서 우리의 역할을 명확히 하는 것이 도움이 됩니다. 제 생각으로는, 우리의 임무는 그들에게 무엇을 또는 어떻게 가치를 부여해야 하는지를 알려 주는 것이 아니라, 의도적으로 가치 명료화 행동 그 자체를 강화하는 것입니다. 저는 제 동료 바버라 칼렌버그Barbara Kohlenberg와 함께 가치 명료화 행동 자체를 강화하는 치료자에 대한 의견을 나눴습니다. 그녀는 이것을 부모가 자녀가 커서 무엇이 되길 바라는지에 대해 말할 때 어떻게 반응할 수 있는지에 비유했습니다[자녀의 장래 희망 메타포]. 만약 자녀가 당신에게 "저는 우주 비행사, 목동, 그리고 환경미화원이 되고 싶어요"라고 말한다면, 당신은 "아마 전부 될 수 없을 거야! 나사NASA의 모든 예산 삭감을 고려할 때 우주 비행사가 되는 것이 정말 현명한 선택이라고 생각하니? 목동으로 어떻게 건강보험에 가입할 것이며, 어떻게 퇴직금에 기여할 거니?"라고 말하지 않고, 아마도 부모로서 "멋지다! 한번 해 봐!"와 같이 말할 것입니다. 그러고 나서 아이가 그 꿈들을 탐색할 수 있도록 도와줍니다. 당신은 자녀를 과학관에 데려갑니다. 아이와 함께 오래된 서부 영화를 시청하고요. 다음 쓰레기 버리는 날, 아이에게 환경미화원을 소개합니다. 당신이 이러한 일을 하는 이유는 실제로 자녀를 우주 비행사나 목동 또는 환경미화원으로 훈련하려는 것이 아닙니다. 자녀의 가치 명료화 행동을 강화하기 위해서입니다(자녀가 커서 무엇이 되고 싶은지 꿈꾸는 것은 "이것이 내가 중요시하고 싶은 거야"의 어린이 버전 같은 것입니다.). "멋지다! 한번 해 봐!"라고 말하고 나서 자녀가 꿈을 탐색할 방법을 찾아보도록 도와줌으로써, 당신은 꿈을 꾸고 삶을 창조하는 행동 수업으로 반응하고 있습니다. 당신은 삶이 가진 모든 가능성을 자녀가 열고 탐색할 수 있도록 도와줍니다. 그것이 바로 우리가 내담자를 위해 하고 싶은 작업입니다.

내담자가 적극적이고 의도적으로 가치 명료화를 할 때, 그들은 무언가를 소중히 여기고 보살피고 있습니다. 우리가 주목해야 할 것은 그들이 소중히 여기거나 보살피고 가치를 부여하는 무언가가 아니라, 우리가 강화하고자 하는 것은 의도적인 가치 명료화 행동입니다. 따라서 우리의 임무는 그들이 올바른 것을 가치 있게 여기도록 하는 것이 아니라, 그들의 삶을 통해 무언가를 의도적으로 소중히 여기고 보살피는 행동을 하도록 강화하는 것입니다.

새로운 가치 경로 계획하기

누군가가 현재의 가치 명료화 과정 패턴이 어디로 향하고 있는지 추적하기 시작하면, 새로운 경로를 계획하기로 결정할 수 있습니다. 그러나 여기서 많은 내담자들은 어떻게 진행해야 할지 몰라 막히게 됩니다. 삶의 변화를 만드는 것은 특히 더 근본적인 변화일수록 위압감이 느껴질 수 있습니다. 그들이 가치 있게 여겨 왔던 것과는 다른 무언가를 위해 자신의 삶을 변화시키고자 결정하는 것은 매우 거대한 변화처럼 느껴질 수 있습니다. 그리고 실제로 그렇습니다. 그러나 당신 앞에 놓여 있는 산의 정상을 올려다보는 것은 막 언덕을 오르기 시작하려고 할 때 항상 가장 도움이 되는 시각은 아닙니다. 때로는 당신 앞에 있는 다음 단계만을 보는 것이 필요합니다.

거북이의 힘 발휘하기!

최근 네팔의 외딴 지역으로 2주간의 트레킹을 떠났을 때, 새로운 여정을 시작하는 것이 얼마나 막막한 일인지 다시 한번 깨달았습니다. 만약 당신이 저를 본다면, 거의 분명히 "오, 히말라야 등반가다!"라고 생각하지 않을 것입니다. 저는 기껏해야 느리고 매우 마지못해 하는 모험가입니다. 〈반지의 제왕〉 팬들을 위해 말하자면, 저는 레골라스보다는 샘와이즈에 훨씬 더 가깝습니다. 그래서 상상을 초월할 정도로 아름답지만 엄청난 산봉우리들에 둘러싸인 첫날, 저는 트레킹을 위해 6개월 동안 열심히 훈련했음에도 불구하고, 카트만두로 돌아가는 첫 차를 타고 자동 조종 장치를 다시 작동시켜 저의 안전지대에 가까운 곳으로 돌아가는 것 이상 바랄 게 없었습니다. 안전지대는 아마도 편안한 호텔 방과 좋은 와인 한 잔이었을 것입니다. 제 눈앞에 있는 저 산들을 절대 오를 수 없다고 확신했습니다. 어떻게 시작해야 할지조차 알 수 없었습니다. 저는 "난 이런 행동을 할 수 있는 '그런 사람'이 아니야!"라고 생각했던 것을 기억합니다. (얼마나 자주 내담자들이 이와 같은 말을 하며 자신의 삶을 제한하는지 모릅니다.) 결국 제가 틀렸습니다. 저는 '그런 사람'이었습니다. 거대한 히말라야 산봉우리를 오른다고 생각했을 때, 시도하기에는 너무 벅찬 것 같았습니다. 하지만 저는 작고 느린 걸음을 한 번, 그리고 또 한 번, 그다음 한 발자국을 계속해서 나아가면 결국에는 (때로는 아주 오랜 시간이 걸리기도 하지만) 정상의 깃발에 도달한다는 것을 알게 되었습니다. 트레킹하는 동료 모험가들은 저의 느리지만 찬찬한 다음 발걸음 전략에 '거북이의 힘'이라고 별명을 지어 주었습니다. 하지만 제가 전혀 할 수 없다고 생각했던 일을 해내는 데 도움을 준 것은 바로 거북이의 힘이었습니다. 저는 산 전체를 오르는 방법을 알 필요가 없었습니다. 저에게 필요한 건 그냥 계속해서 다음으로 가장 작은 한 걸음을 내딛는 것뿐이었습니다.

많은 내담자가 자동 조종 모드를 끄고 삶의 방향을 바꾸기로 선택했을 때 기꺼이 감내하는 기념비적인 도전에 비하면 히말라야에서의 트레킹은 아무것도 아닙니다. 하지만 어떤 어려운 도전이든, 그 여정을 시작하는 데 필요한 것은 틀림없이 같습니다. 바로 거북이의 작은 한 걸음의 힘입니다. 네팔이 저에게 준 지혜롭고 친절한 안내처럼, 우리는 내담자가 자신만의 지속 가능한 속도를 찾고, 실행할 수 있는 목표를 설정하고, 무엇보다도 그들의 가치 여정에서 그저 한 발을 다른 발

앞에 놓도록 도울 수 있습니다.

작게 시작하면 새로운 행동을 실험하고, 그 실험으로부터 배우는 것을 더 쉽게 만듭니다. 그러나 궤적의 아주 작은 변화도 수년 또는 수십 년 동안 매우 다른 결말 지점으로 이어집니다. 그러니 작게 시작해서 한 번에 하나의 가치 행동에 집중하면서 하루하루를 살아가세요. 평생에 걸친 가치 행동의 작은 언덕은 잘 살아온 삶의 산이 될 것입니다.

철학자 윌 더런트Will Durant는 아리스토텔레스를 인용하며, "우리가 반복적으로 하는 것이 우리이다. 그러므로 탁월함은 행동이 아니라 습관이다"라고 썼습니다(Durant, 1961, p. 98). 잘 살아온 삶은 몇 번의 큰 가치 행동으로 이루어지는 것이 아닙니다. 대신, 가치 있는 삶은 전반적으로 잘 살아온 삶의 큰 패턴을 형성할 때까지 더 작은 가치-중심적인 행동을 계속 반복해서 연결함으로써 이루어집니다. 따라서 내담자가 한 번에 하나의 가치 있는 작은 발걸음을 내딛도록 안내할 때도 내담자가 만들어 가려는 가치-중심적인 삶에 대한 더 큰 그림을 보도록 도와주는 것이 중요합니다. 내담자가 거북이의 힘을 발휘한 걸음으로 한 번에 한 걸음씩 스스로 만들어 가는 웅장한 풍경을 잠시 멈추고 알아차릴 수 있도록 돕는 것이 안내자로서 우리의 역할입니다. 작은 단계를 서로 연결하여 전체적인 가치-중심적인 삶을 만들어 가는 이 과정을 구조화하는 데 도움이 되는 한 가지 방법은 가치 원형작업 과정을 통해서입니다.

가치 원형작업하기

원형prototyping의 개념은 일반적으로 디자인이나 제조 분야에서 사용됩니다. 그러나 스탠퍼드 대학교에서 디자인 프로그램을 가르치는 빌 버넷Bill Burnett과 데이브 에번스Dave Evans는 사람들의 인생을 설계하는 데 적용한 프로그램과 책인 『디자인 유어 라이프(Designing Your Life)』(2016)를 개발했습니다. 여기서 그들은 원형 개념을 포함하여 새로운 제품을 만드는 데 사용되는 동일한 설계 원칙을 다루고, 사람들이 자신의 삶을 창조하는 것을 돕기 위해 적용합니다. 그들의 슬로건인 "구축하는 것이 곧 생각하는 것이다(building is thinking)"[1]는 원형작업이 행동을 통해 배우는 방법이라는 중요한 개념을 반영합니다. 원형작업은 사람들이 만들고자 하는 것에 대해 더 자세히 탐색하고 정보를 수집하는 데 도움이 됩니다. 버넷과 에번스는 다음과 같이 말했습니다.

> 디자인적 사고에서 '원형작업'이라는 용어를 사용할 때, 당신의 해결책이 옳은지 확인하기 위해 무언가를 구축하거나 만드는 것을 의미하지 않습니다. 완성된 설계의 대표작을 만드는 것도 의미하지 않습니다……. [원형작업]은 좋은 질문을 던지는 것, 숨겨진 편견과 가설을 찾아내는 것, 빠르게 반복하는 것, 시도해 보고 싶은 길에 추진력을 일으키는 것입니다(2016, p. 112).

이와 동일한 원형작업 개념은 가치를 탐색하는 데에도 적용할 수 있습니다. 가치 원형작업은 사고 실험thought experiment이 아닙니다. 행동을 통해 배우는 것에 관한 것입니다. 행동을 취함으로써 내담자들은 자신에 대해 더 많이 배우고 장기적으로 전념하고자 하는 길을 알게 되는 새로운 경험을 얻게 됩니다. 또한 행동을 취함으로써 우연이 일어나기도 합니다. 그들은 새로운 사람들을 만나고, 새로운 것을 발견하거나, 새로운 기회를 만날 수도 있습니다. 게다가 다양한 버전의 가치 행동에 대한 적극적인 실험을 통해 단순히 상상하는 것이 아니라 가치-중심적인 방향으로 살아가는 것이 어떤 것인지 실제로 느끼게 됩니다. 행동을 취하는 것은 이러한 모든 형태의 학습에 필수적입니다. 가치 원형작업은 내담자가 어떤 가치를 선택할지 더 자세히 알기 위한 목적으로 가치 있는 행동을 취하는 방식입니다.

---

1) 무언가를 직접 만들어 가는 과정에서 그 자체로 사고하고 문제를 해결하는 능력이 발휘된다는 의미로, 생각과 행동이 밀접하게 연결되어 있음을 강조하는 말이다(역자 주).

때때로 우리는 '문제를 해결하려고' 하거나 '정확히 이해하느라' 시작하기도 전에 막혀 버려 너무 많은 시간을 할애할 수 있습니다. 저는 수년간의 교육을 통해, 많은 학생이 연구 논문 작성에 어려움을 겪는 것을 보았습니다. 그들은 주제에 대한 모든 관점을 조사하는 데 많은 시간을 들이기 때문에 글쓰기 과정 자체에는 거의 시간을 투자하지 않습니다. 유감스럽지만, 그들은 글쓰기 과정을 통해 생각을 더 다듬고 명확히 할 수 있을 것입니다. 조사하는 시간을 줄이고 글쓰는 시간을 늘리면 훨씬 나은 논문이 될 것입니다. 많은 내담자에게 동일한 일이 발생합니다. 가치 탐색의 초기 단계를 거칠 때, 내담자는 더 탐색하고 싶은 가치가 무엇인지에 대한 감각을 가질 수 있지만, 실제로 그런 삶을 어떻게 살아가야 하는지는 종종 이해하지 못합니다. 내담자(그리고 때로는 치료자)는 종종 자신의 가치를 명확히 하기 위해 더 많은 '조사'나 생각이 필요하다고 생각합니다. 그러나 저는 때로 그 시점에서 더 효과적인 전략은 행동을 통해 배우는 것이라고 주장할 것입니다. 바로 이 부분에서 가치 원형작업이 등장합니다. 내담자는 특정 가치 영역에서 자신의 가치를 향해 실제로 살아가는 방법을 실험하거나 가치를 가장 잘 실현할 방법에 대한 다양한 가설을 테스트함으로써 자신에게 진정으로 중요하고 의미 있는 것이 무언인지에 대해 더 많이 배우기 시작할 수 있습니다. 가치 원형작업을 통해 '문제를 해결하는 것'은 단순히 생각이 아니라 실험을 통해 이루어집니다.

효과적인 가치 원형의 요소

효과적인 원형을 선택할 때 고려해야 할 두 가지 중요한 특징이 있습니다. 설계하는 원형이, ① 행동적이어야 하고, ② 특정 행동의 형태뿐만 아니라 행동의 질적 특성에 중점을 두고 있는지 확인해야 합니다. 효과적인 목표를 선택하는 방법에 대한 다른 개념들도 여기서 유용할 수 있지만, 초점을 두지는 않을 것입니다 (효과적인 목표 설정에 대한 자세한 내용은 Luoma et al., 2017, 제7장 또는 Moran et al., 2018 참조).

가치 원형은 행동적이다

가치란 생명력 있고, 생동감 넘치며, 의미 있는 삶을 사는 것입니다. 따라서 우리는 내담자가 중요한 삶으로 나아가도록 도와줄 원형을 설계하고자 합니다. 저는 내담자에게 종종 '죽은 사람의 목표'라는 개념에 대해 이야기합니다(Lindsley, 1968). 죽은 사람의 목표는 살아 있는 사람보다 죽은 사람이 더 잘 달성할 수 있는 목표입니다. 예를 들어, 내담자의 목표가 여동생과 싸우지 않는 것이라면, 죽은 사람은 살아 있는 사람보다 여동생과 항상 덜 싸울 것입니다. 여동생과 싸우지 않는 것은 죽은 사람의 목표입니다. 죽은 사람의 목표는 활기찬 삶과는 반대로 생명력 없는 삶을 만들어 냅니다. 하지만 여동생에게 사랑과 감사를 표현하는 것은 죽은 사람이 할 수 없는 일입니다. 이것은 잠재력을 가진 능동적인 목표입니다. 비록 죽은 사람의 목표가 '성공적'이라 할지라도 우리가 삶에서 그 목표에 더 집중할수록, 죽은 사람과 더 비슷해지려고 노력하는 것입니다. 죽은 사람의 목표는 우리가 싫어하는 것을 회피하거나 도망치는 것과 관련이 있는 반면, 가치 원형작업은 우리가 원하는 삶의 종류와 우리의 삶이 무엇을 대표하기를 원하는지에 대한 더 많은 정보를 수집하는 것을 목표로 합니다. 수동적인 원형에서 능동적인 원형으로 전환하는 예는 "나는 일요일에 언니와 대화할 때 논쟁하지 않는 것을 실험해 보겠다"에서 "나는 일요일에 언니와 대화하는 동안 언니에 대해 감사할 만한 점을 적어도 한 가지 알아차리면 어떤 일이 일어나는지 실험해 보고, 그것을 언니와 공유해 보겠다"로 바꾸는 것일 수 있습니다.

가치 원형은 행동의 질적 특성에 주목한다

앞서 말했듯이, 가치 명료화 과정은 우리가 하는 행동뿐만 아니라 우리가 어떻게 하는지에 관한 것이기도 합니다. 원형작업을 할 때, 내담자가 실험하고 있는 행동에서 가져온 질적 특성에 주의를 기울이는 것이 중요합니다. 따라서 내담자가 실험하는 모든 원형의 경우, 실험에 가져온 특성을 추적하는 것이 중요합니다(이후에 설명할 원형 과정의 2단계). 또한, 가치 명료화 과정의 행동 특성에 초점을 맞춘 원형을 구체적으로 설계할 수도 있습니다. 이를 위해 내담자는 이미 실행 중인 행동을 할 수 있지만, 동일한 행동을 하면서도 자신이 시험해 보고자 하는 가치를 의도적으로 반영하는 방식으로 실행해 볼 수 있습니다. 예를 들어, 내담자가 타인과의 상호작용에서 호기심을 갖는 가치를 원형작업 하고 싶어 한다고 가정해 봅시다. 만약 내담자가 매일 자녀를 학교에서 데려온다면, 자녀를 데려올 때 호기심을 유발할 수 있는 행동을 한 가지 이상 확인할 수 있습니다. 예를 들어, 월요일에는 주차장에서 나올 때 자녀에게 "오늘 학교는 어땠어?"라고 무심코 묻는 대신에 잠시 멈춰서 정말로 귀 기울여 듣는 실험을 할 수 있습니다. 화요일의 실험은 자녀가 이야기하는 것 중에서 놀라운 것이나 다소 새로운 것을 듣고, 그에 대한 후속 질문을 하는 것일 수 있습니다. 자녀를 데리러 가는 행동은 새로운 것이 아니며, 심지어 "오늘 하루는 어땠어?"라고 묻는 것도 습관적으로 하는 일일 수 있지만, 그들은 호기심의 특성을 이러한 행동으로 가져오는 다양한 방법을 원형작업 하고 있습니다.

도구: 가치 원형작업

가치 원형작업은 앞의 세 장에서 개관한 작업 중 일부를 내담자와 함께 진행한 후에 사용하는 것이 가장 좋습니다. 아마도 내담자와 함께 가치 카드 분류를 수행했거나(제3장), 최고의 순간 연습(제4장) 또는 경건한 추도사 연습(제5장)을 했거나 다른 가치 탐색 도구를 사용했을 것입니다. 따라서 이 시점에서 내담자가 원형작업을 시작할 수 있는 맥락(또는 가치 영역)에 대한 전반적인 감각을 이미 가지고 있을 것입니다. 원형작업을 시작할 때 하나의 영역을 확대하는 것이 종종 도움이 됩니다. 궁극적으로 우리는 내담자가 의미와 목적을 갖춘 전체 삶을 만드는 데 관심이 있지만, 가치는 보통 가치 영역 전반에 걸쳐 상당히 일관되기 때문에, 한 영역에서의 변화는 종종 이후 다른 영역에서의 변화를 알려 줄 수 있습니다. (인내심을 갖고 가족을 부양하고 싶은 사람은 일반적으로 그러한 동일한 질적 특성 중 일부를 그들의 우정 있는 관계나 심지어 더 넓은 지역 사회 구성원에게도 전해지기를 원할 것입니다.)

또한 시작할 때 내담자가 이 과정을 너무 심각하게 받아들이지 않도록 도와주세요. 여기에서 다루는 모든 아이디어는 다른 방법으로는 무겁게 다가올 수 있는 문제에서 약간의 부담을 줄이는 것입니다. 내담자가 오르고자 하는 히말라야산맥 전체가 아니라, 단지 거북이의 힘을 발휘한 한 걸음을 밟는 것입니다. 이것은 특히 완벽주의적이거나, 과도하게 통제하려 하거나, 미루는 경향이 있거나, 어떤 방식으로든 '제대로 하려고' 하는 경직된 경향의 내담자에게 중요할 수 있습니다. 이러한 경향으로 행동이 지연되거나 제한되고, 아무런 행동도 취하지 않으려는 대가를 지불하면서 마음mind에 사로잡힐 위험이 있습니다. 그들은 자신이 탐구하고 있는 가치로 가득 찬 삶에 전념하는 것이 아니라, 단지 그것을 실험해 볼 것입니다. 만약 그들이 어떤 가치를 시도해 본 후, 결국 그것이 자신이 진정으로 선택하고 싶은 가치가 아니라고 깨닫게 되더라도, 그것은 유용한 정보입니다. 중요한 것은 그들이 가치를 설정하고, 그 과정을 통해 배울 수 있도록 하는 것입니다.

가치 원형작업에는 세 가지 기본 단계가 있습니다. ① 실험할 원형을 설계하고, ② 실행하면서 자료를 수집하고, ③ 검토하고 수정하고 반복합니다.

1단계: 실험할 원형 설계하기

이 단계에서의 과제는 내담자가 가치 있는 삶의 한 측면을 실험하여, 더 많은 정보를 수집할 수 있도록 돕는 원형을 설계하는 것입니다. 내담자는 가치 원형을 만들 때, 이전 가치 작업에서 확인한 초기 가치 개념 중 일부를 가져와서 실제 행동으로 전환합니다. 원형은 단 몇 분, 한 시간 또는 하루 동안 가능한 흥미로운 미래를 탐색할 수 있는 구체적이고 실용적이며 능동적인 방법을 제공합니다. 새로운 행동을 실험하는 것은 내담자가 자신의 가치에 대해 구체적인 형태로 살아가는 것이 어떤 것인지 짧은 시간만이라도 느껴 볼 수 있게 해 줍니다. 예컨대, 내담자가 유쾌함에 초점을 맞추기를 원한다면, 두 사람은 유쾌함을 향해 나아가는 삶을 사는 것에 대해 더 많은 정보를 제공하는 원형을 설계하는 작업을 할 수 있습니다. 원형을 설계하는 방법은 셀 수 없이 많으며, 이 과정은 오직 내담자와 치료자의 창의성에 국한되어 있습니다. 다음에서는 원형 설계를 위한 세 가지 구체적인 전략의 개요를 보여 줍니다. ① 질문을 중심으로 원형 구축하기, ② 조망 수용 인터뷰를 활용하여 원형 만들기, ③ 원형의 기반이 되는 '이상적인 하루' 확인하기입니다. 어떤 방법이든 상관없이, 핵심은 내담자가 자신의 삶에서 가치를 선택하는 것에 대해 배우기 위해 실험할 수 있는 구체적인 것을 찾아내는 것입니다.

질문을 중심으로 원형 구축하기. 원형의 목적은 근본적으로 새로운 경험을 접하는 것인데, 이는 중요한 질문에 관한 답을 하는 데 도움을 줄 수 있습니다. 좋은 원형은 개인이 선택하고 싶은 가치의 어떤 측면을 분리하고, 오히려 그것이 의미가 있는지 또는 흥미로운지 확인할 수 있도록 해 줍니다. 질문을 하는 것은 원형으로 이어질 수 있는 새로운 아이디어를 도출하기 위한 핵심 전략 중 하나입니다. 여기 원형에 포함할 구체적인 행동을 확인하기 위해(회기 중에 함께 또는 회기 밖 글쓰기 과제를 통해) 내담자와 탐색할 수 있는 몇 가지 질문이 있습니다.

- 무엇이 내 삶에서 ________(예: 유쾌한 참여)를 유도하는 데 도움이 될까요?
- ________(예: 호기심)의 어떤 특정한 측면이나 형태가 나에게 가장 의미 있거나 중요하다고 생각하나요?
- 내가 더 ________(예: 사랑으로 응원)하는 경우에 다른 사람들과의 상호작용에 어떤 영향을 미치나요?
- 이번 주에 내가 ________(예: 기쁨을 주는 것)의 질적 특성을 구체적으로 나타내기 위해 취할 수 있는 가장 작은 단계는 무엇일까요?
- 만약 내가 ________(예: 동정심 있는 삶)을 실현한다면 어떤 행동을 보일까요? 어떤 행동들이 ________를 하지 않는(예: 동정심이 없는) 행동인가요? 내가 그 행동들을 자제해야 할까요?

- 과거에 ________(예: 지구를 잘 돌보는) 데에 도움이 되었던 일을 한 적이 있었나요? 지금 할 수 있는 일이 비슷하다면 오늘의 내가 그 가치를 실현하는 모습을 볼 수 있을까요?
- 책이나 영화에서 ________(예: 정의)를 구현하는 배역은 무엇인가요? 이 배역들을 어떤 방식으로 모방할 수 있을까요?

이러한 질문을 중심으로 설계된 원형은 몇 분 또는 몇 시간 안에 수행할 수 있는 활동부터, 몇 주가 걸릴 수 있는 지속적인 활동을 포함하는 더욱 일반적인 원형에 이르기까지 다양합니다. 예를 들어, 내담자는 한 번도 가 본 적이 없는 하이킹을 가자고 파트너에게 요청하는 실험을 하는 원형을 설계함으로써 "모험적으로 사는 특성을 실현하기 위해 이번 주에 할 가장 작은 단계는 무엇일까?"라는 질문에 집중해 볼 수 있습니다. 또는 "내 삶에서 감사함을 키우는 데 도움이 되는 것은 무엇일까?"라는 질문을 다루기 위한 더 지속적인 원형은 한 달 동안 매일 감사 일기를 쓰고 그 결과를 추적해 보는 것을 실험하는 것입니다. 질문을 중심으로 원형을 설계하는 방법에 대한 더 자세한 사항은 http://www.newharbinger.com/43218에서 제 내담자인 사샤Sasha의 상세한 임상 사례를 통해 이 과정을 설명한 것을 참조할 수 있습니다.

조망 수용 인터뷰를 활용하여 원형 만들기. 가치를 탐색하는 가능한 한 가지 방법은 이미 그렇게 살고 있는 사람들과 이야기하는 것입니다. 이는 특정 가치를 실현하는 것이 어떤 모습인지에 대한 감각을 만들어 내는 데 어려움을 겪는 내담자에게 특히 유용한 원형작업 전략입니다. 이 전략에서는 내담자가 탐색하고자 하는 질적 특성, 가치, 또는 가치-중심적인 목표를 실현하고 있는 사람이면서 자신이 알고 있거나, 과거에 알았거나, 혹시나 만날 수 있을 만한 사람을 파악하도록 돕습니다. 친구나 가족처럼 잘 아는 사람일 수도 있고, 직장 지인이나 친구의 친구처럼 간접적으로 아는 사람일 수도 있고, 대화가 가능할 수 있다고 들어본 누군가일 수도 있습니다. 내담자가 이야기할 수 있는 사람을 생각해 내지 못하는 경우 사전 단계는 그들이 알고 지내는 사람과 대화하도록 하는 것입니다. 내담자는 그들에게 자신이 어떤 가치를 추구하고 있는지를 알려 주고, 그 가치의 특성을 실현하고 있다고 생각하는 사람이나 비슷한 가치 행동에 참여하는 사람이 누구인지 물어볼 수 있습니다.

일단 인터뷰를 수락한 개인 또는 몇 명의 사람을 확인한 후, 내담자는 그 사람이 가치대로 살거나 가치-중심적인 목표에 다가가는 행동을 하는 것이 어떤 것인지 깊이 이해하기 위한 목표를 가지고 인터뷰합니다. 당신은 내담자와 함께 어떻게 가치의 질적 특성을 구현했는지, 구체적으로 가치와 관련하여 무엇을 하는지, 그리고 그 가치를 실현하는 것이 어떤 것인지에 대해 인터뷰 대상의 이야기를 이끌어 내는 질문을 확인하는 작업을 해야 합니다. 예를 들어, 내담자가 관대한 삶에 대한 가치를 지닌 사람을 인터뷰하고 있다고 가정해 보겠습니다. 그 사람에게 할 수 있는 질문은 다음과 같습니다.

- 관대하게 살기 위해 일상에서 무엇을 하나요?
- 관대함을 가지고 살아간다는 것이 무엇을 의미하는지 설명해 주실 수 있나요?
- 관대한 삶을 어떻게 실천에 옮겼나요?
- 어떻게 관대한 삶의 길을 걸어가기 시작했나요? 무엇 때문에 그 길을 가게 된 건가요?

인터뷰 과정은 단순히 정보를 수집하는 수단일 뿐만 아니라, 조망 수용 연습이기도 하다는 것을 명심하세요. 따라서, 인터뷰는 내담자가 다른 사람의 조망을 수용하도록 도와야 합니다. 그러면 내담자는 이 사람이 선택하는 방식으로 특정한 가치를 실현하는 것이 어떨지 상상할 수 있습니다.

인터뷰 대상에게 물어볼 질문 외에도, 인터뷰 후에 내담자가 생각할 수 있는 질문도 확인해야 합니다. 예시는 다음과 같습니다.

- 이 사람의 이야기에서 어떤 면이 끌렸나요?
- 그들의 이야기 중 어떤 부분에서 불편함을 느꼈나요?
- 이 사람이 하는 것처럼 나 스스로 하는 것을 상상할 수 있을까요? 그럴 경우 나와 주변의 사람들에게 어떤 영향을 미칠까요?
- 이 사람 삶의 어떤 측면이 나에게 영감을 주나요?
- 그들의 경험을 통해 내가 원형작업을 할 가능성이 있는 것에 대한 아이디어를 얻었나요?
- 그들의 이야기에 대한 나의 반응은 내가 무엇을 가치 있게 생각하는지 말해 주나요?

이러한 유형의 인터뷰를 기반으로 하는 원형은, 내담자가 자신의 삶에서 중요한 요소로 고려하고 있는 것을 이미 가치 있게 여기는 다른 사람의 입장에서 볼 수 있게 해 줍니다. 그들은 그 사람의 조망을 수용함으로써 배웁니다.

원형을 만들기 위한 '이상적인 하루' 확인하기. 때로는 내담자가 탐색하고자 하는 가치와 관련된 '이상적인 하루'를 파악하여 그것을 해체하고 원형을 구축할 수 있도록 하는 것이 도움이 됩니다. 이것은 내담자가 탐색하는 가치를 실현했다고 느낀 실제 하루의 이상화된 버전일 수 있습니다. 또한 가까운 미래에 가치를 완전히 실현했다면 자신이 무엇을 하고 있을지 상상하는 것을 기반으로 가상의 이상적인 하루를 만들 수 있습니다. 기억에 근거한 것이든, 실제로 일어나지 않은 일이든, 내담자에게 자신이 이상화된 버전의 하루를 살아가는 모습을 상상하게 하고, 아침에 일어나는 순간부터 잠자리에 드는 순간까지의 하루에 대해 자세히 적도록 합니다. 하루 동안 다양한 시점에서 무엇을 하고, 어떤 생각을 하고, 어떤 감정을 느끼고 있는지를 포함하도록 합니다. 하루를 작성하고 나면, 두 사람은 그날의 다양한 부분들을 해체하여, 그 가치를 자신의 삶에 가져오는 경험을 하기 위해 원형을 통해 어떤 요소들을 실험해 보고 싶은지 살펴볼 수 있습니다.

잠재적인 장애물에 대한 계획. 가치 원형을 설계하는 과정을 거칠 때, 특정한 목표나 과제를 성공적으로 완수하는 것이 중요한 것은 아니라는 점을 명심하세요. 핵심은 내담자가 잠재적으로 가치-중심적인 방향으로 움직이도록 실험을 구조화하는 것입니다. 그렇게 하면 내담자는 자신에게 중요한 것과 장기적으로 무엇에 더 전념하고 싶은지 더 많이 알게 되고, 장기적으로 어떤 경로와 패턴에 전념하고 싶은지도 배울 수 있게 됩니다. 가치를 향한 경로를 따라가다 보면 불가피하게 장애물이 나타납니다. 이러한 '장애물'은 학습 과정의 중요한 부분이며, 설계 단계에서 이러한 장애물을 계획하고 준비해야 합니다.

다음은 내담자가 생각해 볼 수 있는 몇 가지 질문입니다. 잠재적인 장애물을 파악하여 원형이 더 효율적으로 작동하게 하고, 장애물을 해결하기 위해 수행해야 할 다른 사항에 대한 정보를 얻을 수 있습니다.

- 이 원형을 실행하기 위해 필요한 심리적 · 물리적 자원을 가지고 있나요? 만일 그렇지 않다면, 이러한 자원을 얻기 위해 어떠한 조치를 할 수 있을까요?
- 이 아이디어가 마음에 드나요? 이 행동에 참여하는 것에 대해 어떻게 느껴지나요?
- 이 원형은 충분히 구체적이며, 그것을 실행할 방법을 알고 있나요?
- 이 원형은 실행 가능한가요? 내가 통제할 수 없는 감정이나 생각이 아닌, 내 손발로 할 수 있는 것인가요?
- 이 원형을 실행하기 시작하면 어떤 불편한 생각이나 감정이 나타날 것이 예상되나요?

필연적으로 나타날 가능성이 있는 내적 장애물에 대한 마지막 질문은 필수적입니다. 종종 마음은 가장 침투적이고 다루기 힘든 장애물을 만들어 내기 때문입니다. 내직 장애물에는 "나는 이런 사람이 아니야" 또는 "나는 그렇게 느끼지 않아"와 같은 생각이나 공황, 무기력, 자기-회의의 감정들을 포함할 수 있습니다. 어떤 종류의 내적 장애물이 나타날 수 있는지 아는 것은 또한 내담자가 가치-중심적인 삶을 만들고 유지하기 위해 더 많은 심리적 유연성을 발전시켜야 할 부분에 대한 유용한 정보를 제공합니다(심리적 유연성에 대한 자세한 내용은 제2장 참조). 예를 들어, "나는 ~을/를 할 수 있는 그런 종류의 사람이 아니야"와 같이 개념화된 자기와 관련된 장애물이 나타난다면, 이는 치료자에게 맥락으로서의 자기 및 조망 수용 작업이 유용하리라는 것을 알려 줍니다. "이건 안 될 거야"가 장애물이라면, 탈융합 레퍼토리를 강화하는 것이 순서일 수 있습니다. 불안감이나 신체적 고통이 내적 장애물인 경우, 원형에 일부 기꺼이하기/수용을 통합할 수도 있습니다.

2단계: 실행 및 자료 수집

여기에서 내담자는 원형을 테스트하기 시작합니다. 내담자는 테스트할 준비가 된 구체적이고 적극적인 계획이 있습니다. 또한 중간에 장애물이 나타날 가능성이 있다는 것을 알고 있고, 그것에 대비할 준비가 되어 있습니다. 원형작업의 목적은 정보를 수집하는 것이기 때문에, 해당 자료를 수집하는 방법에 주의를 기울여야 합니다. 내담자는 가치 명료화 과정의 즉각적인 결과와 장기적인 결과를 모두 접촉하고 추적할 수 있어야 합니다. 생각해 볼 수 있는 질문은 다음과 같습니다.

- 나의 행동이 나에게 중요한 삶의 영역에 긍정적인 변화를 불러왔나요? 만약 그렇다면, 어떤 변화를 불러왔나요?
- 나의 가치 원형을 내가 원하는 대로 완전히 실현하는 데 방해가 되는 것은 무엇인가요?
- 이러한 행동 패턴을 한 달, 1년, 평생에 걸쳐 지속한다면 어떨까요?
- 이 가치를 최대한 발휘하며 살아온 삶을 돌아본다면, 그 삶을 살아온 것에 대해 어떤 느낌이 들까요? 이러한 삶을 살아온 것을 인생의 끝자락에 되돌아봤을 때 어떤 생각이나 감정이 들까요?
- 이런 방식의 가치 명료화 과정을 지속하지 않기로 했다면, 지금으로부터 1년

후에 돌아봤을 때 이러한 가치로 살아오지 않은 것에 대해 어떤 생각이나 감정이 들까요? 가치를 살리지 못한 삶을 돌아보면서 삶의 마지막에 어떤 생각이나 감정이 들까요?

- 이 원형을 실행하거나 깊이 생각해 보는 동안 예상치 못한 경험을 했나요? 그것이 나 자신 또는 나의 가치에 대해 무엇을 말해 줄까요?

마지막 질문은 종종 예상치 못한 결과가 가장 훌륭한 스승 역할을 할 수 있기 때문에 매우 중요한 질문 중 하나일 수 있습니다. 기대에 부합하지 않는 반응이나 경험은 내담자에게 불편할 수 있지만, 그들이 배우고자 하는 자신이나 환경에 대한 피드백을 접했다는 것을 의미하기 때문에 매우 유용합니다.

즉각적이고 장기적인 결과 외에도, 우리는 내담자가 자기 행동의 대인관계적 및 개인 내적인 영향에 대한 정보를 얻기를 원합니다. 다음과 같은 질문을 할 수 있습니다.

- 내 행동이 다른 사람들에게 어떤 영향을 미쳤나요? 다른 사람들이 나의 가치 행동에 어떻게 반응했나요? 내 행동이 그들에게 어떤 영향을 미쳤는지 추측하는 것이 가능한가요? 그리고 그것을 알기 위해 직접 그들에게 물어볼 필요가 있을까요?
- 이러한 가치 행동에 참여하는 것이 자신이나 내 주변의 다른 사람들의 삶의 질 향상에 기여했나요? 그렇다면 어떤 방식으로 이루어졌나요? 이것을 알기 위해 다른 사람에게 물어볼 필요가 있을까요?
- 이런 가치 행동에 참여한 자신에 대해 어떻게 느끼나요? 이 행동을 할 때의 내 모습이 마음에 들었나요?
- 가치 행동에 참여하는 동안 어떤 생각, 감정, 신체 감각이 나타났나요? 이러한 반응은 나에게 무엇이 중요한지에 대해 어떤 것을 말해 줄까요?
- 이 원형을 계속 실행한다면 1년 후에 나의 대인관계가 어떻게 달라질 수 있

을까요? 이러한 삶의 방식을 지속한다면 미래에는 관계에서 무엇이 가능해 질까요?

- 만약 일 년 내내 이러한 가치 명료화 방식으로 계속 살아간다면, 1년 후의 자신에 대해 어떻게 느낄까요?

3단계: 검토하고, 수정하고, 반복하기

원형작업은 반복적인 과정입니다. 우리는 그 과정에서 수집한 자료를 가지고, 그에 맞춰 원형작업을 수정해야 합니다. 때때로 내담자는 원형을 완전히 버리기로 결정할 수 있습니다. 예를 들어, 내담자는 유쾌하게 사는 것이 자신에게 매우 중요할 것으로 생각했지만, 한동안 '유쾌함'을 원형작업한 후, 실제로는 자신에게 큰 의미가 없다는 것을 깨달을 수 있습니다. 어쩌면 내담자가 유쾌하게 살기를 더 원했던 사람은 내담자의 파트너였다는 것이 밝혀졌을지도 모릅니다. 아니, 어쩌면 내담자는 그 과정에서 유쾌함이 '해야만 하는 일'이라고 어딘가에서 배웠던 것을 깨달았지만, 관련 원형을 자유롭게 실험하기로 선택했을 때, 유쾌하게 사는 것이 실제로는 자신에게 매력적이지 않았다는 것을 깨달았을 수 있습니다. (다시 말해 그것은 본질적으로 강화되지 않았는데, 제1장에서 언급한 바와 같이 이는 가치의 정의의 일부입니다.) 이것은 훌륭한 정보입니다. 또한, 특정 원형이 이런저런 이유로 효과적이지 않거나 흥미롭지 않았을 수 있습니다. 그런 경우에는 '유쾌함'의 다른 버전을 시도해 보거나 그것이 강화될 때까지 더 많은 기술을 개발해야 할 수도 있습니다.

가치 있는 삶의 큰 패턴 만들기. 가치는 본질적으로 누군가가 지금-여기에서 하는 행동과, 이러한 행동이 내재하고 있는 목적이라는 더 큰 맥락 사이의 연결에 관한 것입니다. 작은 행동들이 맥락 없이 존재하면 의미가 없으며, 일부 의미는 시간이 지나면서 비로소 생겨납니다. 따라서 내담자는 점점 더 큰 패턴의 가치 있는 삶을 만들기 위해 원형의 범위를 수정하고 확장함으로써 도움을 받습니다. 이는 한 번의 행동만으로 원형을 테스트하기에는 충분하지 않다는 것을 의미합니다. 원형 자체가 지속적인 활동일 수 있는데, 예로, 새로운 친구를 사귀는 일환으로 수업을 듣거나 취미를 즐기는 사람들의 집단에 가입하는 것입니다. 내담자는 또한 자료를 수집하는 동안 다른 맥락이나 다른 가치 영역에서 원형을 반복할 수도 있습니다. 원형은 또한 서로를 기반으로 구축될 수 있으며, 가치 단계를 한 걸음씩 따라가면서 결국 가치 있는 삶의 전체 패턴에 대한 원형을 만들 수 있습니다. 어떤 방법으로 하든지, 당신의 임무는 내담자가 풍부하고, 생명력 있고, 의미로 가득한 삶을 사는 것이 어떤 것인지에 대해 더 완전한 그림을 그릴 수 있을 때까지, 수집한 자료를 기반으로 원형을 계속 검토하고, 반복하고, 확장하도록 도와주는 것입니다.

가치 원형작업의 문제해결

원형작업은 모두 정보를 얻기 위해 실험하는 것이기 때문에, 원형작업이 '실패'할 방법이 많지 않습니다. 모든 자료들이 우리에게 무언가를 말해 줍니다. 주된 장애물은 자료를 효과적으로 수집하지 못하는 데에서 비롯되는 편입니다. 때때로 내담자가 자료를 수집해야 하는 것을 잊어버리는 단순한 문제일 수도 있습니다. 많은 사람들이 치료자, 의사, 또는 헬스 트레이너와 함께 논의했던 행동을 완수하려는 의지가 있었지만, 다음 약속 때까지 그것을 완전히 잊어버리고 약속을 어겨본 본 경험을 한 적이 있습니다. 따라서 약속을 떠올리게 해 주는 장치가 중요합니다. 저는 거의 항상 내담자와 원형 실험을 위해 약속한 것을 기록하고, 생각해 볼 질문과 함께 약속을 떠올릴 수 있는 메모를 내담자에게 전달합니다.

일부 내담자들은 원형 실험에 대한 경험을 기억에서 떠올리려고 노력할 것입니다. 그들은 모든 세부 사항을 기억할 것이라고 생각할 수 있지만, 특히 자료 수집에서 담아낸 일부 자세한 정보에 관해서는 기억력이 그렇게 효과적이지 않습니다. 그래서 저는 항상 내담자들에게 그것을 적으라고 권장합니다! 그들은 매일 일기 쓰기를 통해 이를 수행하거나, 매일 하루가 끝나갈 무렵에 '실험' 결과를 기록하는 간단한 추적 양식을 만들 수 있습니다. 심지어 당신은 내담자가 원형작업 실험의 결과를 기록하는 것을 돕기 위해 추적 양식을 만들어 제공할 수도 있습니다. 무엇이든 간에, 내담자가 완료한 '자료 수집'을 다음 회기에 가져와서 두 사람이 함께 검토할 수 있습니다.

원형작업 과정 중 발생할 수 있는 다른 문제점은 내담자가 '실패'로 해석하는 것과 마주하는 경우입니다. 어떤 원형은 필연적으로 예상과는 다른 결과가 나올 것입니다. 그렇지 않으면 실험하는 것이 무슨 의미가 있을까요? 내담자는 이러한 예상치 못한 결과를 종종 실패로 해석합니다. 내담자가 자신의 실험이 '실패했다'는 믿음에 얽매이게 되면 원형작업 과정을 이탈할 수 있습니다. 따라서 이러한 종류의 장애물이 발생하는 경우, 치료자는 원형이 학습을 목적으로 하는 실험이며, 특별히 어딘가에 도달하려고 하는 것이 아니라는 점을 내담자에게 상기시키는 것이 중요합니다. 치료자는 이러한 '실패'를 유용한 자료로 재구성할 수 있습니다. 또는, 기꺼이하기와 탈융합 레퍼토리 작업을 함으로써 내담자가 한 걸음 물러서서 자신의 삶이 무엇을 의미하기를 원하는지 더 명확하게 하기 위한 여정의 일부라고 생각할 공간을 내어주는 기회가 될 수 있습니다.

행동을 통한 학습의 함정

이 장에서는 가치를 탐색하는 가장 좋은 방법은 때때로 경험적으로 가치 행동에 참여하는 것이라는 사실을 다루어 왔습니다. 다음은 가치 탐색에서 이 전략을 사용할 때 사람들이 겪는 가장 일반적인 몇 가지 어려움입니다.

너무 많은 말, 부족한 행동

원형작업의 요점은 내담자가 보다 의미 있고, 목적이 있으며, 생명력 있는 삶을 만드는 것을 배우도록 도움을 주는 것입니다. 그것은 행동을 필요로 합니다. 아이디어를 실천하지 않는다면, 세상의 모든 가치 탐색이 조금도 다를 바가 없습니다. 많은 치료자가 가치 카드 분류, 최고의 순간 연습, 경건한 추도사 연습 등을 진행하느라 회기에서 너무 많은 시간을 보내면서, 가치를 실천하는 부분은 생략하는 것을 보았습니다. 기억하세요. 내담자는 행동을 취하기 전에 '모든 것을 파악할' 필요가 없습니다. 때로는 행동을 취한 후 결과를 추적하는 것이 가치를 더 탐색하는 가장 좋은 방법입니다.

장애물을 사실로 믿는 것

가치-중심적인 삶을 향한 길에서 불편하고 혼란스러운 생각이나 감정과 같은 내적 장애물은 불가피하게 발생할 것입니다. 심리적 유연성 모델에서는 불편한 생각과 감정을 믿거나 이를 고치려고 시도하여 우리를 경험회피의 길로 빠지게 만드는 대신, 탈융합 기술의 개발, 기꺼이하기 연습, 현존하는 것에 대한 학습, 그리고 조망 수용으로 더 유연해지기를 통해 정신적이고 정서적인 장애물에서 벗어나는 힘을 얻을 수 있다고 말합니다. 따라서 이 과정을 진행하는 동안 내담자의 전반적인 심리적 유연성도 추적해야 합니다. 이러한 레퍼토리는 더 지속적인 가치 있는 삶을 가능하게 할 것이기 때문입니다.

핵심 챙김

- 가치 명료화 과정은 현재에 일어나고 있습니다. 내담자가 가치를 명료화하는 과정을 추적하도록 도움을 주면, 내담자는 자동 조종 모드를 해제하고 어떤 가치를 선택할지에 대한 선택권을 갖게 됩니다.
- 의도적인 가치 명료화 행동을 강화합니다.
- 가장 좋은 학습 중 일부는 행동을 통해 이루어집니다. 가치 원형작업은 가치

탐색 과정을 지속하는 훌륭한 방법입니다.

- 가치 원형작업은 내담자가 중요한 자료를 수집하는 동안 의도적인 가치 명료화 과정을 연습할 수 있게 해 줍니다.
- 원형작업은 반복되고 확장되는 과정입니다. 원형을 수정하고, 반복하고, 확장하여 더 큰 가치 있는 삶의 패턴을 만들어 나갑니다.

활용 단계

- 내담자가 이번 주에 참여한 활동에 관해 이야기할 때, 그 행동이 어떤 가치를 중시하는지 알아차리도록 요청합니다. 이 장의 몇 가지 질문의 예를 사용하거나 내담자와 함께 이를 탐색하기 위해 자체적으로 제안해 볼 수 있습니다.
- 내담자 중 한 명과 일일 가치 명료화 과정 추적 양식을 사용합니다.
- 내담자와 함께 사용할 수 있는 가치 원형작업 자료 수집 양식을 개발합니다. 내담자의 지속적인 가치 탐색을 추적하는 데 도움이 될 것으로 생각되는 정보를 포함합니다.
- 가치 원형작업을 준비 중인 내담자를 파악하여 이 아이디어를 소개하고 내담자가 이를 탐색할 의향이 있는지 확인합니다.
- **내면 통찰 학습**: 자신만의 가치 원형을 설계하고 실행합니다. 무엇을 가치 있게 생각하는지, 무엇을 가치 명료화해 보고 싶은지에 대해 답변하고 싶은 질문부터 시작합니다. 실험해 볼 원형을 하나 생성합니다. 원형을 실행하고 관련 자료를 기록해 봅니다. 무엇을 배웠나요? 원형을 어떻게 수정하고 싶나요?

제7장

가치 방향으로 갈 때 장애물이 되는 경직성

장애물이 길을 막고 있는 것이 아닙니다. 그 장애물이 바로 길입니다.

-선(禪) 속담

우리는 종종 무엇이 가장 중요한지 알기 어려운 경우가 많습니다. 특히, 삶의 고통을 피하라는 외침이 가장 강하게 끌어당기는 두려움과 고통의 시기에는 그 지식을 붙잡는 것이 여전히 더 어렵습니다. 당연하게도, 이러한 시기에는 심리적 경직성이 슬금슬금 나타나서 사이렌의 울림처럼 우리를 정말로 중요한 것에서 벗어나게 하려고 위협하는 경우가 많습니다. 이것은 가치 있는 삶의 정상적이고 피할 수 없는 부분이며, 가치를 다루는 치료자로서 우리가 예상해야 할 것입니다.

이 장에서 우리는 내담자가 자신의 가치를 탐색하기 시작할 때 발생하는 몇 가지 공통적인 장애물을 살펴보고 내담자가 이러한 문제가 발생했을 때 효과적으로 처리하는 데 필요한 도구를 개발하도록 돕는 방법을 알아볼 것입니다. 장애물이 생기면 내담자가 그들이 가지고 있는 자신과 타인, 세상에 대한 이야기에서 벗어나도록 돕는 지원(유연한 조망 수용)이 필요합니다. 또한, 그러한 생각을 '진실'이 아닌 생각으로 보는 것(탈융합), 그러한 이야기가 종종 우리를 보호하려고 하는 고통스러운 생각, 감각, 감정을 위한 공간을 마련하고(기꺼이하기), 지금-여기에서 중요한 것에 주의를 기울이기 위해(현재 순간) 도움이 필요할 수 있습니다. 우리의 임무는 한동안 내담자와 함께 길을 여행하면서 그들이 그러한 능력을 개발하여 치료가 끝난 후에도 자신에게 가장 중요한 것과 일치하는 삶을 사는 데 필요한 도구를 갖도록 돕는 것입니다.

때때로 가장 좋은 해답은 바로 좋은 질문이다

인간의 마음mind은 정교한 문제해결 기계로 진화했습니다. 이는 치료자의 마음에도 적용됩니다. 어려움이 닥칠 때, 내담자가 우리에게 난제를 안겨 줄 때, 또는 우리가 꼼짝 못하게 갇혔다고 느낄 때, 즉시 해결책을 찾고 싶은 것은 자연스러운 일입니다. 우리의 마음은 이러한 사건을 문제로 규정하는 경향이 있으며, 우리는 문제를 해결하기 위해 노력합니다. 그러나 때로는 문제를 해결하려는 이러한 자동적인 충동이 우리(내담자와 치료자 모두)를 꼼짝 못하게 만드는 원인이기도 합니다. 때로는 내담자 자체가 우리에게 문제로 보일 수도 있습니다. 이러한 상황에서는 속도를 늦추고, 한 걸음 물러서서, 치료자로서 배워야 할 것이 무엇인지, 배우지 못한 새로운 존재 방식에 접근할 수 있는 방법을 확인하는 데 도움이 될 수 있는 새로운 관점을 고려할 공간을 허용하는 것이 중요합니다. 다음을 명심하세요. ① 우리 모두는 배울 것이 더 많다. ② 우리 중 누구도 모든 정답을 가지고 있지 않다. 인간이라는 것이 무엇을 의미하는지에 대한 사실이 있다면, 저는 이것들이 그 사실 중 두 가지라고 주장합니다. 따라서 어려움이 발생할 때, 내담자와 함께 배워야 할 것을 알고 배울 수 있는 은혜를 스스로에게 베풀 수 있는지 확인하세요.

도구: 가치-중심으로 심리적 유연성 탐색하기

때로는 좋은 질문이 좋은 해답보다 낫습니다. 심리적 유연성의 관점에서 보면, 기꺼이하기, 탈융합, 유연한 조망 수용, 현재에 주의를 기울이는 능력이 지속적이고 가치 있는 삶을 가능하게 합니다. 당신의 내담자는 이러한 영역 중 일부 또는 전부에 갇혀 있을 수 있습니다. 전념행동은 심리적 유연성의 필수 구성 요소이기도 하지만 가치 탐색의 장애물에 대해 다루는 이 장에서는 이를 강조하지 않습니다. 왜냐하면 전념행동은 가치에 대해 어느 정도 명확성을 얻은 후에 나타나며, 그 이전에 나타나는 것이 아니기 때문입니다. 정의에 따르면 전념행동은 가치를 실체화instantiating하는 것, 즉 가치를 행동에 적용하는 것을 포함합니다. 대신, 저는 유연한 가치 탐색이 일어나기 위해 종종 강화가 필요한 영역인 다른 네 가지 유연성 레퍼토리(기꺼이하기, 탈융합, 유연한 조망 수용/맥락으로서의 자기, 현재 순간 알아차림)에 초점을 맞출 것입니다.

다음은 내담자와의 가치 작업에 어려움을 겪거나 갇혀 있는 경우 시도해 볼 것을 권장하는 5단계 과정입니다. 여기에는 내담자의 심리적 유연성과 함께, 작업해야 할 그들의 유연성 레퍼토리에 대해 배우는 데 도움이 될 수 있는 좋은 질문들을 스스로에게 묻는 것이 포함됩니다.

- 1단계: 문제를 겪고 있거나 치료자인 당신이 어려움을 겪고 있는 내담자를 파악하세요. 우리 중 누구도 모든 답을 갖고 있지 않으며, 성찰하는 행위 자체가 가치 있는 행동이 될 수 있다는 점을 기억하세요. 이 성찰 과정에서 어떤 가치를 행동에 옮기고 싶으신가요?
- 2단계: 이후에 나올 가치-중심의 심리적 유연성 성찰 질문을 읽고 두 가지 기준에 따라 성찰하고 싶은 질문을 찾아봅니다. ① 가장 흥미로워 보이거나 가능성이 가장 높아 보이는 질문을 선택합니다. ② 당신이 가장 탐색하고 싶지 않은 질문을 선택합니다. 우리가 가장 배울 것이 많은 곳은 가고 싶지 않은 곳인 경우가 많습니다.
- 3단계: 각 질문에 대한 간단한 답변을 작성합니다. 질문에 대해 단순히 생각만 하는 것에 그치지 마세요. 우리가 생각하고 느끼는 것을 글로 적을 때에만 우리의 관점이 명확해지거나 생각의 틈을 보게 되는 경우가 많습니다.
- 4단계: 가치-중심 심리적 유연성 성찰 질문을 수반하는 네 가지 심리적 유연

성 평가 척도 각각에 대한 평가 결과를 내담자에게 제공합니다.

- 5단계: 당신이 선택한 질문에 대한 답변과 내담자의 심리적 유연성에 대한 당신의 평가를 고려할 때, 이것이 내담자와의 가치 작업에 어떻게 작용하는지 알 수 있나요? 어떤 행동을 취할 수 있나요? 이 내담자를 돕기 위해 무엇을 배우거나 읽어야 할까요? 동료에게 자문을 받는 것이 도움이 될까요? 그렇다면 누구에게서요? 이 내담자와의 향후 회기에서 점검할 수 있는 구체적인 전략이 떠올랐나요?

경험회피/기꺼이하기에 관한 질문

- 내담자는 어려운 경험을 삶의 정상적인 일부로 보거나, 아니면 고통스러운 생각, 감정, 기억 및 감각을 해결해야 할 문제로 보는 경향이 있습니까? 이는 어떤 종류의 행동으로 이어지나요? 우리가 그들에게 중요한 것이 무엇인지 이야기하기 시작할 때 이러한 경향은 어떻게 나타나나요?
- 내담자가 회피하도록 가장 동기를 부여하는 감정 및 또는 생각은 무엇인가요?(예: 분노, 슬픔, 질투, 지루함, 수치심, 절망, 불안, 외로움, "나는 하자가 있어", "내가 ~했어야 했는데"라는 생각) 이러한 고통스러운 정서는 어떤 갈망/욕구/필요/가치와 관련이 있을까요?
- 고통스럽거나 어려운 것(가치 탐색 포함)에 대해 이야기하기 시작할 때 내담자는 어떻게 하나요? 그것을 개방적으로 탐색하나요? 그것이 고통스럽다는 것을 인정하나요? 불편함을 합리화하거나 최소화하나요? 이러한 행동을 어떻게 다룰 수 있을까요?
- 내담자가 감정/생각/기억/감각을 위한 공간을 마련하도록 도울 수 있다면, 그들이 삶에서 의미 있는 행동을 할 수 있도록 해 주는 감정/생각/기억/감각 한 가지는 무엇인가요?
- 특정 가치 영역과 관련하여 내담자의 내면이나 치료자와 내담자 사이에 갈등이 있나요? 체념이 있나요? 이것은 탐색할 필요가 있는 것들에 대해 무엇을

말해 줄 수 있을까요?

- 가치에 대한 대화를 나눌 때, 내담자에게 어떤 어려운 감정, 생각, 기억 또는 감각이 떠오르는 것 같나요? 만약 모른다면, 어떻게 알아낼 수 있을까요?

앞의 질문을 바탕으로 내담자가 자신에게 중요한 것을 하기 위해 고통스러운 생각, 감정, 감각, 기억을 경험하려는 기꺼이하기의 현재 수준을 평가하세요.

1	2	3	4	5	?
전혀 기꺼이하지 못함	약간 기꺼이 함	어느 정도 기꺼이 함	상당히 기꺼이 함	완전히 기꺼이 함	모름

탈융합에 관한 질문

- 내담자는 자신의 행동을 이끌어 내기 위해 일련의 규칙(해야 한다/해서는 안 된다, 반드시 그래야만 한다/그럴 수 없다, 옳다/그르다)에 의존하나요? 이러한 규칙이 가장 많은 제약을 초래하는 곳은 어디인가요? 내담자가 이러한 규칙에 대한 집착을 느슨하게 할 수 있도록 돕기 위해 무엇을 할 수 있을까요?
- 내담자는 특정 원칙을 실효성workability과 관계없이 모든 맥락에서 확실하고/옳고/도덕적인 것으로 경직되게 고수하나요? 그들은 얼마나 많은 이분법적 사고를 하고 있나요? 이러한 것들이 그들의 삶을 위해 무엇을 선택할지 개방적으로 탐색하는 능력을 방해하는 것처럼 보이나요? 그렇다면 내담자가 이러한 원칙을 너무 강하게 고수하거나 이분법적인 사고에 따라 행동하는 것의 영향을 인식하도록 어떻게 도울 수 있을까요?
- 내담자가 종종 원칙이나 가치의 정당성을 치료자에게 설득하거나 주장하려고 하는 것처럼 느껴지나요? "맞아요, 하지만……"이라는 말이 나올 때가 많이 있나요? 이때 내담자는 무엇을 믿고(융합되어) 있을까요? 만약 모른다면, 내담자와 치료자가 어떻게 하면 가장 잘 융합될 수 있는 생각 중 일부를 더

잘 알아차릴 수 있을까요?

- 내담자가 가치 대화에서 높은 수준의 확신을 보이는 영역이 있나요? 그 확신이 내담자의 개방성, 호기심 또는 가치 탐색을 도움이 되지 않는 방식으로 제한하나요? 이에 대해 내담자와 치료자는 무엇을 배워야 할까요?
- 내담자와 치료자가 가치에 대해 논의할 때, 대화에 여유가 없거나 복잡하거나 비교로 가득 찰 때가 있나요? 그렇다면 무엇이 이것을 유발하는 경향이 있나요?
- 이 내담자가 자신의 생각을 생각으로 인식하고 평가에 덜 사로잡힐 수 있도록 돕기 위해 어떤 전략을 사용할 수 있나요?
- 이 내담자가 자신에게 가장 중요한 것과 접촉하지 못하게 하는 생각, 믿음, 또는 이야기는 무엇인가요? 이 생각이 내담자를 덜 통제하도록 돕기 위해 무엇을 할 수 있을까요?

앞의 질문을 바탕으로 내담자의 현재 탈융합 수준(즉, 생각을 생각으로 보고 생각과 믿음에 경직되게 융합되어 있지 않은 능력)을 평가하세요.

1	2	3	4	5	?
전혀 융합되지 않음	약간 융합됨	어느 정도 융합됨	상당히 융합됨	완전히 융합됨	모름

유연한 조망 수용에 관한 질문

- 내담자는 그들 자신이나 타인에 대해 단정적이고 판단적인 생각에 사로잡혀 있는 경향이 있나요?
- 내담자는 얼마나 다른 조망에서 상황을 볼 수 있나요? 이 내담자가 취할 수 있는 대안적인 관점은 무엇이며 어떤 상황에서 유익을 얻을 수 있나요?
- 내담자는 얼마나 공감이나 자기-자비를 가질 수 있나요? 이러한 영역의 결함으로 인해 내담자가 자신에게 정말로 중요한 것이 무엇인지 아는 데 방해가

되나요? 그렇다면 내담자가 이러한 역량을 개발하도록 어떻게 도울 수 있을까요?

- 내담자가 자주 자신의 과거력을 그들의 대응이나 비효과적 행동을 이해하거나, 합리화하거나, 정당화하기 위해 사용하는 것 같나요?(예: "나는 학대를 당했기 때문에 사람을 믿을 수 없어.")
- 내담자가 자신의 삶에서 선택의 감각을 갖는 데 가장 방해가 되는 자신이나 타인에 대해 어떤 이야기들을 하나요? 그들이 그 이야기로부터 한 발자국 물러나거나 그것을 그저 이야기로만 볼 수 있도록 돕기 위해 무엇을 할 수 있을까요?
- 내담자가 자신의 삶을 하나 또는 두 가지 정체성이나 역할로만 좁혀 왔나요?(예: 어머니, 아버지, 전문직, '정신질환자', '중독자') 만약 그렇다면, 이로 인해 어려움이 발생하고 있나요? 이러한 협소화를 다루려면 어떻게 해야 하나요?
- 우리의 가치 대화가 오래되고 정체되어 있다고 느껴지나요? 만약 그렇다면 언제 이런 일이 발생하나요? 조망 수용을 통해 어떻게 대화에 활기를 더 불어넣을 수 있나요?

위의 질문을 바탕으로 자신과 타인에 대해 갖고 있는 이야기에서 벗어나 유연한 조망 수용을 취하는 내담자의 현재 능력을 평가하세요.

1	2	3	4	5	?
다른 조망을 수용할 능력이 없음	다른 조망을 수용하는 능력이 제한됨	다른 조망을 수용하는 능력이 다소 있음	다른 조망을 수용하는 능력이 상당히 있음	완전히 다른 조망을 수용할 수 있음	모름

현재 순간의 접촉에 관한 질문

- 내담자는 회기 중에 과거 사건에 대해 반추하거나(말로 또는 내적으로) 상상

한 미래 사건에 대해 걱정하나요? 우리가 가치에 대해 대화할 때, 추상적인 논의나 미래/과거에 대한 논의에서 현재 순간의 능동적인 가치 명료화 과정으로 전환하기 위해 어떤 전략을 사용할 수 있을까요?

- 내담자는 회기 밖의 사건에 초점을 맞추는 것에서 치료 중 현재 순간에 일어나는 일로 얼마나 잘 전환할 수 있나요? 그들이 더 효과적으로 그렇게 하도록 어떻게 도울 수 있을까요?
- 내담자가 치료자와 관계에서 진정으로 소통하기보다는 치료자에게 일방적으로 말하는 것처럼 느낄 때가 자주 있나요? 우리는 치료 자체의 근본적인 '이유' 또는 우리의 관계와 관련될 수 있는 가치를 재검토할 필요가 있을까요?
- 내담자는 이전에 백번쯤 말했던 것 같은 생명력 없고 오래된 이야기를 하는 경향이 있나요? 이를 지속하도록 허용하는 것이 내담자에게 최선의 이득인가요? 아니면 이 시간 동안 내담자를 방해하는 방법을 배울 필요가 있나요? 만약 그렇다면, 그러기 위해 나는 무엇을 배우고 기꺼이 경험해야 하나요?
- 내담자는 자신의 삶에서 다른 곳을 찾거나 다음 일을 성취/완수하는 데 초점을 맞추는 경우가 자주 있습니까? 이것이 순간순간의 가치 명료화에 어떻게 방해가 될 수 있나요?
- 우리의 가치 대화를 좀 더 체험적이고 덜 '이론적으로heady' 만들 수 있는 방법은 무엇인가요?
- 회기 중 어느 시점에서 이 내담자는 미래로 방향을 틀어 걱정에 빠지거나 과거로 이동하여 반추에 빠지는 경향이 있나요? 무엇이 이것을 촉발하곤 하나요? 이런 일이 발생할 때, 내담자가 현재 순간으로 돌아올 수 있도록 어떻게 도울 수 있나요?
- 가치에 대한 대화가 강렬한 문제해결(즉, 미래의 어떤 지점에 도달하는 데 초점을 맞추는 것)을 촉발하는 경우가 있나요? 이것이 가치 탐색에 필요한 호기심과 포괄적인 질적 특성을 방해하고 있나요?

앞의 질문을 바탕으로 현재 순간과 접촉하는 내담자의 현재 능력을 평가하세요.

1	2	3	4	5	?
현재에 존재하는 능력이 없음	현재에 존재하는 능력이 제한됨	현재에 존재하는 능력이 다소 있음	현재에 존재하는 능력이 상당히 있음	완전히 현재에 존재할 수 있음	모름

심리적 경직성과 관련된 일반적인 가치 문제

위의 질문들을 숙고함으로써, 당신은 내담자의 심리적 경직성이 어떻게 가치 작업을 방해할 수 있는지에 대한 더 큰 그림을 볼 수 있도록 한 걸음 물러나는 기회를 가졌습니다. 다음에서는 심리적 유연성 이론의 렌즈를 통해 살펴보면서, 가치 작업에서 자주 나타나는 가장 공통적인 정체 지점 중 일부와, 이것이 어떻게 도움이 될 수 있는지에 대한 제안을 검토합니다.

회피가 가치를 지배할 때(기꺼이하기 레퍼토리의 결함)

중요한 것들을 향해 가는 길에는 필연적으로 고통이 따릅니다. 고통스러운 생각이나 감정이 일어날 때, 우리의 많은 내담자들은 비효율적이고 경직된 회피 전략에 의존합니다. 왜냐하면 그것이 학습의 역사가 그들에게 가르쳐 준 유일한 '해답'이기 때문입니다. 대부분의 삶에서 내담자들은 자신이 원하지 않는 것을 제거해야 결국 원하는 삶으로 이끌어 줄 것이라는 희망을 가져왔습니다. 그들은 약물, 술, 섹스, 음식, 과도한 운동을 하거나 자신의 감정을 무감각하게 하기 위한 것을 할 수도 있습니다. 그들은 미루는 버릇과 씨름하거나, 숙제나 약속을 놓치지 않는 것과 같은 합의된 약속을 포함한 것들을 이행하지 못하여 가치 있는 행동을 연기하기도 합니다. 그들은 또한 의미와 목적이 있는 삶을 살아갈 수 없다는 절망감을 느낄 수도 있습니다. 그래서 당연하게도, 그들은 고통에 직면했을 때 우리 대부분이 학습한 방식, 즉 어떻게든 고통을 줄이려고 노력하는 방식으로 그 고통에 반응합니다.

가치는 고통과 불가분의 관계이기 때문에 가치에 대한 논의를 시작하자마자 치료실에서 이러한 회피가 나타나는 것을 종종 보게 될 것입니다. 다음은 이러한 일이 발생할 수 있는 몇 가지 일반적인 방식입니다.

특정한 감정을 느끼거나 느끼지 않는 것에 초점을 두는 내담자

내담자가 자신의 가치에 대한 질문에 감정 상태로 반응하는 것은 흔한 일입니다. 예를 들어, 무엇을 가치로 선택하겠느냐는 질문에 내담자는 "저는 덜 불안해지고 싶어요", "자신감을 갖고 싶어요", "저는 제 자신에 대해 더 좋은 기분을 느끼고 싶어요"와 같은 말로 응답할 수 있습니다. 우리는 이것을 '과정 목표process goals' 라고 부릅니다. 만약 가치가 정의상 잘 살았던 삶의 결과를 나타낸다면, 더 나은 감정을 느끼는 것이 잘 사는 삶을 위한 필수 전제 조건으로 보일 경우 과정 목표가 될 수 있습니다. 예를 들어, "저는 좀 더 자신감을 갖고 싶어요"의 무언의 의미는 보통 "저는 현재 느끼고 있는 자기-의심self-doubt을 느끼고 싶지 않아요"이고, 종종 "나는 x, y, 또는 z를 하기 위해서 자신감을 더 가져야 한다"는 뜻입니다. 좋은 감정을 우선시하는 것은 일반적이고 이해할 만하지만, 좋은 감정에 경직된 초점을 맞추면 삶의 더 큰 목적으로부터 주의가 멀어질 수distract 있습니다. 그 결과, '좋은 감정을 느끼는 것'에 대한 경직된 초점은 잘 사는 것을 희생시키게 됩니다.

시도해 볼 전략: 행동에 초점 맞추기. 내담자가 특정 감정 상태를 경험하거나 경험하지 않는 것에 경직되게 초점을 맞출 때, 가치가 행동의 질적 특성에 관한 것이라는 생각과 다시 연결되도록 하는 것이 유용합니다. 제1장에서 설명한 대로, 가치는 우리가 어떻게 느끼기를 원하고 원하지 않는지에 관한 것이 아니라 이 삶을 살아가는 동안 우리가 어떻게 행동하기를 원하는지에 관한 것입니다. 다음은 특정한 감정을 느끼거나 느끼지 않는 데 초점을 맞춘 내담자에게 이것을 설명할 수 있

는 방법에 대한 간단한 예시입니다.

치료자: 가치란 당신에게 가장 의미 있고 중요한 삶의 방식이며, 당신이 삶의 마지막에 도달했을 때, 인생이 끝났을 때 당신이 원하는 삶의 모습과 같은 것입니다. 반면에 감정은 왔다가 사라지는 감각입니다. 때로는 감정이 우리가 하고 있는 일과 직접적으로 연관되어 있는 것처럼 보이지만, 어디선가 갑자기 나타난 것처럼 느껴질 때도 있어요. 감정은 종종 우리의 통제를 벗어납니다. 가치에 집중함으로써 우리는 당신이 선택할 수 있는 것들, 즉 어떻게 이 삶을 살아갈지, 에너지를 어디에 쏟을지, 그리고 삶에서 어떤 행동을 취할지를 중점적으로 다룹니다. 사람들은 때로 의미 있고 중요한 삶을 살 때 기분이 '더 좋아지고', 아마도 더 자랑스럽고, 만족스럽고, 또는 행복하다고 보고할 거예요. 그러나 그것은 오히려 긍정적인 부작용에 가깝습니다. 그것은 목표가 아니거든요. 가치 있는 삶을 사는 것이 목표입니다. 감정이 우리 삶의 주된 목표가 될 때, 우리는 더 큰 그림에서 정말로 중요한 것이 무엇인지 놓칠 수 있습니다.

가치는 우리가 어떻게 느끼고 싶은지가 아니라 우리가 어떻게 행동하고 싶은지에 관한 것이기 때문에 당신은 내담자에게 그들이 추구하는 감정을 갖는다면 어떤 행동을 할지 상상해 볼 것을 요청하여 행동으로 초점을 전환할 수도 있습니다. 예를 들어 보겠습니다.

- 당신이 '자신감/행복/스스로에 대한 긍정'을 느끼는 배역을 연기하는 배우라면, 그 배역은 어떻게 행동할까요? 그 배역이 지금 내 삶에서 불가능하다고 느끼는 어떤 일을 할 수 있을 것이라고 생각하시나요?
- 불안, 슬픔, 걱정, 자기-의심, 또는 분노를 전혀 느끼지 않고 항상 기분이 좋은 약을 먹을 수 있다면 어떻게 시간을 보낼 것이라고 생각하나요?
- 다른 때에는 할 수 없다고 느끼는 행복/자신감/평화를 느낄 때 당신은 무엇을 할 수 있나요?

'절정 경험' 또는 정서적 강렬함에 초점을 두는 내담자

일부 내담자는 일반적으로 정서적 강렬함emotional intensity을 경험하는 데 경직되게 초점을 맞춥니다. 이 내담자들은 다음에는 가장 높은 산을 오르거나, 다음에는 환상적인 사업을 시작하거나, 다음에는 강력한 약물을 찾거나, 심지어 그들의 삶에 의미를 가져다줄 것을 희망하며 아이를 갖는 것 등 그다음의 '절정 경험peak experience'을 끊임없이 쫓고 있습니다. 자세히 조사해 보면 이러한 강렬한 추구의 핵심은 특정 감정(흥분, '순간적인 강한 자극the rush', 자신감, 힘 등)을 획득하고, 함께 있기 어려운 다른 감정(자기-의심, 지루함, 외로움, 무의미함, 취약함 등)을 피하는 데 있다는 것을 알 수 있습니다. 어떤 감정을 붙잡으려고 노력할 때 종종 그렇듯이, 그들이 획득하는 감정은 텅 비거나 공허하게 느껴지는 경향이 있으며, 그들은 보다 지속적이고 진정한 의미나 만족감을 제공할 것이라는 희망으로 다음 '절정 경험'으로 빠르게 이동합니다.

임상 사례: 제롬. 제롬Jerome은 몇몇 사람들이 '아드레날린 추적자'라고 부르는 사람이었습니다. '절정 경험'을 갖는 것에 대한 그의 경직된 초점은 처음에는 우리의 가치 탐색에 몇 가지 어려움을 야기했습니다. 제가 그에게 생명력을 느꼈던 때나, 자신에게 중요하거나 의미 있는 방식으로 살고 있다고 느꼈던 때를 물을 때마다 그는 익스트림 스포츠 활동이나 모험에 관해 이야기하곤 했습니다. 그러나 이러한 경험에 대한 그의 설명에는 항상 공허한 부분이 있었습니다. 이 대화에는 생명력(확실히 흥미로웠지만)과 가치 측면에서 올바른 길을 가고 있음을 알려주는 기꺼이 취약성 마주하기가 부족했습니다. 그래서 우리는 계속 탐색했습니다. 다음은 그가 지난 주말의 베이스 점핑[1] 모험이 얼마나 '굉장했는가'에 대해 이야기할 때 대화 중 나온 내용입니다.

---

1) BASE jumping: 지상에 있는 건물이나 절벽 등 높은 곳에서 낙하산으로 강하하는 스포츠이다. 익스트림 스포츠의 하나로 분류되고 그중에서도 가장 위험한 것으로 알려져 있다(위키백과).

치료자: 베이스 점핑을 하는 사람이 되는 것과 관련해서 당신에게 의미가 있거나 중요한 것이 무엇인지 좀 더 말씀해 주시겠어요? **(여기서 주목할 점은 특정 활동의 요소에서 그가 그 행동에 참여하고 있는 개인적 측면으로 대화를 전환하고 있다는 것입니다. 즉, '베이스 점핑을 하는 사람'이 되는 것에 초점을 맞추는 것입니다. 저의 희망은 이를 통해 그가 단순히 활동 자체보다는 의미 있는 행동의 질적 특성에 관해 이야기하는 데 더 가까워지는 것이었습니다.)**

내담자: 음, 솔직히 말해서 그것은 저에게 별로 의미가 없거나 중요하지도 않은 것 같아요. 사실, 그것을 한 후에는 대개 기분이 정말 가라앉거나 실망감을 느껴요. 그 일이 그다지 강렬하지 않은 것처럼요. 저는 순간적인 자극을 위해 행동하는 것 같아요. 뛰어내리려고 할 때 느끼는 그 짜릿함이 제 인생에서 완전히 지루함을 느끼지 않는 유일한 시간이에요. 지루한 것보다 훨씬 좋아요.

이 대화를 통해 제롬은 자신에게 있어 절정 경험을 추구하는 것이 실제로는 앞으로 나아가는 것이 아니라 지루함에서 벗어나려는 것이었음을 깨닫기 시작했습니다. 게다가 점점 더 강렬해지는 정서적 경험을 경직되게 끊임없이 추구하는 그의 모습은, 또한 그를 감각이 둔화된 상태로 만들었고, 더 섬세하거나 미묘한 정서적 경험에서 찾을 수 있는 의미와 목적의 원천들을 놓치게 한 것으로 보였습니다. 예를 들어, 그는 가치보다는 '순간적인 강한 자극'만을 추구했기 때문에 관계나 자연과 같은 것에서 자신에게 가치가 있을 수 있는 것이 무엇인지 탐색하는 데 시간을 투자하지 않았습니다. 따라서 그는 자주 강렬한 쾌락의 순간을 가졌지만, 자신의 가치와의 접촉 부족으로 인해 삶의 의미와 목적이 전반적으로 부족해졌습니다.

시도해 볼 전략: 섬세한 부분 탐색하기. 가치를 정서적 강렬함과 동일시하는 제롬과 같은 내담자에게는 보다 섬세하고 낮은 강도의 경험, 특히 유대, 연결 또는 친밀함을 포함하는 관계 경험의 가치 탐색에 초점을 맞추는 것이 좋습니다. 이

는 그들이 가지고 있는 관계일 수도 있고, 치료적 관계 자체일 수도 있습니다. 이러한 내담자는 일상생활에서 가치와 접촉할 수 있는 가능성을 파악하는 데 어려움을 겪는 경우가 많습니다. 정서적으로 강렬한 경험에 대한 그들의 경직된 초점은 많은 사람들에게 의미와 만족의 풍부한 원천이 되는 유대, 소속감 또는 친밀함과 관련된 낮은 강도의 관계 경험을 종종 놓치는 것을 의미합니다. 이 상황에서는 최고의 순간 연습(제4장 참조)이 유용할 수 있습니다. 단, 이 연습을 안내할 때 내담자가 단순히 큰 성취를 기억하는 것이 아니라 부드러움, 연결, 소속감의 순간을 탐색할 수 있도록 해야 합니다.

융합으로 인해 가치가 모호해질 때(탈융합 레퍼토리의 결함)

우리가 생각의 통제에서 벗어날 수 있는 능력이 생기면, 우리의 가치를 선택할 수 있는 자유를 갖게 됩니다. 우리가 오직 생각의 한계를 통해서만 세상을 볼 수 있을 때, 우리 삶의 가능성은 제한됩니다. 다음은 내담자의 융합으로 인해 가치 접촉이나 온전히 탐색하는 능력이 모호해질 때 볼 수 있는 몇 가지 모습입니다.

가치를 부정하거나 최소화하는 내담자

"이게 무슨 의미가 있나요?"

"어쨌든 결국 아무것도 중요하지 않아요."

"전 정말 어떤 것도 관심 없어요."

이 모두는 가치를 부정하거나 최소화하는 융합의 사례일 수 있습니다. 당신이 그들에게 가장 중요한 것이 무엇인지에 대한 아이디어를 꺼낼 때, 이러한 내담자들은 주제를 바꾸거나, 농담을 하거나, 어떤 식으로든 무시할 수 있습니다. 일부 내담자는 한때 무언가에 관심을 가졌지만 이제는 중요한 것과의 접촉이 끊겼다고 보고할 수 있습니다. 예로, 내담자는 다음과 같이 말할 수 있습니다. "네, 저는 다른 사람들과의 관계에서 친절하고 신뢰감을 갖는 데 관심을 가졌어요. 하지만 너무 많이 소진됐고 그것이 그럴 가치가 없다는 것을 깨달았어요."

시도해 볼 전략: "만약 당신이 선택할 수 있다면" 내담자에게 무언가를 설득하려고 노력함으로써 오히려 융합을 촉진하지 않는 것이 중요합니다. 대신 내담자에게 융합으로 인해 강요된 규칙에 얽매이지 않는 세계, 내담자가 선택할 수 있는 세계를 상상해 보라고 요청하는 것을 통해 융합을 초래하는 마음을 우회할 수 있습니다. 예컨대, "어차피 아무것도 중요하지 않아요"라고 하는 내담자의 융합된 진술에 다음과 같이 응답할 수 있습니다.

치료자: 만약 당신이 선택할 수 있다면, 당신의 인생에서 중요한 무언가나 누군가를 갖기로 선택하시겠어요, 아니면 당신에게 중요한 것은 아무것도 가지지 않기로 선택하시겠어요? 만약 당신이 선택할 수 있다면 당신의 이상적인 세계에서는 어느 것을 선택하실 것 같은가요? **(대부분의 사람들은 자신이 무엇인가/누군가를 갖고 싶어 한다는 것을 인정할 것입니다.)** 좋아요, 그것이 당신이 선택하고 싶은 것이라면, 당신에게 중요한 것이나 중요한 사람을 찾아가는 과정을 함께 해 보는 건 어떨까요? 이를 위해 어느 정도 공간을 마련하고 우리가 이것을 실제로 탐색하려면 시간이 좀 걸릴 수 있지만, 저와 함께 해 볼 의향이 있나요?

응종/반-응종으로 대응하는 내담자

내담자와 함께 가치를 탐색할 때 '해야 한다' 또는 '하지 말아야 한다'라는 말을 들을 때마다 응종pliance을 감지하는 당신의 레이더가 작동해야 합니다. 제3장을 다시 떠올려 보면, 응종은 과거에 다른 사람들이 그들의 행동에 어떻게 반응했는지에 기초하여 배운 것을 기반으로 다른 사람을 기쁘게(응종)하거나 불쾌하게(반-응종)하는 것을 말합니다. 응종을 지향하는 내담자는 강박적으로 다른 사람의 인정을 얻으려고 할 수 있습니다. 혹은, "해야 한다"고 들은 것과 반대되는 결정을 내리는 경우도 있습니다("그가 오른쪽으로 가야만 한다고 해서 저는 완강히 왼쪽을 택하고 있어요"와 같은 반-응종 반응). 가치 탐색이 응종 또는 반-응종에 의해 지배되는 내담자는 다른 사람에게 어떤 영향을 미칠지에 따라 자신의 행동을 인위적으로 제한하는 경향이 있습니다. 그들은 자신의 선호도, 우선순위 또는 개인적으로 가장 의미 있는 것이 무엇인지 무시하거나 심지어 인식하지 못할 수도 있습니다. 내담자는 자신이 선택한 가치에 의해 강요당한다고 느낄 수도 있으며, 다른 경우에는 가치-기반valued-base 행동이 자유롭게 선택될 수 있다는 감각을 잃고 대신 혐오스러운 통제를 받는 '해야 할 일'로 전환될 수도 있습니다.

응종/반-응종이 지배하는 가치 대화는 건조하고, 기계적으로 반복되며, 제한적인 것처럼 느껴질 수 있습니다. 체념이나 심지어 수치심도 있을 수 있습니다. 제가 본 가장 흔한 예 중 하나는 내담자가 "저는 제 건강을 중요하게 생각해야 한다는 것을 알아요……"라고 말하는 것입니다. 비록 이 진술이 가치에 관한 것처럼 보이긴 하지만, 저는 이것이 내담자들에게 단순히 운동을 더 많이 하거나, 담배를 끊거나, 체중을 감량하거나, 식사를 다르게 하도록 강요하거나 수치심을 느끼게 하는 또 다른 방법이라는 것을 알게 되었습니다. 이러한 목표는 내담자가 추구하고자 하는(혹은 추구하지 않는) 목표일 수 있지만, 그 목표가 자유롭게 선택되고 본질적으로 강화되는 가치가 아닌 '해야 한다'와 연결되는 순간, 그 목표에 대한 동기를 유지할 가능성은 낮아집니다. 이는 단순히 말하는 단어가 아닌 가치 대화의 질적 특성에 주의를 기울여야 하는 이유를 보여 주는 좋은 예입니다. 내담자의 진술에는 자유로운 선택과 생명력이 담겨 있나요? 아니면 응종, 내면화된 규칙 또는 기대에 뿌리를 두고 있나요? 효과적인 가치 대화의 네 가지 질적 특성을 지침으로 사용하고 이러한 특성을 이끌어내는 방향으로 대화를 진행할 수 있는지 확인해 보세요.

시도해 볼 전략: 다른 맥락 창조하기. 내담자가 외부 규칙의 한계에서 벗어날 수 있도록 돕는 가장 좋은 방법 중 하나는 내담자를 해당 규칙이 지배하는 맥락 밖으

로 데려가는 것입니다. 응종은 일반적으로 대인관계에 기반을 두고 있기 때문에 ('규칙'은 부모, 배우자, 더 큰 문화 집단 또는 종교와 같은 다른 사람들로부터 비롯되는 것으로 인식됩니다.) 핵심 전략은 만약 아무도 내담자를 보는 사람이 없다면 내담자가 가치를 부여하기로 선택할 수 있는 것이 무엇인지 탐색하도록 돕는 것입니다. 내담자에게 다음과 같이 질문할 수 있습니다.

- 당신이 무엇을 선택했는지 아무도 알 수 없다면 당신은 무엇을 중요하게 선택할 것 같나요?
- X의 가치를 평가하기 위해 수행한 모든 작업이 익명으로 이루어져서 당신이 X의 가치를 평가했다는 사실을 아무도 모른다면 어떻게 될까요?
- 당신이 시간과 공간을 통해 완전히 다른 문화, 즉 사회적으로 허용되는 것과 허용되지 않는 것에 대한 규칙이 완전히 다른 문화로 이동했다고 가정해 보겠습니다. 현재의 교육과 문화에서 배운 모든 것이 여기서는 완전히 반대입니다. (다음과 같은 몇 가지 적절한 예를 들어보세요. "이 문화에서는 관대함이 가장 높은 가치로 간주됩니다. 부유한 개인은 관대하지 않다는 고정관념을 갖고 있기 때문에 지위가 낮습니다." 또는 "이 문화에서 여성은 지배력과 자기-주장을 중요시하도록 배웁니다." 그리고 여성의 친절이나 보살핌의 표현은 부정적으로 간주됩니다.) 그것이 당신이 중요하게 선택하는 것을 어떻게 바꿀 수 있다고 생각하나요? 현재 문화에서 새로운 맥락에 관계없이 중요하게 유지하고 싶은 것이 있나요? 내려놓아도 조금은 자유로워질 수 있는 것들이 있나요?

이야기에 대한 융합이 가치 탐색을 제한할 때(유연한 조망 수용 레퍼토리의 결함)

종종 가치는 우리가 누구인지 또는 무엇이 되어야 하는지, 무엇에 관심을 두거나 무엇을 해야 하는지, 무엇이 가능한지 또는 무엇을 할 수 있는지, 그리고 무엇을 경험할 수 없는지에 대해 우리 마음이 말하는 이야기의 층 아래에 묻혀 있습니다. 때때로 우리는 자신의 이야기에 너무 사로잡혀서, 우리의 시각이 마치 하나의 창문을 통해 밖을 보는 것처럼 오직 하나의 관점에서만 나온다는 사실을 놓칩니다. 이러한 이야기와 가정에서 벗어나 세상을 그 경계 너머로 확장하는 대안적인 조망 수용 능력이 없다면 우리는 가치 탐색에 온전히 참여할 수 없습니다. 다음은 내담자가 자신이나 다른 사람에 대해 '진실'이라고 믿는 것에서 벗어나는 데 어려움을 겪을 수 있는 몇 가지 가치 문제입니다.

"나는 그런 사람입니다" 이야기

내담자는 그들 자신또는 타인이나 세상을 표면적으로 불변의 범주나 유형으로 제한할 때 자신의 가치 탐색을 축소시킬 수 있습니다. 그들이 자신을 제한하기 위해 사용하는 단어의 예로는, 성격에 대해 표현하는 말, 과거력 또는 진단의 형태로 나타날 수 있습니다. 그들은 다음과 같이 말할 수 있습니다.

- 나는 ________한 사람이 아닙니다. (예: 대담한, 용감한, 보살피는)
- 나는 좀 더 ________한 사람이었으면 좋겠지만 나는 그렇지 않습니다. (예: 사랑스러운, 친절한, 장난기 있는)
- 이 세상에서 ________한 것은 괜찮지/안전하지 않습니다. (예: 취약한, 친밀하게 지내는, 자비로운)
- 다른 사람들은 ________ 하지 않습니다. (예: 신뢰할 수 있는, 믿을 수 있는, 배려하는)

이러한 각각의 진술은 자신/타인/세상에 대한 보다 미묘하고 유연한 경험과는 반대로, 좁은 이야기에 대한 경직된 융합을 반영할 수 있는 자신, 타인 또는 세상에 대한 객관화입니다. 이러한 내담자는 자신의 행동을 설명하기보다는 가치 단어(또는 그 반대)를 정체성 라벨로 사용할 수 있습니다. 예를 들어, 그들은 자신의 행동 특성을 설명하기보다는 자신에 대한 일종의 객관화 역할을 하는 방식으로 "나는 충실한/믿을 수 있는/착한/비열한/이기적인 사람입니다"라고 말할 수 있습니다. 그들이 가용할 수 있는 가치 있는 삶의 전체 스펙트럼을 보기 위해 우리는 내담자가 제한된 관점에서 한 걸음 물러날 수 있도록 도와야 합니다. 우리는 이를 통해 내담자의 조망에 이의를 제기하려는 것이 아닙니다. 그들은 실제로 그들이 원하는 만큼 사랑스럽거나 대담하게 행동하지 않을 수도 있습니다. 우리는 그들의 관점이 틀렸거나, 부정확하거나, 불합리하다고 설득하려는 것이 아닙니다. 그것은 단지 하나의 조망이기 때문에 제한적일 뿐입니다. 내담자가 다른 관점을 고려하기 위해 개방하도록 도울 수 있다면, 내담자에게 더 의미 있고 가치-일관된 삶으로 귀결되는 다양한 존재 방식을 열어 줄 수 있습니다.

시도해 볼 전략: 조망 수용 연습 사용하기. 조망 수용 연습은 내담자를 다른 시간이나 장소로 이동시키거나, 심지어는 다른 사람이 되도록 함으로써 미리 예상된 이야기의 경계를 초월할 수 있는 마법의 타임머신과 약간 비슷합니다. 이러한 대안적인 관점을 취하면서 그들은 자신, 타인 또는 세상에 대해 이미 '진실'이라고 믿고 있는 것에 의하여 제한되지 않는 가능성을 탐색할 수 있을지 모릅니다. 질문의 전달 방식을 약간 변경하여 내담자에게 이미 물어보았을 수 있는 간단한 질문(예: "당신은 무엇에 관심을 갖고/가치 있게 생각했나요?")을 조망 수용 연습으로 바꿀 수 있습니다. 이를 위해서는 단순히 내담자에게 정보 제공을 요청하는 것에서 내담자가 다른 시간, 장소 또는 사람의 관점에서 응답하도록 요청하는 방식으로 질문 표현 방식을 전환해야 합니다. 다음은 자신, 타인 또는 세상에 대한 이야기에 융합되어 가치 탐색이 제한되는 내담자에게 물어볼 수 있는 조망 수용 질문의 몇 가지 예입니다.

- 인생이 당신에게 더 이상 신경 쓸 가치가 없다고 가르쳐 주기 전, 당신이 어떤 모습이었는지 상상해 볼 수 있나요? 내가 그때의 '당신'에게 말을 걸었다

면 그 사람은 무엇에 관심을 갖고 있다고 말할까요?

- 당신의 어린 시절, 인생에 대해 더 많은 희망을 가졌던 때를 떠올려 보세요. 더 젊고 희망적인 당신이 말하는 과거의 그때 바라는 것은 무엇인가요?
- 이것이 언젠가 당신의 자녀에게 바라는 것인가요? 무엇이든 가능하다면, 자녀들이 가장 관심을 갖기를 바라는 것은 무엇인가요? 당신은 그들이 무엇을 중요하게 여기도록 하고 싶나요?
- 현재 삶의 궤적을 조금 더 확장할 수 있는지 살펴보세요. 당신이 지금 모습 그대로 계속 산다고 상상해 보세요. 만약 당신이 이 궤적을 따라 앞으로 5년, 10년 혹은 평생을 살아간다면 당신의 인생은 어떨 것이라고 생각하시나요? 10년 후 지금을 되돌아보면, 그때의 당신이 계속 이런 식으로 살아서 손해를 봤다고 말할 수 있는 것은 무엇이라고 생각하시나요? 무엇을 놓쳤다고 말할까요?

위의 각 질문은 내담자가 눈을 감고 질문에 설명된 장면을 시각화함으로써 경험적 연습으로 이루어질 수 있습니다. 또한, 내담자가 잘 살았다고 느낄 수 있는 삶과 연결될 수 있도록 상상의 미래로 이동할 수 있는 경건한 추도사 연습(제5장)과 같이 보다 구조화되고 광범위한 조망 수용 연습을 사용할 수 있습니다. 조망 수용 전략이 보다 유연한 자기감을 키우는 데 도움이 될 수 있는 방법을 더 철저하게 탐색하려면 『자기와 조망 수용』(McHugh & Stewart, 2012), 『유연한 자기감 형성』(제6장, Villatte, Villatte, & Hayes, 2015), 그리고 『맥락으로서의 자기를 통한 유연한 조망 수용 형성』(제5장, Luoma et al., 2017)은 활용할 수 있는 훌륭한 자료입니다.

자기와 타인을 구별하는 데 어려움을 겪는 내담자

어떤 어려움은 자기, 즉 자기를 타인과 구별하는 데 어려움을 겪는 문제에 뿌리를 두고 있습니다. 특히, 학대 또는 만성적인 비타당화invalidation 이력이 있는 내담자의 경우 더욱 그렇습니다. 그들은 자신의 관점을 인식할 기회가 전혀 없었을 수도 있습니다. 그들은 다른 사람이 원하는 것, 욕구, 감정, 또는 경험을 자신의 것과 혼동할 수 있습니다. 그들은 결정을 내릴 때 만성적이고 습관적으로 다른 사람의 의견을 따르기도 합니다. 제6장에서 논의된 바와 같이, 다른 가치 명료화 방식을 시도한 결과를 추적하는 것은 내담자가 자신의 실제 경험을 바탕으로 가치를 선택하는 것에 대해 더 많이 배울 수 있는 매우 유용한 방법이 될 수 있습니다. 그러나 내담자가 자신의 경험을 성찰하는 능력, 즉 자신의 조망을 수용하는 능력이 없다면, 그들은 이 중요한 정보원을 놓치게 됩니다. 자신의 경험과 선호를 아는 데 어려움을 겪는 내담자는 가치 질문에 대해 만성적으로 모호하거나 애매한 응답을 하는 경우가 많습니다. 예컨대, 그들에게 가장 중요한 것이 무엇인지 묻는다면 그들은 다음과 같이 대답할 것입니다.

- 사람들이 저를 착하게 생각했으면 좋겠어요.
- 저는 단지 좋은 사람이 되고 싶을 뿐이에요.
- 모르겠어요.

또는 다음과 같이 다른 사람에게 의존적인 반응을 보일 수 있습니다.

- 당신은 정말 인내심이 많은 것 같아 보여요. 저도 좀 더 그런 사람이 되고 싶은 것 같아요.
- 엄마는 항상 친절함이 가장 중요하다고 말씀하셨고, 그래서 저는 그것을 가치 있다고 생각해요.

시도해 볼 전략: 알아차림 연습하기. 이러한 내담자들은 종종 자신의 경험을 다른 사람의 경험과 혼동하여 자기 경험을 바탕으로 결정을 내리는 데 어려움을 겪습니다. 따라서 당신은 그들이 자신의 경험에 대해 마음챙김의 태도로 알아차림을 해 나가도록 돕는 것부터 시작해야 할 수도 있습니다. 아주 간단한 관찰 연습

으로 소소하게 시작해야 할 수도 있습니다. 예를 들어, 오감을 알아차리는 기본적인 마음챙김 연습으로 회기를 시작할 수도 있고, 그날 회기에서 논의하고 싶은 한 가지에 대해 생각하도록 하는 단서를 추가할 수도 있습니다. 또한 내담자가 자신의 감각을 알아차리도록 돕기 위해 간단한 마음챙김 식사 연습(Follette, Heffner, & Pearson, 2010 참조)을 포함할 수도 있습니다.

내담자가 자신의 지속적인 경험을 알아차릴 수 있게 되면 그러한 경험과 선호에 따라 선택하는 것을 연습하도록 도울 수 있습니다. 여기서의 아이디어는 처음에는 더 미시적인 수준의 상황별 선호와 욕구를 사용하여 자신이 원하는(다른 사람들이 원하거나 원하지 않는 것과 반대로) 것들 사이에서 선택할 수 있는 능력을 개발하고, 결국에는 더 폭 넓은 가치를 구축하는 것입니다. 가치 카드 분류제4장는 이 기능을 수행하는 훌륭한 연습입니다. 특정 상황과 관련하여 미리 결정된 가치 카드 세트를 사용하면 내담자가 보다 제한된 선택지 내에서 고르는 연습을 할 수 있는 기회를 얻을 수 있습니다. 내담자 샬롯Charlotte과 제가 그녀의 가치 선택에 대한 개인적인 소유권을 갖는 과정의 첫 단계로서 자신의 선호를 인식하도록 돕기 위해 어떻게 노력했는지에 대한 내용을 담은 임상 사례는 http://www.newharbinger.com/43218을 참조하십시오.

과거나 미래에 갇혀 가치가 드러나지 않을 때(현재 순간 레퍼토리의 결함)

가치 명료화는 현재 순간에 발생합니다. 가치는 우리가 예전에 관심을 가졌거나 언젠가 관심을 갖기를 희망하는 것들이 아닙니다. 그것은 오늘, 이 순간 가장 중요하고 우리에게 의미와 목적의식을 제공하는 삶의 방식입니다. 따라서 과거에 대한 반추나 미래에 대한 걱정은 사람들을 지금-여기에서 얻을 수 있는 가치 접촉의 기회와 멀어지게 할 수 있습니다.

반추나 걱정에 사로잡혀 있는 내담자

때때로 내담자는 과거의 후회나 상처에 대한 반추, 또는 상상한 미래에 대한 절망에 빠진 채 가치 대화에 반응합니다. 일부 내담자는 자신의 과거와 그것이 자신을 어떻게 형성했는지에 대한 이야기에 지나치게 융합되어, 미래의 선택지를 과도하게 제한할 수 있습니다. 그것은 마치 자신들의 삶의 이야기가 이미 쓰여졌다고 믿고, 단지 그 피할 수 없는 결론을 향해 살아가는 움직임motion을 취하는 것과 같습니다. 또 다른 사람들은 다른 곳으로 가는 데 너무 집중하느라 지금 가진 삶의 의미와 목적의 가능성을 놓칠 수 있습니다. 그들은 가치에 따라 살기 전에 자신의 역사, 그들 자신, 또는 그들의 현재 상황이 변해야만 하는 것처럼 생각하고 어떤 상상의 미래로 가는 데 몰두하고 있을 수 있습니다. 이러한 내담자는 가치와 관련하여 '만약 그렇다면if-then' 진술을 자주 사용합니다.

- 우울함이 줄어든다면, 자녀나 배우자에게 더 많이 관심을 가질 거예요.
- 적합한 상대를 찾을 수 있다면, 좀 더 개방적이고 약점을 드러낼 수 있는 사람이 되고 싶어요.
- 제가 학대를 당하지 않았다면, 더 신뢰하고 사랑할 수 있었을 거예요.
- 자녀들이 어렸을 때 제가 그렇게 일중독만 아니었다면, 좋은 부모가 되었을 거예요.
- 제가 더 자신감이 생기면, 좀 더 외향적이고 재미있는 사람이 되고 싶어요.

시도해 볼 전략: 당신의 배역 작성하기 연습 또는 슈퍼히어로의 또 다른 자아 메타포. 내담자가 과거나 미래에 갇혀 있는 경우 때로는 처음부터 시작하는 것이 가장 좋은 방법입니다. 이를 수행하는 한 가지 방법은 '당신의 배역 작성하기' 연습입니다. 이 연습에서 내담자에게 자신이 쓰고 있는 시나리오나 소설의 주인공을 만들어 간다고 상상해 보도록 요청합니다. 그들이 만들고 있는 배역은 그들 자신의 대안적인 형태입니다. 그 배역에는 미리 정해진 배경 이야기도 없고, 그들을 정의하

는 습관이나 그들을 제한하는 역사도 없습니다. 그 배역은 이상적인 세계에서 자신이 가장 되고 싶은 사람을 나타내야 합니다. 이는 내담자가 며칠 또는 몇 주에 걸쳐 수행할 수 있는 보다 광범위한 과제이기도 합니다.

유사하지만 회기 중에 수행할 수 있는 더 간단한 연습은 슈퍼히어로의 또 다른 자아 메타포입니다. 여기에서 내담자에게 비밀스러운 또 다른 자아를 만들 수 있다면 무엇을 선택할지 생각해 보도록 요청합니다. 내담자에게 이를 소개하는 방법은 다음과 같습니다.

치료자: 당신이 오늘 아침에 일어났는데 갑자기 당신의 평범한 삶이 실제로 슈퍼히어로의 또 다른 자아라는 것을 알게 되었다고 상상해 보세요. 〈슈퍼맨〉의 클라크 켄트Clark Kent나 〈원더우먼〉의 다이애나 프린스Diana Prince처럼요. 당신의 다른 반쪽인 이 슈퍼히어로가 당신의 과거력이나 경험에 얽매이지 않는 삶을 지금부터 시작한다고 상상해 보세요. 그 슈퍼히어로에게 어떤 특성을 부여하시겠어요? 이 배역은 어떤 행동을 할 것이며, 그 행동은 무엇을 위해 도움이 될까요? 만약 당신이 가치를 선택해야 한다면 당신 내면의 슈퍼히어로는 무엇을 지키려고 할까요?

이 연습은 내담자가 자신의 과거에 대한 반추나 상상한 미래에 대한 걱정에서 벗어나 무엇이든 선택할 수 있다면 지금-여기에서 선택할 것과 연결하는 데 도움이 될 수 있습니다. 많은 내담자도 이것을 즐깁니다. 한번은 내담자에게 슈퍼맨 의상의 S와 같은 자신만의 개인적인 상징물을 만들어 보라고 요청한 적도 있습니다. 그는 특히 힘든 시기에 평상복 안쪽 티셔츠에 그 상징을 새겨넣었습니다. 모든 투쟁 속에서 무엇을 원하는지 기억하는 데 도움이 되기 위해서 말입니다. 그들의 가치는 그들의 초능력이 되었습니다.

특정 목표에 경직되게 융합되어 있는 내담자

우리 중 다수는 목표 성취나 생산성에 초점을 맞추고 이를 강화하는 맥락에서 성장해 왔습니다. 그러므로 많은 사람들이 자신의 목표나 성취와 자신을 동일시하는 것은 놀라운 일이 아닙니다. 이것이 본질적으로 문제가 되는 것은 아니지만, 불행하게도 이러한 목표는 더 큰 의미의 원천과 연결되지 못하게 하는 경우가 너무 많습니다. 즉, 목표는 개인을 가치와 단절시킵니다. 목표는 또한 우리를 현재에서 미래로 끌어당기는 단점도 있습니다. 목표는 항상 당신이 얻기를 희망하는 것과 멀리 떨어져 있기 때문입니다. 내담자가 목표에 경직되게 집중하여 어떻게 현재 순간에서 벗어날 수 있는지 이해하는 데 어려움을 겪는다면, '**목표 밧줄 연습**'은 내담자가 항상 과거나 미래에 있는 목표 감각과 연결되도록 도울 수 있는 간단한 경험적인 연습입니다. 해당 연습에 대한 자세한 설명은 http://www.newharbinger.com/43218에서 확인할 수 있습니다.

가치에 대한 질문을 받았을 때 내담자가 자주 하는 목표 중심 답변의 예는 다음과 같습니다.

- 저는 가족을 갖는 것을 중요하게 여깁니다.
- 저는 엄마/아빠가 되는 것이 가치입니다.
- 저는 제 직업이 중요합니다.
- 제 가치는 아름답고 부유한 것입니다.
- 저에게 중요한 것은 돈입니다.

앞의 각 예는 지속적인 행동의 질적 특성을 설명하는 것이 아니라 달성하거나 이룰 수 있는 무언가를 반영하기 때문에 목표입니다.

때로는 목표가 다른 사람의 행동에 초점을 맞추는 경우도 있습니다. 여기에는 다음과 같은 것들이 포함될 수 있습니다.

- 자녀들이 저를 더 많이 찾아오는 것이 제게는 정말 중요합니다.
- 저는 좀 더 열정적인 배우자를 선택하겠습니다.

- 저는 다른 사람들이 저를 좋아하는 것을 가치로 여깁니다.

다시 말하지만, 이들 각각은 삶의 방식보다는 성취하고자 하는 원하는 결과에 대한 진술입니다.

내담자의 목표는 특정한 삶의 환경을 변화시키는 데 초점을 둘 수도 있습니다. 예를 들어, 모험적인 삶을 중요하게 생각하는 내담자는 여행을 하고 자신이 꿈꾸는 원대한 모험을 하기 위해서는 먼저 부자가 되어야 한다는 생각과 융합될 수 있습니다. 그들의 삶은 모험적으로 살 수 있다는 희망으로 어느 정도 재정적 지위를 얻은 상상의 미래에 초점을 맞추게 됩니다. 그렇지 않으면 내담자는 모험적으로 살고 싶었지만 자녀가 있어서 지금은 그것이 불가능하다고 말할 수도 있습니다. 이는 무언가를 얻는 것이 필요하거나(예: 부를 얻는 것) 가치를 실현하지 못하게 하는 것(예: 자녀가 있는 경우)에 대한 생각과 융합되어 있습니다. 이러한 경우에는 목표가 가치에서 나오는 것이 아니라 목표가 가치보다 우선하고 대체되는 것과 같습니다. 가치로의 방향으로 가는 길에 목표가 표지판의 역할을 하는 것이 아니라 삶이 목표의 종점을 중심으로 향하게 되는 것입니다.

시도해 볼 전략: 목표 연결 연습. 내담자가 목표 추구 뒤에 있는 더 큰 패턴이나 가치와 연결되는 데 어려움을 겪을 때 저는 종종 목표 연결 연습을 사용합니다. 이 연습을 위해 내담자에게 이미 성취했거나 달성한 것 중 가장 자랑스럽다고 느끼는 상위 5~10개 항목을 적도록 요청합니다. 젊은 내담자나 자신의 달성도가 낮다고 생각하는 사람이 있는 경우, 인생에서 성취했다고 느낄 수 있는 자랑스러운 일 중 상위 5~10개를 나열하도록 요청할 수 있습니다. 그런 다음 내담자에게 목록에 있는 모든 항목과 관련되거나 연결되는 단어를 떠오르는 대로 말하도록 요청합니다. 이미 성취한 목표에서 거꾸로 작업하는 것은 그 목표의 기저가 될 수 있는 공통 가치를 탐색하는 방법이 될 수 있습니다. 대안적으로, 이 연습을 통해 내담자는 자신의 목표의 근본적인 목적이 자신이 가치 있게 여기기로 선택한 것

을 반영하지 않는다는 것을 알게 될 수도 있습니다. 거기서부터 당신은 다음과 같이 말함으로써 내담자가 자신의 가치대로 살 기회가 항상 현재에 있음을 알도록 도울 수 있습니다. "바로 지금-여기에서, 만약 이 회기가 당신이 ________ [연습에서 나온 가치 명명]을 향해 나아가는 데 도움이 된다면 당신은 무엇을 할 수 있을까요?"

집중적인 가치 작업이 필요할 때

앞선 모든 전략에도 불구하고 때때로 가치와의 연결에 있어 장애물이 너무 견고해서 경직성을 더욱 직접적으로 겨냥해야 한다면, 내담자가 접근할 수 있는 더욱 유연한 장소를 찾을 수 있을 때까지 심층적인 가치 작업을 한쪽으로 제쳐두어야 합니다. 가치를 넘어 다른 유연성 과정을 대상으로 하며 포괄적이고 상세한 방법을 제공하는 보다 일반적인 ACT 서적이 많이 있습니다(Harris, 2009; Hayes et al., 2012; Luoma et al., 2017 참조). 때로는 심리적 유연성 레퍼토리repertoires에 중점을 둔 더욱 철저한 사례개념화를 수행하는 것이 집중적인 초점이 필요한 영역을 결정하는 데 도움이 될 수 있습니다. 제가 가장 자주 사용하는 사례개념화 모형은 『수용전념치료 배우기』(Luoma et al., 2017)의 제8장에서 찾을 수 있습니다.

'가치 갈등'은 어떻게 해야 하는가

"가치 갈등에 대해서는 어떻게 하시나요?" 가치 작업에 대해 배우는 치료자들로부터 듣는 일반적인 질문입니다. 이렇게 표현하면, 내담자가 해결할 수 없을 것 같은 갈등에 빠진 것처럼 보일 수 있으며, 치료자로서 당신의 임무는 그들이 갈등을 헤쳐 나갈 수 있도록 돕는 것입니다. 그러나 제가 보기에는, 가치란 상호 배타

적이거나 갈등할 수 있는 '대상'이 아닙니다. 가치는 의미 있는 삶을 살아갈 때 어떻게 살아가는가를 의미합니다. 당신이 의미 있고 목적이 가득한 삶을 살고 있다면, 정의에 따라 당신은 자신의 가치에 부합하는 삶을 살고 있는 것입니다.

사람들이 '가치 갈등'이라고 부르는 대부분의 경우 실제로는 가치에 관한 것이 전혀 아니라 오히려 회피와 인지적 융합의 조합으로 볼 수 있으며, 종종 내담자뿐만 아니라 치료자에게서도 볼 수 있습니다. 치료자가 '가치 갈등'을 언급할 때, 그들은 종종 내담자가 원하지만 동시에 할 수 없는 두 가지 일이 있는 상황을 언급합니다. 이러한 경우 내담자(때때로 치료자도)는 하나의 선택이 옳거나 더 좋고, 다른 하나는 틀리거나 나쁘다고 생각할 때가 많고, 어느 것이 맞는지 알아내려고 애쓰는 경우가 많습니다. 내담자는 자신의 가치에 따라 선택을 하기보다는 올바른 선택을 하는 것, 실수를 하지 않는 것, 또는 선택에 따르는 피할 수 없는 고통을 회피하는 것에 얽매이게 됩니다. 그들의 행동은 실패에 대한 두려움, 나쁜 사람이 되는 것에 대한 두려움, 또는 놓치는 것에 대한 두려움에 의해 휘둘릴 수 있습니다. 이 모든 것이 그 사람을 가치에서 멀어지게 만들고 경험적 회피 고리에 빠져들게 합니다. 선택의 감각과 생명력이 사라집니다. 그들은 자신의 삶에서 어떤 선택을 할 자격이 없다거나, 특정한 선택은 이기적이거나, 다른 것보다 한 가지 결정을 선택을 '해야 한다'는 자신에 대한 개념화와 융합될 수 있습니다. 그들은 다른 사람들이 자신의 선택과 경험하게 될 결과를 어떻게 받아 들일지 두려워할 수 있습니다. 삶의 에너지는 반추와 비행동으로 소모됩니다. 그들은 복잡성 속에서 길을 잃게 되어 더 깊고, 더 연결되고, 더 크고, 더 선명한 목적과의 접촉을 잃게 됩니다.

소위 '가치 갈등'에 대한 '올바른' 해결책을 찾으려고 수렁에 더 깊이 빠지는 경우가 있습니다. 대신, 내담자가 의미 있고 가치 있는 삶을 살아갈 수 있도록 더 큰 심리적 유연성을 개발하도록 돕는 것이 답이 될 수 있습니다. 내담자는 편협한 규칙이나 자기-평가self-evaluations에 덜 얽매이고, 더 쉽게 선택하고, 자신의 행동의 결과에 직면할 수 있도록 스스로에 대해 더 넓고 더 자비로운 관점을 개발해야 할 수도 있습니다. 그들은 자신의 결정을 지배하는 두려움이나 다른 감정에 의해 밀리고 끌려가는 것이 덜하도록 더 많은 수용을 개발하는 것이 이로울 수 있습니다. 그들은 다른 사람이나 사회의 내면화된 규칙에만 의존하는 것이 아니라 자신의 선호와 자신의 선택을 알아내는 데 도움이 되는 개인적인 경험을 사용할 수 있도록 현재 순간과 더 많이 접촉하는 방법을 배워야 할 수도 있습니다. 또는 이러한 생각의 가상 현실 속에서 자신을 잃지 않고, 잘 사는 삶의 일부인 순간순간의 선택을 더 잘 해낼 수 있도록 반추나 걱정으로부터 탈융합하는 능력을 개발해야 할 수도 있습니다. 그리고 마지막으로, 그들은 전념행동을 하면서 자신의 가치를 정하는 데서 오는 강화를 경험하는 데에 있어 지원이 필요할 수 있습니다.

소위 말하는 '가치 갈등'에 관해 고려해야 할 또 다른 사항은 '갈등을 인식하는 사람이 누구인가?'입니다. 저는 실제로 내담자가 '가치 갈등'이라는 용어를 사용하는 것을 본 적이 없습니다. 다른 치료자들의 내담자는 그럴지 모르겠지만 제 내담자는 그런 적이 없습니다. 오히려 이런 식으로 상황을 구성하는 것은 치료자인 경우가 많은 듯합니다. 내담자가 가족과 더 많은 시간을 보내고 싶은 것과 경력을 개발하는 데 시간을 보내고 싶은 것과 같은 두 가지 가치 영역 사이의 경쟁적인 요구로 인해 어려움을 겪고 있다고 보고하는 경우가 많습니다. 또는 자녀를 갖거나 갖지 않는 등 서로 다른 방식으로 자신의 가치를 정할 수 있는 두 가지 경로 중 하나를 선택하는 데 어려움을 겪고 있을 수도 있습니다. 그러나 제 경험에 따르면 내담자는 이러한 어려움을 '가치 갈등'으로 간주하는 경우가 거의 없습니다. 내담자가 잠재적인 '가치 갈등'으로 간주되는 문제로 어려움을 겪고 있다고 생각되면 다음 질문에 대해 생각해 보세요.

1. 이것을 가치 갈등으로 보고 있지만, 다른 방식으로 본다면 더 도움될 수 있을까요? 그렇다면 무엇이 다르게 일어나고 있는지 어떻게 개념화할 수 있을까요?
2. 내담자가 자신의 모든 정서, 생각, 감정, 과거력을 있는 그대로 완전히 받아들일 수 있다면, 여전히 보이는 이 갈등에 얽매이게 될까요? 그들이 이러한

능력을 개발하도록 어떻게 도울 수 있나요?

3. 내담자는 진정성integrity을 지닌 선택 과정에 참여하는 것보다 이 선택의 결과에 초점을 맞추고 있나요? 그들이 잘 선택하고 결과를 내려놓도록 어떻게 도울 수 있을까요?
4. 내담자가 이 갈등과 관련하여 자신의 현재 경험에 접촉할 수 있나요? 아니면 지속적으로 이와 관련된 반추나 걱정에 사로잡혀 있나요? 이 상황이 내담자의 발전을 돕기 위해 치료자인 나에게 필요한 것에 대해 무엇을 말해 주나요?
5. 내담자가 자신이 고려하고 있는 특정 목표나 행동을 효과적으로 수행하는 데 필요한 기술이나 삶의 맥락이 없을 수 있으며, 그것이 이러한 어려움의 원인이 될 수 있나요? 이 결핍을 어떻게 함께 해결할 수 있을까요?

이런 방식으로 볼 때, 인식된 가치 갈등은 해결 불가능한 문제에서 벗어나, 우리의 일상적인 언어와 인지 과정이 어떻게 우리를 꼼짝 못하게 만들 수 있는지에 대한 또 다른 예로 바뀝니다. 따라서 우리는 다른 어려움을 겪을 때와 마찬가지로 이러한 문제에 대해 내담자가 현재 순간에 더 나은 선택을 하도록 돕고, 그들의 생각은 단지 생각일 뿐임을 알아차리고, 그들의 전체 경험을 의식적인 방식으로 받아들이고 가장 중요한 것에 따라 안내되도록 접근합니다. 우리는 솔로몬 왕 역할을 할 필요가 없습니다. 우리는 내담자(그리고 종종 우리 자신)가 더 많은 심리적 유연성을 개발하도록 돕는 방법을 알아야 합니다.

핵심 챙김

- 스스로에게 좋은 질문을 하는 것은, 한 걸음 물러서서 심리적 경직성이 어떻게 장애물로 이어질 수 있는지에 대한 더 넓은 시각을 얻는 데 도움이 될 수 있습니다.

- 우리는 정서적 · 육체적 고통의 불꽃 주위를 맴도는 나방과 같을 수 있습니다. 회피가 주도권을 장악하고 더 좋은 감정을 추구하게 되면서, 삶은 가장 중요한 것과 단절될 수 있습니다.
- 융합은 종종 가치를 모호하게 만듭니다. 내담자는 아무것도 중요하지 않다는 생각이나 아무것도 신경 쓸 수 없다는 절망감에 사로잡힐 수 있습니다. 또한 '해야 한다' 또는 '해서는 안 된다'와 융합될 수도 있습니다. 자신이 자유롭게 선택하는 가치와 다른 사람들이 원하는 것을 혼동하기 때문입니다.
- 내담자는 자신이 누구인지에 대한 이야기에 갇혀 있거나 과거 행동으로 인해 정의된다고 느낄 수 있습니다. 내담자가 제한적인 이야기에 얽매이지 않는 대안적인 조망 수용을 돕는 것은 그들이 살기로 선택할 가치-기반의 삶을 창조할 수 있도록 그들을 자유롭게 해 줄 수 있습니다.
- 내담자가 과거에 대해 반추하거나 미래에 대한 걱정에 사로잡혀 있을 때, 현재의 의미와 목적을 만들어 줄 가치에 접촉할 기회를 놓치게 됩니다.
- '가치 갈등'처럼 보이는 것이 실제로는 심리적 경직성의 형태는 아닌지 고려하세요. 이러한 '갈등'을 명백하게 해결하려는 노력을 버리고, 대신 내담자가 효과적인 가치 선택을 할 수 있는 능력을 개발하도록 돕는 것이 더 효과적입니다.

활용 단계

- 자신의 가치와 연결되는 데 장애물이 있어 어려움을 겪고 있는 내담자를 한 명 선택하세요. 이 장의 시작 부분에 설명한 5단계 과정을 사용하여 어려움과 가능한 다음 단계에 대한 심리적 유연성 기반 개념화를 생각해 보세요.
- '가치 갈등'을 겪고 있다고 생각되는 내담자를 식별하세요. 이 장의 끝부분에 제시된 질문을 생각해 보세요. 만약 다른 관점을 취한다면 어려움을 볼 수 있

는 대안적인 구성은 무엇인가요? 내담자가 어려움에 대해 말하는 방식을 점검해 보고 어떤 일이 일어나는지 확인하세요.

- **내면 통찰 학습**: 자신에게 중요한 삶의 영역, 한동안 갇혔다고 느꼈던 부분, 미루고 있거나 포기한 부분을 확인하세요. 그런 다음 이 장의 시작 부분에 있는 5단계 과정의 질문을 자신을 중심으로 검토하세요. 배운 내용과 자신의 삶에서 점검해 볼 수 있는 생각에 대해 일기를 써 보세요.

제8장 맥락의 중요성: 개인을 넘어선 문화와 가치

공동체는 무엇보다도 마음의 태도에서 비롯됩니다. 우리는 자신만을 위해 존재하는 것이 아니라, 서로를 위해 살아간다는 영적인 깨달음에서 공동체는 성장합니다.

-헨리 나우웬

가치-중심 치료values-guided therapy의 핵심에는 내담자가 스스로 선택한 삶, 의미와 목적을 지닌 삶을 살아가도록 돕고자 하는 열망이 있습니다. 그러나 우리 중 누구도 외딴섬이 아닙니다. 우리는 모두 타인에게 의존하고 있으며 주변 사람들과 우리가 속한 문화에 깊이 영향을 받습니다. 문화는 치료자와 내담자 모두에게 영향을 미칠 뿐만 아니라, 치료에 개입하는 것을 포함하여 세상과 관계를 맺는 방법에도 영향을 미칩니다(Owen, 2018). 가치는 그 자체로 우리의 문화를 비롯해 삶의 경험, 그리고 이러한 경험을 공유하는 사람들과 밀접하게 연결되어 있습니다. 그러므로 내담자가 자신의 가치와 연결되도록 돕는 데 중요한 역할을 하는 것은 내담자가 처한 역사적 맥락과 현재의 사회문화적 맥락을 이해하는 것입니다.

그러나 다양한 문화적 관점에 대해 이해하기 위해서는 우선 가치 작업에 영향을 미칠 수 있는 우리의 관점을 인식해야 합니다. 따라서 이번 장에서는 치료자의 문화적 시각과 잠재적 편향에 대해 되짚어 보며, 이를 더 깊이 인식할 수 있는 기회를 제공합니다. 또한 치료실 안과 밖에서 가치와 문화가 충돌할 때 이를 어떻게 다룰 수 있는지에 대한 방법과 함께, 특정 맥락적 변수에 따라 가치 개입을 어떻게 조정할 수 있는지에 관한 방법들이 포함됩니다. 마지막으로, 우리는 가치가 개인을 넘어 부부, 가족 또는 더 넓은 사회 공동체에 작용하는 가치의 파급 효과를 탐구하기 위한 관점으로 확장합니다. 그러면 먼저 '문화'라는 단어가 의미하는 바를 살펴보겠습니다. 이는 각각의 독특하고 아름답게 복잡한 맥락을 형성하는 다양한 요소들이 어떻게 맞물리는지를 포함합니다.

유연하고 진화하며, 광범위하게 정의되는 문화

'문화'는 흔히 일반적인 용어로 사용하기 때문에 종종 매우 협소하게 정의됩니다. '흑인 문화'나 '아시안 문화' 또는 '게이 문화'와 같은 용어들은 정체성의 단순한 한 측면에 기반하여 전체 집단에 속한 사람들을 분류하기 위해 '문화'라는 단어를 사용하는 한 가지 일반적인 예입니다. 이와 같은 종류의 문화에 대한 협소한 기술description은 종종 평가절하된 또는 소수 집단에 적용되며, 문화적 다채로움에 대한 동일하거나 과도한 단순화를 의미하기도 합니다. 그러나 현실에서 우리의 문화적 정체성은 믿기 어려울 정도로 다면적이며, 성별과 인종, 개인의 능력과 건강(정신건강을 포함하여) 수준, 계층, 연령, 민족성, 종교, 정치, 가족, 역사 그리고 성적 취향을 중심으로 복합적으로 상호작용합니다.

맥락행동과학적 관점에서 문화란 생각, 관행, 행동 그리고 이를 유지하는 우연적인 조건들을 의미하며, 이는 집단 내에서 발생하고 집단마다 각기 다릅니다(Masuda, 2014). 이와 같은 문화관에서는 문화적 맥락이 우리가 이 세상을 어떻게 인식하고 상호작용하는지를 결정하는 독특하고 지속적인 진화 방식을 강조합니다. 또한 이는 한 내담자와 집단, 또는 정체성에 대한 문화적 역량이 다른 사람들에게 일반화될 수 없으며, 어떤 집단에 대한 일반화된 지식이 그 집단의 한 구성원의 경험에 적용할 수 있다는 가정도 어렵다는 것을 의미합니다.

이와 같은 문화에 대한 광범위하고 다각적인 관점은 교차성intersectionality[1]의 개념과 일치합니다(Crenshaw, 1989). 교차성 이론intersectional theory은 우리가 타인과 우리 자신을 분류하는 다양한 방식을 분리해서 볼 수 없으며, 오히려 서로 교차한다고 주장합니다(McCall, 2005). 이는 권력과 억압의 상호 연결된 시스템이 다양하며, 다수의 소외된 정체성과 잠재적으로 소외된 가치를 지닌 개인에게 차별적으로 영향을 미치는 방식을 이해하는 방법입니다(Cooper, 2016). 개인의 다양한 정체성이 어떻게 상호작용하는지 탐색할 때 우리는 내담자가 속한 문화, 특히 비지배적인nondominant 문화에 대해 이해하려는 노력이 필요합니다. 동시에 우리는 제한적인 문화적 변수들에 기반하여 내담자에게 지나치게 일반화하거나 포괄적인 가정을 하지 않는 것이 중요합니다(Luoma et al., 2017).

또한 우리의 문화적 정체성은 고착되어 있는 것이 아니라 유동적이며 끊임없이 진화한다는 사실을 명심해야 합니다. 우리의 사회역사적 정체성은 끊임없이 변화하는 현재의 맥락과 상호작용합니다. 따라서 문화가 가치에 영향을 미칠 수 있는 방법을 탐구할 때 우리는 이러한 맥락이 어떻게 진화하는지 인식할 필요가 있습니다. 예를 들어, 문화변용acculturation[2] 도전에 직면한 사람들은 다양한 문화적 정체성을 통합하거나 분리하는 데 어려움을 겪을 때, 그들을 도울 수 있는 가치에 초점을 둠으로써 효과를 얻을 수 있습니다.

끝으로 문화를 고려할 때 중요한 것은 집단에 좋은 영향을 미치는 문화적 관행이 집단 내 모든 개인에게 좋은 것은 아닐 수도 있다는 점입니다. 예를 들어, 어떤 문화에서는 특정한 행동이나 이념, 가치 또는 정체성이 도덕적으로 우월하다고 볼 수 있고, 그러한 도덕적 원칙에서 이탈하는 것에 대해 처벌을 가합니다. 따라서 이러한 다수의 도덕적 원칙과 다른 가치를 가진 사람들은 이와 같은 문화적 측면으로 인해 피해를 입을 수 있습니다. 그 결과 어떤 사람들에게는 특정한 문화적

1) 1980년대 후반에 Kimberlé Crenshaw가 주장한 개념으로 인종, 성별, 계급 등이 모두 연결되어 서로 영향을 미친다는 의미이다(역자 주).

2) acculturation: 문화변용, 문화접변이라고도 한다. 서로 다른 두 문화를 가진 집단이 접촉을 통해 하나 또는 둘 모두의 문화 체계에 변화가 일어나는 현상을 일컫는 말이다(두산백과).

기반의 관습과 이념이 대상화, 비타당화, 차별과 낙인 등을 통해 다양한 고통의 근원이 될 수 있습니다.

겸손의 중요성: 당신이 모르는 것을 아는 것

저는 대부분의 치료자들이 문화적으로 유능하며, 우리가 상담하는 내담자들의 다양한 맥락과 관점을 환영하며 수용할 거라 믿습니다. 하지만 이러한 이상을 추구하다 보면, 우리가 부족하다고 느껴지는 부분을 바라보는 것 자체가 불편하거나 심지어 고통스러울 수 있습니다. 우리는 맹점이나 무지 또는 문화적 오만에 대해 기꺼이 탐구하고 싶어 하지 않는 마음 때문에 많은 이들이 바라는 이상으로부터 더 멀어지기도 합니다. 그리고 저는 이러한 교훈을 힘들게 터득했습니다.

제 인생의 처음 25년 동안 저는 제 견해와 가치가 모두 공유되진 않더라도 교류하는 모든 사람들이 대부분 타당하다고 여기는 매우 동질적인 환경에서 살아왔습니다. 저는 비차별적인 포용성inclusivity 및 평등과 같은 이상을 강하게 믿었지만, 대학원 과정이 끝날 무렵에는 이러한 포용성과 평등을 중요시하는 것이, 주변에 항상 저와 비슷한 사람들로 둘러싸여 있을 때에만 훨씬 더 쉽다는 것을 깨닫게 되었습니다. 그래서 저는 대학원 마지막 학년에 제 가치를 시험해 보기로 결심했습니다. 그래서 저는 워싱턴 D.C.에 위치한 진보적인 지역인 듀폰 서클Dupont Circle 중심부의 아파트를 떠나, 저와 이견을 지닌 사람들이 많고 보수적이고 종교적인 성향이 강한 시골 마을로 인턴십을 하기 위해 이사했습니다. 제가 의도한 바는 좋았으나, 문제는 저의 문화적 오만함을 함께 갖고 왔다는 것이었습니다. 저는 이곳에 도착하기 전, 제가 발을 들여놓을 문화에 대해 아무것도 배우려 하지 않았습니다. 그 결과 인턴십 첫날, 저는 신입 동료와 상사들에게 본의 아니게 너무 무지하고 심히 모욕적인 말을 내뱉었습니다. 그리고 제 실수를 깨닫게 된 순간 엄청난 수치심을 느꼈습니다. 하지만 불행하게도 그 수치심은 저를 호기심과 겸손으로 이끌기보다 오히려 저의 무지를 감추는 행동을 하도록 만들었습니다. 이러한 회피의 결과, 저는 그 해 내내 계속해서 같은 실수를 반복하고 또 반복했습니다.

저는 이 이야기의 결말을 어떻게 '올바르게' 만들어야 하는지 알고 있었습니다. 인턴십을 하면서 저의 편견에 대해 알게 되었고, 제 자신과 너무도 다른 이 문화를 완전히 받아들일 수 있게 되었다고 말하길 바랐습니다. 하지만 안타깝게도 그곳은 할리우드가 아니었으며, 저는 조망 수용이나 자기-자비에 관한 연습을 갖추지 못한 겨우 스무 살의 나이였습니다. 그래서 현실에서 저는 무지와 수치심으로 몸을 잔뜩 웅크렸고, 수치심을 불러일으키는 실수를 최소화하기 위해 '타인'이라고 인식되는 사람들과 거리를 두었습니다. 이러한 결말은 저뿐만 아니라 제 문화적 오만과 무지를 기꺼이 바라보지 않은 것으로 인해 대가를 치러야 했던 주변 사람들에게도 고통스러운 한 해가 되었습니다.

인턴십의 첫날을 보낸 지 벌써 여러 해가 지났습니다. 제가 저지른 반복적인 실수들(그리고 제가 원치 않게 더 자주 저지르는 실수들)은 제 지식의 한계, 그리고 본질적으로 제한된 문화적 관점에 관해 많은 것들을 가르쳐 주었습니다. 적어도 지금은 제가 모르는 것이 많다는 것에 대해서는 알고 있습니다. 그래서 이제는 내담자의 독특하고 다각적인 문화적 맥락에 관하여 언제쯤 이해할 수 있을지 모른다는 생각에서 출발하려고 합니다. 겸손과 무지함을 인정하는 이와 같은 자세는 시간이 지나면서 저의 편견과 맹점을 탐색하고, 이것들이 내담자와의 작업 시 어떤 영향을 미치는지를 탐색하는 데 도움이 되었지만, 저는 아직도 갈 길이 멀다고 생각합니다.

지금까지도 인턴 시절의 이야기를 쓰면서 약간의 수치심이 느껴지는데, 이것이 도움이 될 거라 생각합니다. 즉, 수치심은 우리에게 중요한 것이 무엇인지 상기시켜 주는 역할을 할 수 있습니다. 저의 경우 중요한 것은 다른 사람들과 의미 있는 관계를 맺는 능력이었으며, 저의 행동은 이것을 약화시켰습니다. 하지만 그 수치심과 더불어 인턴십 첫날에 제 자신에게 자비롭지 못했던 것에 대해서도 느끼게 되었습니다. 가치에 대한 우리의 편견과 무지를 기꺼이 탐구하는 것이 얼마나 어려운 일인지에 대해 자비로움을 느낍니다. 저는 자신의 한계를 개방하는 것이 얼마나 어려운 일인지에 대해 자비심을 가지려고 합니다. 그리고 이를 인정하는 것은 종종 다른 사람들로부터, 그리고 우리 자신으로부터 매우 자주 판단을 불러일으킵니다. (아마 당신은 이 글을 읽으면서 저에 대해 판단하고 있을 것입니다.) 또한 우리 자신으로부터의 판단을 불러일으킵니다. (실제로 지금 글을 쓰면서도 제 마음을 판단하기 바쁩니다.) 하지만 우리는 무지한 상태를 지속시키는 회피로 후퇴하는 대신, 우리 자신과 타인에게 끊임없는 학습과 성장을 가능하게 만드는 자비심을 제공해 볼 수 있습니다. 따라서 이번 장의 나머지 부분인 자신의 문화적 관점과 편견을 탐구하는 과정에서 당신이 자비심을 가지길 바랍니다. 하지만 이는 쉬운 일은 아닐 겁니다. 우리는 실수를 저지를 수밖에 없으며 늘 맹점은 존재합니다. 하지만 우리는 내담자가 세상에서 경험하는 풍부하고 독특한 문화적 맥락을 모르는 것에 대해 스스로 깊은 겸손과 호기심의 태도로 접근하면서 그 맥락을 존중하고, 내담자에게 도움이 되며, 우리의 가치에 부합하는 방식으로 행동하는 능력을 갖추게 됩니다.

자신의 문화적 맥락과 편견 탐색하기

사회문화적 배경과 상관없이 우리는 모두 각자의 관점을 지니고 있습니다. 또한 우리 모두는 삶의 모든 상황에 적용되는 개인적 편견을 지닙니다. 우리는 내담자를 포함한 다른 사람들을 명백하거나 언급된 적이 있는 정체성의 특정한 측면을 근거로 가정하게 됩니다. 이는 성별, 인종, 연령, 신념 체계belief system, 민족성, 성적 지향과 같은 영역에 기초하며, 이것이 내담자의 다른 측면에 비해 우세할 때 우리는 내담자의 생생한 경험의 풍부함을 놓칠 수 있습니다. 우리는 의식적으로 혹은 무의식적으로 우리의 가치나 우선순위 또는 도덕 규범moral codes을 내담자에게 강요할 수 있습니다. 이는 인간으로서 자연스럽고 필요한 부분이기도 합니다. 현재 및 역사적 맥락을 무시하거나 '중립적'이며 자기 자신의 관점에 영향을 받지 않는 척을 하는 것은 편견을 영구화시키는 역할을 할 뿐입니다. 이와 같이 편견을 가진 생각을 부정 또는 억제하려는 것은 일반적으로 역효과를 낳고, 종종 타인에 대한 낙인과 고정관념을 증가시킵니다(Macrae, Bodenhausen, Milne, & Jetten, 1994; Newman, Caldwall, Chamberlin, & Griffin, 2005). 그 대신 사람들에 대한 우리의 평가와 범수화의 관점에 기반해서 타인에게 반응하게 만드는 경향에 대응해야 합니다. 이를 위해 치료자인 우리는 자기와 타인에 대한 우리의 개인적인 개념화를 알아차리고 심리적 거리를 두어야 하며, 인간의 공유된 부분인 의식적인 알아차림 감각과 연결되는 레퍼토리를 개발해야 합니다. 왜냐하면 우리가 한 가지의 관점에서만 본다는 것을 스스로 인식하지 못할 때, 다른 사람의 관점을 충분히 고려하지 못하기 때문입니다. 우리는 서로 다른 관점을 인식함으로써 우리 모두가 함께 살고 있는 다양한 맥락을 존중하고 존경할 수 있는 기회를 갖게 됩니다.

도구: 문화적 맥락을 탐색하기 위한 질문

문화적 맥락이 세상에 대한 우리의 경험을 형성한 방식들에 대해 고려해 볼 수 있는 한 가지 방법은 사회의 특권과 권력을 탐구하는 것입니다. 일반적으로 개인이 그 사회에 지배적인 문화와 더 동일시할수록, 그 맥락이나 그것과 연관된 특권들은 개인이 세상에 대한 경험을 형성하는 방식을 인식하기 어렵게 만들 수 있습니다. 만약 당신이 피부색으로 인한 부정적인 경험을 거의 겪어 보지 않았다면, 당신과 타인이 상호작용하는 방법들에 있어 인종이 미치는 영향을 인식하기 어려울 것입니다. 그리고 성정체성에 대해 질문을 받거나 불이익을 받은 적이 거의 없다면, 그 변수가 세상에 대한 경험에 있어 어떤 영향을 미치는지 이해할 가능성은 적습니다. 만약 당신이 항상 '잘 융화된다'고 느끼는 곳에서 살아왔다면, 사람들이 '다르다'고 인식되어 배제되거나 억압받는 수많은 경우들을 알기 어려울 수 있습니다. 즉, 우리의 문화적 배경은 개인의 경험과 인식을 제한합니다.

사회에서 경시하는 정체성이나 비우세한 문화를 동일시하는 사람들은 특권을 지닌 또는 특권을 지니지 않은 정체성 모두에 대해 자신만의 편견을 갖고 있습니다. 우리의 사회문화적 정체성은 매우 다면적이기 때문에 지배적인 사회에 의해 소외되거나 억압받는 사람들조차도 자신이 누리고 있는 일부 특권이나 권력의 원천을 인식하지 못할 수 있습니다. 우리는 평가절하하는 메시지를 무의식적으로 내면화할 수 있지만, 이 메시지가 우리 자신 및 타인과의 관계 측면에서 어떤 영향을 미치는지 완전히 알기 어렵습니다. 우리 모두는 편견을 갖고 있습니다. 그것은 바로 인간이라는 의미의 일부분이기도 합니다.

이와 같은 문제와 가치에 미치는 잠재적인 영향에 대해 탐색하려면 여기서 잠시 멈추어, 자신의 문화적 맥락 및 잠재적으로 관련된 특권을 탐색하는 데 도움이 되는 질문 목록을 찾아볼 수 있는 http://www.newharbinger.com/43218에 접속해 보는 것이 좋습니다.

겸손과 대담함의 변증법

치료자로서 저는 겸손함을 유지하고자 하는 바람과 동시에, 내담자들이 이 세상에서 자신에게 의미 있는 가치-기반의 길을 선택하는 자유를 경험하도록 돕기 위해 대담함을 받아들이고자 하는 욕구 사이에서 갈등을 자주 느낍니다. 사회문화적 배경과 관계없이 종종 우리가 존중받고 싶거나 고통스러운 실수를 회피하고자 하는 바람은 오히려 문화에 대해 과도하게 존중하는 양상이 될 수 있으며, 이는 손대기 어려운 문제로 전락할 수 있습니다. 내담자의 문화적 관점과 편견이 내담자 자신에게 얼마나 도움이 되고 있는지에 대해 개방적으로 탐색하는 것을 회피하면, 치료자로서 자신의 문화적 편견을 인정하는 것을 피하는 것과 마찬가지로 문제가 될 수 있습니다. 하지만 저는 적어도 이런 함정에 여러 번 빠진 적이 있다는 것을 스스로 알고 있습니다.

저의 모욕적인 발언으로 시작된 인턴십 한 해 동안 저는 동성에게 끌리는 감정으로 힘들어하는 내담자와 함께 작업했습니다. 이 청년은 동성애가 죄악으로 비추어지고 그가 지금까지 알고 지내던 유일한 공동체에서도 배척당하는 맥락 속에 살고 있었습니다. 그가 자신의 어려움을 바라보는 문화적 관점에는 어떻게든 '치료'될 수 없다면 영원한 저주를 받게 될 것이라는 믿음이 포함되어 있었습니다. 이러한 관점은 그동안 제가 배워 왔던 것(그리고 가치)이 제게 알려 주는 것과 크게 달랐지만, 저는 이것이 내담자와 제가 살고 있는 문화가 조장하는 지배적인 견해라는 것도 알고 있었습니다. 저는 그의 문화적 · 종교적 신념을 무시한다고 보이는 것이 너무 두려워서 내담자 신념의 실효성workability을 탐구할 기회조차 갖지 않았습니다. 저는 그가 표현한 신념이 자유롭게 선택된 가치와 일치하는지, 아니면 단순히 융합과 사회의 압력의 결과인지 알 수 없었습니다. 하지만 저의 회피와 두려움 때문에 저는 그에게 그 신념을 탐구할 기회를 주지 않아 결코 알 수 없었습니다. 이렇게 저는 내담자와의 상담에 실패한 적이 있습니다.

내담자의 문화적 맥락이 그들의 관점에 어떤 영향을 미쳤을지 탐구할 때, 지시적이거나 판단적인 방법보다는 개방적이고 호기심을 갖는 태도로 접근하는 것이 중요합니다. 우리 모두는 현재 및 역사적 · 문화적 맥락의 영향을 받습니다. 이것이 본질적으로 문제가 되는 것은 아닙니다. 그러나 사람들의 가치는 그들이 속한 문화의 가치와 상충할 수 있기 때문에 우리는 기꺼이 문화적 겸손과 대담성 간의 변증법을 탐구해야 합니다. 이를 통해 우리는 내담자가 주장을 내세워 자유롭게 선택할 가치와, 자신에게 가장 중요하고 의미 있는 삶을 살게 만드는 능력을 제약할 수 있는 문화적 가치로부터 내담자를 구별하도록 돕습니다(Luoma et al., 2017).

문화적 정보를 기반으로 한 가치-중심 치료

가치 있는 삶을 중시하고 지지하는 유연한 과정(제2장 참조)은 다양한 맥락과 문화에 걸쳐 관련성이 있는 것처럼 보입니다(Masuda, 2014; Skinta & Curtin, 2016). 헤이즈Hayes와 동료들은 "가치는 문화마다 각기 다를 수 있지만, 내담자의 사회적 맥락에서 내담자의 가치를 돕는다는 치료적 개념은 다르지 않다"고 하였습니다

(Hayes, Pistorello, & Levin, 2012, p. 992). 문제는 가치에 초점을 맞춘 작업이 특정 집단의 사람들에게 적용할 수 있는지 여부가 아니라, 우리의 가치가 특정 내담자에게 더 효과적으로 작용하도록 하기 위해 어떻게 맥락을 고려할 수 있는지 여부입니다.

가치는 누구에게나 적용할 수 있다

가치가 제가 하는 작업의 중심이 되는 것을 좋아하는 이유 중 한 가지는, 제가 보기에 가치는 항상 불공평한 이 세상에서 훌륭한 동등함을 주기 때문입니다. 우리가 누구인지, 어디에 살고 있는지, 어떤 형태의 괴로움이 우리 삶에 주어졌는지, 우리가 무엇을 했고 무엇을 해 왔는지는 중요치 않으며, 우리 모두에게 주어진 삶이 무엇이든 간에 개인적으로 의미 있고 진실성을 갖는 방식으로 사는 것이 중요합니다. 따라서 가치를 안내하는 치료자로서 이 작업이 적용되지 않는 사람은 없습니다. 물론 우리는 특정 내담자의 독특한 삶의 맥락에 적합하고 실행 가능하도록 개입을 조정할 필요는 있습니다. 그러나 자유로운 선택, 생명력 있는 대화, 기꺼이 취약성 마주하기에 대한 감각을 유발하고 현재 순간에 머무는 대화를 촉진하여, 내담자 스스로 잘 살고 의미 있는 삶이 무엇인지 탐구하도록 돕는 것과 같은 치료에 대한 일반적인 원칙은 여전히 동일합니다.

치료자들이 처음으로 가치 작업을 배울 때, 특정 유형의 내담자들에게만 적용된다는 암묵적인(또는 때때로 명시적인) 가정이 있습니다. 수련생들은 종종 "발화량이 많은 내담자에게만 해당하는 것 아닌가요?" 또는 "아동이나 청소년이 스스로 가치 있게 여기는 것을 정말 알 수 있을까요?", "이것은 모두 개인주의적인 것 아닌가요? 더 상호의존적인 interdependent 문화에서 온 내담자들에게는 어떤가요?"와 같은 질문을 합니다. 다양한 모집단과 작업하는 것을 포함해서 모든 독특한 변수들에 대해 탐구하는 것은 이 책의 범위를 넘어섭니다(그리고 겸손한 태도로 말하자면, 저의 전문 지식 범위를 넘어섭니다!). 따라서 "이것이 내담자 X에게도 적용되나요?"라는 질문에 대한 저의 근본적인 답은 항상 다음과 같습니다. "저도 그렇길 바랍니다! 이것을 어떻게 조정하여 내담자에게 적용되도록 맞출 수 있을까요?"

가치 치료에 다양한 문화적 관점을 접목하는 방법을 모색할 때에는 해당 문화 집단이나 정체성에 관한 풍부한 지식을 가진 신뢰 가능한 동료에게 자문받는 것을 고려해야 합니다. 이와 같은 일대일의 자문은 특정 내담자와 협력하는 데 있어 미묘하고 개별화된 접근 방식을 제공하는 데 도움이 될 수 있습니다. 또한 이 주제에 관한 보다 포괄적인 내용을 다루는 서적을 읽어 보는 것을 고려할 수 있습니다. 심리적 유연성 모델에서 문화적 요소를 다루는 방법에 관한 두 가지 훌륭한 자료로는 『다문화 유능성 맥락에서 마음챙김과 수용』(Masuda, 2014)과 『성소수자를 위한 마음챙김과 수용』(Skinta & Curtin, 2016)이 있습니다. 끝으로 내담자들은 그들만의 독특한 문화적 맥락에 대한 최고의 전문가이므로 치료자의 가치가 내담자에게 어떻게 개입되는지 주의를 기울여야 합니다. 당신이 아무것도 모른다고 가정하세요. 그리고 무엇보다도 "다른 사람들이 당신 자신에게 해 주기를 바라는 대로 그들에게 행동하세요"는 백금률platinum rule을 따르길 바랍니다.

문화적으로 효과가 좋은 치료의 일반적인 지침은 가치–중심 치료에서도 물론 적용됩니다. 예컨대, 연습과 메타포가 문화적으로 적합한지 확인하고, 글로 쓰인 모든 활동에 있어서 내담자의 언어 및 읽기 능력을 고려하며, 치료와 관련된 과제를 제안할 때 재정적 장애물을 염두에 두는 것 등이 있습니다. 치료자들은 좀 더 일반적인 권장 사항을 위해 보다 포괄적인 자료들로 자문을 해야 합니다(Sue, Sue, Neville, & Smith, 2019). 이 책이 모든 문화적 맥락과 정체성에 맞춘 가치 작업 방법들을 다룬다고 기대하기는 어렵지만, 저는 제가 가장 질문을 많이 받는 세 집단과 관련된 몇 가지 사항들을 간략하게 논의해 보고자 합니다. 다음과 같은 유형의 내담자와 가치 작업을 할 때 고려해야 할 사항들입니다. ① 지적 장애 또는 기능이 낮은 내담자, ② 특정 연령 또는 삶의 특정 단계에 놓인 내담자(아동/청소년 또는 삶의 마지막 순간에 놓인), ③ 상호의존적인 문화에서 온 내담자. 하지만 다음의 내용을 읽을 때, 모든 계층에 대한 논의는 불완전하고 편견이 있을 수 있으며, 특정 집단 내의 개인들이 가지고 있는 풍부하고 다면적인 문화적 정체성을 온전히 반영할 수 없다는 점을 명심하기 바랍니다. 또한 이러한 범주가 정체성 및 맥락의 다른 측면과 어떻게 교차하는지도 고려해야 합니다. 예를 들어, 청소년들은 또래, 가족, 학교의 영향만 관련되어 있지 않으며 성별이나 인종 또는 정체성의 거의 모든 다양한 측면과 관련된 문제들과 연관될 수 있습니다. 인지적 장애를 지닌 사람들은 정신건강 상태와 연관된 낙인과 관련될 수 있습니다. 그리고 삶의 끝자락에 직면한 사람들은 종교가 가치와 어떻게 상호작용하는지에 대한 도전에 맞닥뜨릴 수 있습니다. 이는 특정 내담자의 사회문화적 정체성과 교차하는 특성들에 주의를 기울여야 함을 강조하는 소수의 예에 불과합니다.

지적 장애가 있거나 기능이 낮은 내담자

가치 작업을 수행할 때 흔히 듣는 일반적인 신화 중 하나는 이 작업이 언어 능력을 갖추고, 지적이며 고기능인 내담자들에게만 적합하다는 것입니다. 하지만 이는 매우 유감스럽고 잘못된 가정입니다. 의미와 목적을 지닌 삶을 사는 것은 IQ가 높거나 '고기능'인 내담자들을 위한 것만은 아닙니다. 우리 모두는 자신의 삶에서 중요한 것이 무엇인지에 대한 선택 감각과 개인적 자율성을 갖기를 원합니다. 지적 장애가 있는 개인의 최적 기능에 관한 이론적 모형들에서는 개인적으로 선택한 가치가 지적 또는 인지적 역량과 무관하게 모든 이에게 좋은 삶의 필수 요소라는 점을 강조합니다(Felce, 1997).

보다 제한된 지적 또는 언어적 능력을 가진 사람들에게 가치가 적용될 수 있을 뿐만 아니라, 이 책에서 설명하는 접근법은 특히 이 집단에 매우 적합할 수 있습니다. 이 모델에서 가치는 사유하고 철학적으로 다루어야 할 고매한 지적 이상 intellectual ideal이 아닙니다. 가치는 곧 삶의 방식이고, 행동의 특성입니다. 지적 능력이 제한적인 사람은 지적 능력이 발달한 사람과 같은 행동을 하지 못할 수 있지만, 가치는 개인의 능력에 의존하는 것이 아니라 그들이 가진 능력을 어떻게 활용할 것인지 달려 있습니다. 다시 말해 복잡한 물리학 문제를 다루는 나사NASA의 엔지

니어이든 굿윌Goodwill[3]에서 일하는 발달장애인이든 상관없이, 그들은 자신의 노력이 무엇에 관한 것이고, 그들의 행동을 통해 어떤 가치 있는 특성들이 따라오길 바라는지 선택할 수 있는 능력이 있습니다.

지적 장애를 가진 내담자와 함께 가치-중심 치료나 다른 유형의 심리치료에 참여할 때 고려해야 할 요소는 다음과 같은 것이 있습니다(Oliver, 2017).

- 메타포를 이해하는 능력이 부족하고, 전반적인 언어 능력이 제한적일 수 있습니다. 그렇기 때문에 핵심 개념을 전달할 수 있는 보다 구체적이고 잠재적인 비언어적 수단을 활용하는 것이 더 효과적일 수 있습니다.
- 주의력 지속시간이 제한적이기 때문에 시각화에 중점을 둔 장시간의 활동은 어려울 수 있습니다.
- 메타인지나 다른 조망을 수용하는 과제에 개입하는 능력이 손상되었을 수 있습니다.
- 그들이 삶에서 무엇을 할 수 있는지에 대한 영향력은 상당히 제한적일 가능성이 높습니다. 따라서 그들이 가치를 실현하는 방식이 다른 사람들보다 더 제한적일 수 있습니다.

이러한 맥락에 해당하는 내담자들과 함께 작업할 때, 다른 사람들이 종종 그들을 위해 결정을 내릴 수 있기 때문에 그들 스스로 선호하는 것과 연결되도록 돕는 것은 필수적이지만 때로 간과되기도 합니다. 예로, 미셀리(Miselli, 2017)는 지적장애 내담자와 작업한 사례 연구를 제시하였는데, 그는 치료자가 내담자에게 그들의 개인적 가치에 대해 관심을 표현하고 질문하는 단순한 행위조차도 개인을 매우 강화시킨다고 언급합니다. 즉, 내담자는 자신의 가치를 탐구하는 것이 너무나

3) 굿윌 인더스트리 인터내셔널Goodness Industries International Inc.은 굿윌Goodwill로 알려진 미국의 비영리 단체로, 취업 장벽에 직면한 사람들을 위해 직업 훈련, 취업 알선 서비스 및 기타 지역 사회 기반 프로그램을 제공한다(역자 주).

보람차서 가치 대화 자체가 강화 요인이 되어 내담자 자신에게 가장 의미 있고 중요한 것에 접촉하여 삶을 풍요롭게 할 수 있다는 것입니다.

지적 장애 및 인지장애를 가진 사람들은 그들의 가치대로 어떻게 살아갈지에 관한 선택지가 적을 수 있지만, 그것은 결코 그들에게 가치에 기반한 삶이 불가능하다는 것을 의미하는 것은 아닙니다. 어떻게 그들의 기본적인 생활(예: 자기관리, 기술 훈련, 일상적인 활동)을 도울 수 있는지 뿐만 아니라, 무엇이 삶을 의미 있고 가치 있게 만들 것인지에 초점을 둔 개입이 이루어질 수 있습니다.

청소년

청소년과의 가치 작업에 대한 연구 문헌은 매우 제한적입니다(Casas, Figuer, González, & Malo, 2007; Halliburton & Cooper, 2015). 그러나 청소년기가 정체성의 많은 탐색이 이루어지고 다양한 삶의 결정이 이루어지는 시기임을 감안할 때, 어떻게 가치가 이러한 결정들에 지침을 제공할 수 있는지 초점을 두기에 적합할 수 있습니다(Stattin & Kerr, 2001). 또한 자유롭게 선택된 개인의 가치는 청소년들이 또래와 미디어로부터 받게 되는 사회적 압력에 관한 대안적인 행동 지침을 제공할 수 있습니다(Halliburton & Cooper, 2015).

청소년과 함께 가치 탐색을 할 때에는 여러 가지 발달 요인을 고려해야 하며, 사용하는 언어와 예시는 연령에 적합해야 합니다(Halliburton & Cooper, 2015). 예를 들어, 청소년에게 자신의 장례식이나 팔순 잔치(제5장)를 상상해 보라고 요청하는 것은 효과적으로 활동이 이루어지기에는 그 시기가 너무 먼 것처럼 느껴질 수 있습니다. 대신 졸업식이나 동창회와 같이 비교적 시기가 멀지 않은 다른 이정표가 될 만한 경험을 사용할 필요가 있습니다. 또한 청소년에게 더욱 적절한 가치가 무엇인지 설명이 필요합니다. 가치를 "모든 것의 끝에 도달했을 때, 당신이 삶에서 구체화하고 싶은 특성들"로 묘사하기보다는, "당신에게 삶이 가장 의미 있을 때 당신이 어떻게 행동하고 있는지" 또는 더 단순하게 "만약 선택 가능하다면 당신이 원하는 종류의 사람"이라고 묘사해 볼 수 있습니다. 이러한 간략화된 설명이 우리가 가치라고 의미하는 모든 것들의 뉘앙스를 다 담지 못할 수 있지만, 이는 좋은 출발점이며 아마도 청소년 내담자에게 더 접근하기 쉬울 것입니다.

청소년과 함께 작업할 때 고려해야 할 또 다른 맥락적 변수는 함께 살고 있는 성인 보호자가 가족이나 청소년 자녀에게 자신의 가치를 주입하고자 시도할 가능성이 높다는 것입니다. 청소년들은 부모에게 등 떠밀려지면서 자신만의 도덕과 가치 의식을 개발하고자 할 수도 있습니다(Halliburton & Cooper, 2015). 따라서 치료자는 청소년이 말한 가치가 정말로 자유롭게 선택한 것인지, 또는 그것이 응종 또는 반항의 결과인지 추적해 보는 것이 중요합니다(제7장 참고).

친구나 또래 집단의 일원이라고 느끼고 연결되는 것은 청소년들에게 특히 두드러집니다(Brown, Eicher, & Petrie, 1986). 따라서 사회적 또는 우정의 가치가 머무는 영역에 초점을 맞추는 것은 가치를 보다 광범위하게 탐색하는 효과적인 방법일 수 있습니다. 실제로 청소년들에게 사용하기 위해 개발된 사회 가치 조사Social Values Survey(Blackledge & Ciarrochi, 2006)는 사회, 가족, 연애 관계 내 가치에 초점을 맞추고 있습니다.

가치 작업의 일부 요소는 청소년 집단에 가장 적합하도록 해야 하지만, 성인과의 작업에서 안내하는 동일한 네 가지 특성이 여전히 적용됩니다. 여기에는 현재의 순간에 가치를 두도록 초점을 맞추는 것이 포함됩니다. 청소년들은 종종 미래 어떤 시점에서 자신이 되고 싶거나 무엇을 하고 싶은지에 관한 질문을 자주 받게 됩니다. 하지만 청소년들과 가치 작업을 할 때 그들이 지금-여기에서 수용하고자 선택한 가치와 접촉할 수 있도록 도와주는 것이 중요합니다.

이러한 것들은 청소년과의 가치 작업에 참여할 때 고려해야 할 몇 가지 변수일 뿐입니다. 청소년과 함께 작업을 한다면, 『청소년을 위한 수용전념치료』(Hayes & Ciarrochi, 2015)와 『아동 청소년을 위한 수용전념치료』(Black, 2022)는 심리적 유연성 모델에 기반한 훌륭한 참고 자료입니다. 이 책에서 청소년과 함께 사용하기 위해 특별히 제작된 가치 카드를 포함한 풍부하여 정보와 자원들을 찾을 수 있을 것입니다.

노인 및 삶의 끝자락에 직면한 사람들

인생의 마지막 단계는 '유산legacy을 창조하는 단계'라고 불립니다(Schaie & Willis, 2000). 이 단계에 있는 사람들은 종종 자신에게 남은 제한적인 시간에 대해 예리하게 인식합니다. 이를 통해 진정으로 중요한 것과 연결하려는 동기 또는 절박함이 증가할 수 있으며, 이는 특히 가치 작업을 적합하게 만듭니다(Roberts & Sedley, 2016). 뿐만 아니라, 삶의 말기에 접어든 사람들은 건강에 대한 염려나 육체적 고통에 직면하게 됩니다. 수많은 연구에서는 다양한 건강 및 고통과 관련된 어려움을 자신의 가치와 연결하고 이롭게 사는 것의 유익한 효과들을 입증하였습니다(Falk et al., 2015; Gregg et al., 2007; McCracken & Yang, 2006; Vowels & McCracken, 2008). 예로, 데이비슨과 동료들(Davison et al., 2017)에 의하면, 가치 작업을 강조하는 ACT 개입이 장기요양시설 노인들의 우울 및 불안 증상을 경감시키는 것으로 밝혀졌습니다.

좀 더 넓은 시각에서 보면, 노인들은 삶의 많은 부분에서 그들의 정체성과 목적의 원천이었을 수 있는 역할의 상실에 직면합니다. 예컨대, 많은 이들이 돌봄을 제공하는 사람에서 돌봄을 받는 사람으로 이행합니다. 그들은 노동 및 직업적 정체감과 멀어지게 되면서 의미나 목적을 상실했을 수 있습니다. 가치 작업은 그들이 오랫동안 가지고 있던 가치와 일관성을 유지하는 동시에 살아가는 데 유연하게 대처하는 방법을 확인하는 데 도움이 될 수 있습니다.

나이가 들면서 발생하는 주요한 변화들 중 하나는 신체 및 건강과 관련되어 있습니다. 많은 사람들은 자신의 신체와 그 신체가 해 줄 수 있는 일에 자신을 동일시합니다. 그러면서 우리 자신을 '달리는 사람', '정원 거꾸는 사람', '모험적인 사람', '활동적인 사람'으로 봅니다. 신체가 약해지기 시작하고 결국 쇠퇴함에 따라 이러한 정체성과 기쁨의 원천들 중 많은 것들이 희미해지기 시작합니다. 그러므로 내담자가 이와 같은 정체성의 원천들의 기초가 될 수 있는 가치를 끊임없이 탐색하도록 돕는 것은 삶의 지속성 및 목적을 주는 데 도움이 됩니다. 예를 들어, 항상 매우 모험적으로 사는 것을 중요하게 여겼던 내담자는 이제 삶의 끝자락에서

'충만하고', '모험적으로' 살아가고, 죽는 과정을 겪는 것이 자신에게 무엇을 의미하는지 탐구하는 것부터 시작할 수 있습니다.

연령에 대한 고정관념과 인지적 융합은 노인들에게 효과적인 가치 탐색에 있어 현저한 장애물이 될 수 있습니다. 부정적인 고정관념의 구체적인 형태는 각기 다를 수 있지만, 문화 전반에 걸친 대부분의 사람들은 노화에 대해 대체로 강하고 부정적인 신념을 갖고 있습니다(Boduroglu, Yoon, Luo, & Park, 2006; North & Fiske, 2013; Yun & Lachman, 2006). 사실 이것은 성차별적이거나 인종차별적인 신념보다 연령에 대한 고정관념이 더 강하다는 것을 시사합니다(Banaji, 1999; Rupp, Vodanovich, & Credé, 2006). 이는 노인들 자신에게도 해당되며, 노화에 대한 내재화된 자기-낙인self-stigma은 노인들 사이에서도 매우 흔하지만(Cherry et al., 2016), 이 또한 문화권마다 각기 다를 수 있습니다. 하지만 융합의 경우처럼 우리는 노화에 대한 암묵적인 편견, 그리고 그것이 우리의 행동에 어떤 영향을 미치는지조차 인식하지 못하는 경우가 많습니다(Levy, Hausdorff, Hencke, & Wei, 2000).

암묵적인 항노화anti-aging에 대한 편견이 만연함에 따라 노인 및 삶의 끝자락에 놓은 사람들과 치료자들은 자신의 편견과 내담자의 자기-낙인 편향self-stigmatzing biases을 검토해 볼 필요가 있습니다. 예컨대, 치료자는 노년층 내담자의 변화 능력에 대한 기대치가 낮은 경향이 있는데(Koder & Ferguson, 1998), 이는 가치 작업이 삶을 변화시킬 가능성이 있음에도 불구하고, 치료자들이 노년층 내담자와 가치를 다루는 것을 덜 고려하는 결과를 낳을 수 있습니다. 또한 노인들에게서 자기-낙인이 만연하다는 점을 고려할 때(Cherry et al., 2016), 치료자는 이 단계에서 내담자가 가치-기반의 삶을 살 수 있는 가능성을 탐색하는 데 장애물이 될 수 있는 생각을 일부 탐색하고, 이를 통해 고령 내담자들과 가치 작업을 시작해 볼 필요가 있습니다.

상호의존적인 문화권의 내담자

안타깝게도 가치는 종종 매우 개인주의적인 방식으로 표현되며, '자유롭게 선택된' 가치는 반드시 개인만을 고려한다는 의미에는 잘못된 가정이 있습니다. 따라서 수련생들로부터 이러한 가치 접근이 상호의존적인 문화권 내 개인이나, 공동체적 가치관을 지닌 개인에게 적용되지 않는다는 걱정 어린 말들이 자주 들리는 것은 어찌 보면 당연합니다. 이 책에서 사용하는 관점에서 가치는 어떤 외부적인 권한에 의해 개인에게 주어지기보다는 자유롭게 선택하는 것으로 정의하지만, 이는 결코 가치가 공동체에 민감하지 않고, 포괄적이지 않다는 의미는 아닙니다. 루오마Luoma와 동료들은 "응종pliance을 피한다고 해서 사회화socialization를 무시하는 것은 아니다. 따라서 사회적 상호의존을 더욱 강조하는 문화권의 내담자와 함께 작업을 할 때는 과도하게 개인주의적인 논리를 사용하지 않는 것이 중요하다"라고 기술하였습니다(2017, p. 361).

문화적 맥락은 우리가 누구이고 다른 이들이 누구인지에 대한 가장 기본적인 이해를 형성하며, 이를 구별하는 것조차 문화적인 영향을 받습니다. 예로, 많은 백인/서구 언어에서는 자기와 타인이라는 단어를 분명하게 구분 짓는 반면, 아시아 언어에서 '나'와 '너'의 구분은 좀 더 유동적입니다(Nagayama Hall, Hong, Zane, & Meyer, 2011). 이와 같은 관점에서 '자기self'는 맥락 의존성이 있습니다. 마르쿠스와 기타야마(Markus & Kitayama, 2010)는 다음과 같이 언급한 바 있습니다.

> 자기self는 항상 특정 상황에 놓여 있으며, 결과적으로 자신의 맥락을 항상 중요한 방식으로 반영합니다. 자기가 특정 상황에 놓여 있지 않거나 일반적인 자기general self가 될 수 없듯이, 자기 자신만으로는 혼자서 자기self가 될 수 없습니다. 자기는 상징적으로 매개된, 타인과 사회적 환경과의 협력적인 상호작용을 통해 발전합니다(p. 421).

따라서 우리가 '자기'를 어떻게 바라보느냐는 문화적 맥락에 달려 있습니다. 대다수의 북아메리카, 호주, 서유럽 문화를 포함한 몇몇 문화권에서 '나'는 자율적이고 독립적이며 고유한 존재입니다. 그러나 아시아, 아프리카, 남아메리카와 중앙

아메리카와 같이 상호의존적인 문화권의 사람들에게 있어 '자기'는 '큰 사회적 상호작용 안에 불가분하게 근본적으로 내재되어 있는' 것으로 간주됩니다(Gardner, Gabriel, & Lee, 1999, p. 321). 즉, 상호의존적인 문화권의 사람들에게는 '나'라는 의미의 '우리'가 더 많이 존재합니다.

또한 '자유로운 선택'이라는 용어를 사용하는 정도는 상대적으로 내담자의 독립적이거나 상호의존적인 자아 정체성에 따라 달라질 수 있습니다. 제1장에서 언급한 바와 같이 '자유로운 선택' 가치의 개념은 '사실'에 관한 것이 아니라 개인이 자신에게 가장 중요하고 의미 있는 것을 선택할 수 있는 자유를 경험하길 기대하는 우리의 바람이어서, 이는 내담자에 따라 자기에게 초점이 맞춰질 수도 있고 더 공동체적으로 초점이 맞춰질 수도 있습니다. 우리는 또한 가치를 "내재적으로 동기를 부여하는 것"으로 정의해 왔습니다. 그러나 다시 말하지만 내재적으로 강화할 수 있는 것은 개인의 문화적 맥락에 달려 있습니다. 예를 들어, 아이엔거와 레퍼(Iyengar & Lepper, 1999)는 두 가지 연구에서 영미권 아동의 경우 개인적으로 선택한 활동에 더 내재적인 동기를 보이는 반면, 아시아계 미국인 아동들은 권위 있는 인물(자신의 어머니 또는 실험자)이 선택한 활동에 더 내재적인 동기를 보이는 것으로 밝혀졌습니다. 따라서 개입은 유연해야 하며 개별 내담자의 문화적 맥락을 고려해야 합니다. 개별 대명사나 전적으로 자율적인 의사 결정 과정에 매우 크게 의존하는 가치 탐색 활동은 상호의존적 문화권 내 개인에게 맞추어 조정될 필요가 있으며, 이와 같은 가치 탐색은 상호의존적인 성향을 지닌 내담자를 위한 가치 탐색에 '우리'의 감각을 통합할 필요가 있습니다.

끝으로, 가치가 형성되는 방식은 맥락 의존적이라는 점을 기억해야 합니다. 따라서 하나의 문화적 맥락에서 개인, 사회적으로 적응적인 것은 다른 문화적 맥락에서는 그렇지 않을 수 있습니다. 예를 들어, 서구 문화권 출신의 사람이 파트너와 친밀하게 관계를 맺는 가치를 형성하는 방법은 더 노골적이고 공개적일 수 있지만(예를 들어, "사랑해" 또는 공개적인 애정 표현), 이와 같은 행동은 서구 문화권이 아닌 사람들에게는 관계적 친밀성의 기능을 하지 않을 수 있습니다(Masuda, in press). 마찬가지로 상호의존적 문화권의 사람들도 개인적 가치를 탐구할 때 관계적 변수를 참고하는 것이 일반적입니다(예로, "나는 가족들을 예우하고 보살피는 방식의 특정한 역할을 추구한다"; Masuda, 2019). 독립성을 중요시하는 문화권의 치료자들은 자신의 문화적 편견 때문에 그러한 진술을 잠재적인 응종의 증거로 의심할 수 있습니다. 하지만 이러한 태도는 가치 형성에 적응적인 방법으로 이어질 수 있는 중요한 문화적 변수를 무시하는 것입니다.

가치와 문화가 충돌할 때 해야 할 일

문화를 구성하는 변수들이 워낙 다면적이기 때문에, 그 문화 속에서 우리의 가치는 적어도 일부 사람들이 지지하는 도덕적 견해나 도덕적 판단과의 충돌이 불가피합니다. 우리 모두는 중시하는 메시지와 상충되는 것처럼 보이는 것들을 갖고 있습니다. 문화적 맥락에서 받게 되는 내면화된 메시지는 우리에게 무엇이 가장 중요한 것이 무엇인지 알아차림하는 것을 모호하게 만듭니다. 이는 우리 모두에게 문제이지만, 한 사람의 가치가 다수의 가치와 일치하지 않거나 또는 지배적인 문화가 그들의 가치를 부정적으로 평가할 때 그 갈등은 더욱 괴롭게 느껴지며, 사람들은 그들의 가치를 표현하는 것이 더 어려울 수 있습니다.

가치 있는 삶이 어렵거나 위험할 때

가치는 항상 즉시 가용할 수 있지만, 가치를 실현하는 어떤 방식은 특정 상황에서 덜 작동할 수 있습니다. 즉, 하나의 문화적 맥락에서 가치 있는 것은 다른 문화적 맥락에서 가치를 인정받지 못하거나 심지어 명백하게 비난받을 수 있습니다. 하지만 우리의 문화적 정체성이 다면적이고 복잡하기 때문에 두 가지 문화적 맥락 모두 내담자에게 중요하기도 합니다. 예를 들어, 1세대 미국인인 라틴계 내담자는 특정 이상을 중시하는 미국 문화와 다른 가치를 우선시하는 가족 문화 사이를 오가며 개인적으로 의미 있는 방식으로 자신의 가치를 가장 잘 발휘하는 방법에 대해 고심할 수 있습니다. 이때 개인의 가치는 일관적이지만, 그 가치를 형성하기 위해 그들이 취하는 방식은 현재 어떤 문화적 맥락에 놓여 있는지에 따라 적응이 필요할 수 있습니다. 그리고 물론 이 모든 것은 내담자의 상대적인 문화 수준에도 영향을 받을 것입니다.

구조적 또는 제도적인 억압과 과소평가는 개인이 주어진 맥락에서 자신의 가치를 어떻게 표현할 수 있는지에 대한 현실적인 장애물이 되기도 합니다. 내담자가 자신의 가치를 특정한 방식으로 실현하는 것은 실행 불가능하거나 위험하고, 심지어 치명적일 수 있습니다. 예컨대, 진실되게 사는 것은 성별이나 성정체성에 대해 적대적인 환경에서 살아가는 성소수자 내담자에게는 다르게 보일 수 있습니다. 또한 현재 문화적 맥락에서 금지된 종교 행위를 하는 내담자에게 있어서 즐겁게 예배를 드리는 것은 또 다른 문제이기도 합니다. 여성 혐오가 심한 환경에 사는 여성은 본인의 안위를 위해 어떻게 그리고 어디서 살아야 하는지 방법을 고심할 수 있습니다. 뿐만 아니라, 빈곤한 도심에 살고 있는 내담자는 직업을 유지하기 위해 거주지와 직장과의 거리를 고려하는 것에 있어 가치를 다르게 형성할 필요가 있습니다. 치료자들은 이러한 현실 세계의 장애물을 검증하고, 내담자가 가치를 실제로 어떻게 실천할 것인지에 대해 탐구할 때 이를 감안하는 것이 중요합니다. 개인이 가치를 자유롭게 결정할 수 있는 능력에 있어 편견, 차별, 낙인이 어떤 영향을 미칠 수 있는지 탐색하기 위해, 특히 하나 이상의 소외된 정체성을 지닌 내담자들과 공개적이고 지속적이며 비방어적인 대화를 할 필요가 있습니다. 하지만 편견이나 억압은 사람이 선택하는 가치에 영향을 미치지 않으며, 단지 그것들이 표현되는 방식에만 영향을 미친다는 것에 주목해야 합니다.

개인의 현재 맥락에서의 고통스러운 한계점을 치료자가 타당화하는 것은 내담자가 자유롭게 선택한 가치를 존중하는 것을 방해하지 않습니다. 당신과 내담자는 현재 맥락에서 그들의 가치에 따라 살 수 있는 실행 가능한 방법을 모색해야 할 수도 있습니다. 하지만 가치는 항상 현재 순간에 즉시 사용 가능하다는 것을 기억해야 합니다. 가치-중심 치료자로서 당신은 내담자가 현재 본인의 가치에 부합하는 삶을 살 수 있는 기회를 수용하도록 도우며, 그 결과 내담자는 본인이 속한 맥락을 장해물이 적도록 선택할 수(혹은 변화시킬 수) 있습니다. 가치 있는 삶의 형태는 맥락에 따라 다르게 보일 수 있지만, 우리의 가치에 부합하는 삶을 사는 것은 맥락에 상관없이 우리 모두에게 가능합니다.

치료자와 내담자의 가치 갈등 상황

많은 치료자들은 치료자가 동의하지 않는 가치를 옹호하는 내담자와 함께 작업하는 것에 대해 우려를 표합니다. 저는 이와 같은 가치 갈등은 근본적인 가치 갈등이 아니라 치료자, 내담자, 종종 두 사람 모두의 심리적 경직성에 기인한다고 말하고 싶습니다.

인간으로서 우리 모두는 소속된 문화의 사회적 규범과 판단, 고정관념, 도덕적 지침의 일면을 내면화합니다. 지각된 가치 갈등은 치료자에게 강력한 감정이 될 수 있으며, 때로 도덕적 혐오나 경멸감, 정의로운 분노를 불러일으킵니다(Luoma et al., 2017). 이는 내담자에 대한 판단으로 혼란을 유발할 수 있는 강력한 감정이며, 우리가 함께 작업하는 의식적인 인간으로서의 시각을 잃을 수도 있습니다. 우리의 도덕적 관점이나 가치가 최고이며, 옳고 진실된 것이라 가정할 때, 조망 수용이 부족할 수 있습니다. 자신의 문화적 관점과 완고하게 융합되면 우리가 어떤 관점에서 조망하고 있는지 알아차리지 못할 정도로 강력할 수 있으며, 우리는 '그 관점'으로만 바라보게 됩니다.

자유롭게 선택한 가치는 부분적으로는 치료자의 강요나 인식된 강요 없이 선택이 이루어진 것을 의미합니다. 삶의 질이나 행동이 '옳다' 또는 '그르다'는 것에 대한 내재적이거나implicitly 외현적으로explicitly 표현된 판단은 내담자의 자유로운 선택에 대한 감각을 방해할 수 있습니다. 따라서 내담자의 가치 선택을 판단하는 자신을 발견하게 된다면, 가장 먼저 살펴보아야 할 것은 심리적 유연성이나 경직성일 수 있습니다. 종종 갈등의 원인은 내담자가 아닌 치료자, 또는 치료자의 맥락에 있습니다. 따라서 그 첫 번째 단계는 거울을 우리 자신에게 돌려놓는 것입니다. 이는 이 장의 앞부분에서 언급한 바 있듯 쉽지 않습니다. 하지만 겸손, 호기심, 자비심 그리고 인류 모두와 관계를 지닌 자신의 심리적 비유연성의 잠재적인 영향을 고려해 보면, 추정되는 가치 갈등의 해결책을 찾아볼 수 있을 것입니다.

다수의 인식된 가치 갈등은 개인 간의 갈등이 아닌 문화적 관습 간의 갈등으로도 볼 수 있습니다. 따라서 중요한 전략 중 하나는 치료자가 지지하기 어렵다고 느끼는 집단, 문화적 관습, 또는 행동에 대해 지식이 있는 문화권의 동료에게 자문을 구하는 것입니다. 이는 종종 당신이 그 문화적 행동이나 관습을 새로운 방식으로 볼 수 있게 도와주며, 진실성을 유지하면서 내담자를 지원할 수 있게 해 줍니다. 게다가 인식된 가치 갈등은 때로 권력 차등, 인종차별, 무시, 대상화와 편견을 포함한 정체성 또는 집단을 기반으로 한 갈등과 겹치기도 합니다. 따라서 인식된 가치 갈등이 발생했을 때 치료자는 이러한 요인 중 하나가 치료와 관련될 수 있는지 여부를 고려해야 합니다.

치료자의 개인적인 문화적 경험과 다면적인 정체성은 특정 맥락 안에서 살 때 가치가 어떤 모습일지에 대한 우리의 시각을 제한하고, 맹점을 형성할 수 있습니다. 인식된 가치 갈등이 발생할 때 다음 내용들을 탐구하는 것이 중요합니다.

1. 당신이 고심하고 있는 내담자의 목표나 가치 진술의 밑바탕에 있는 더 추상적이거나 광범위한 가치들을 고려해 보세요. 이는 종종 당신이 진심으로 동의할 수 있는 것을 발견하는 데 도움이 될 수 있습니다.
2. 어떤 삶의 경험이 특정 목표나 가치를 추구하려는 내담자의 욕구에 영향을 미쳤을 수 있을까요? 이는 종종 당신이 내담자의 입장에서 생각하고, 그들의 선택을 바라보는 관점을 변화시키는 데 도움이 됩니다.

다음 내용은 경직된 조망 수용 또는 경험회피를 하고, 치료자 자신의 문화적 맥락(과거와 현재) 또는 개념화된 자기와의 융합이 인식된 갈등에 어떻게 영향을 미치는지를 고찰하면서 생각해 볼 수 있는 질문들입니다.

- 내담자 또는 그들의 행동에 대해 혐오감, 경멸감, 분노 또는 두려움을 느끼고 있나요? 이는 당신이 배워야 할 것에 관해 무엇을 말해 줄 수 있을까요?
- 당신의 성장 과정과 역사, 문화는 내담자가 지지하는 가치에 대한 당신의 믿음에 어떤 방식으로 영향을 미쳤을까요? 당신이 다른 성장 과정과 역사, 문화적 맥락을 가졌다면 다른 믿음을 갖게 되었을까요?
- 내담자의 가치 혹은 가치를 실현하는 삶의 방식이 다소 잘못되었거나, 부정확하거나, 부적절하다는 당신의 이야기를 갖고 있나요?
- 당신이 믿거나 소중하게 여기는 것이 지배적인 견해와 다른 소외 집단 구성원이었던 시절을 생각해 보세요. 당신에게 이러한 경험은 어땠나요? 특히, 지배적인 집단의 사람들이 당신에게 가장 중요한 것에 대해 어떻게 반응하기를 바랐나요?
- 만약 내담자가 당신이 중요하게 여기는 존재 방식을 인정하지 않는다고 생각한다면 어떻게 느껴질 것 같나요? 이와 같은 불일치에 대해 그들이 당신을 어떻게 대하길 바라나요?
- 당신의 가치를 고려할 때, 당신이 가치라고 여기는 것과 다른 것을 가치로 여기는 사람을 어떻게 대하길 바라나요? 만약 당신에게 자녀가 있다면, 당신은 자녀가 다른 가치를 가진 사람을 어떻게 대하길 바라나요? 이러한 방식으로 당신의 가치와 일치하는 행동을 하는 데 도움을 주는 무언가를 할 수 있을까요?
- 내담자가 이 가치를 실현할 수 있도록 돕는다면 어떤 일이 발생할 거라는 두려움이 있나요?
- 내담자의 가치를 자신의 가치와 동일하게 존중하고, 품위 있고, 가치 있게 대하기 위해 어떤 생각과 느낌, 감각을 기꺼이 경험해야 할까요?

치료자로서 우리의 비유연성이 내담자가 선택하는 가치와의 갈등으로 이어질 수 있는 것처럼, 내담자의 비유연성 또한 가치 문제에 영향을 미칠 수 있습니다. 이와 같은 심리적 비유연성은 치료자의 역할이나 내담자의 역할에서 비롯된 것이 아니라 문제를 해결하고 고통을 최소화하도록 진화된 인간의 마음에서 기인합니다. 우리에게 가장 중요한 것을 충분히 담색하고 자유롭게 선택할 기회를 갖지 못한 채, 내담자를 포함한 많은 사람들이 결국 삶의 여러 도전에 대처하기 위해 깊이 자리매김한 습관과 순응으로 인해 가치를 추구하게 됩니다. 이처럼 우리가 가치 있게 여기는 것은 자유로운 선택의 결과라기보다 심리적 비유연성의 결과일 수 있습니다.

만약 권력을 행사하거나 타인에게 해를 끼치는 방식으로 사람들을 지배하는 것과 같이 치료자로서 지지하기 어려운 가치를 가진 내담자와의 갈등이 있다면, 내담자가 자신의 삶의 방식으로 자유롭게 이와 같은 반사회적인 행동을 택한 것이 아니라 심리적 비유연성에서 비롯될 가능성을 고려해 보아야 합니다. 내담자는 자신이 선택할 수 있는 것이 너무 위험하거나, 수용되기 어렵거나, 가능하지 않아 가치를 추구할 수 없다고 생각하기 때문에 이를 선택해야만 했을 수 있으며 좌절스럽게 느낄 수 있습니다. 이러한 상황에서 치료사로서 더욱 효과적이고 자비로운 태도를 취하는 것이 좋습니다. 예를 들어, 퀘일Quayle과 동료들은 반사회적인 성행동을 일으키는 것은 본질적으로 반사회적 가치를 가졌기 때문이라기보다 전형적인 경험회피라고 주장한 바 있습니다(Quayle, Vaughan, & Taylor, 2006). 따라서 효과적인 치료는 개인이 자신의 가치와 연결될 수 있도록 돕는 동시에 그 가치를 향해 나아갈 때 발생하는 불쾌한 생각, 느낌, 감각에 대한 공간을 마련할 수 있는 심리적 유연성 레퍼토리를 강화하는 데 초점을 두어야 한다고 제안합니다.

내담자가 선언하는 가치가 과연 그들이 선택한 것인지 의문이 든다면, 효과적인 가치 진술의 네 가지 특징을 되돌아보고 안내합니다. 만약 가치 진술이 자유로운 선택, 생명력 있는 대화, 현재 순간에 초점 맞추기, 기꺼이 취약성 마주하기의 감각 없이 이루어진다면, 그것은 아마도 비유연성과 회피에서 비롯된 것이라는 단서가 될 것입니다. 만약 그렇다면, 내담자가 선택에 대한 감각을 가지기 전에 심리적 유연성을 증진시키는 데 더 많은 노력을 기울여야 할 수 있습니다.

가치로 이끄는 작업을 할 때 내담자가 자신이 자유롭게 선택한 가치에 맞추어 삶을 영위하도록 돕는 것은 당신의 역할입니다. 궁극적으로 이 작업을 치료자인 당신이 해낼 수 없다면, 당신은 내담자에게 이러한 서비스를 제공할 수 있는 사람을 추천해야 합니다. 하지만 다른 치료자에게 의뢰하는 것은 최후의 수단이어야 합니다. 심리적 유연성을 증진시키는 작업을 통해 내담자 또는 당신 자신의 지각된 갈등이 사라질 가능성이 높으며, 그 후에는 내담자가 자유롭게 선택할 수 있다면 자신의 삶에서 가장 중요한 것을 제공하도록 돕는 중대한 작업으로 되돌아 가볼 수 있을 것입니다.

가치의 파급 효과: 커플, 가족, 조직

인간은 매우 사회적인 존재이고 우리가 행동하거나 행동하지 않는 것이 좋든 나쁘든 간에 우리가 삶에서 접촉하는 수많은 사람들에게 영향을 미칩니다. 저는 개인상담 치료자입니다. 따라서 저는 커플이나 가족, 더 큰 집단의 사람들과 작업하지 않습니다. 그럼에도 불구하고 제가 하는 일에서 가장 보람찬 부분 중 하나는 개인이 가치와 연결되도록 돕는 것이 다른 많은 사람들에게 강력한 파급 효과를 가져올 수 있다는 것입니다. 우리의 개별 작업을 바탕으로 내담자가 가치를 사용하여 가족의 재정 계획 의논을 하도록 안내하고, 자신과 파트너를 위한 '가치 수련회'를 조직하고, 가족들의 집안일을 적는 달력을 가족 가치 달력으로 바꾸도록 했습니다. 또한 내담자 스스로 가치에 충실하게 살고 삶을 유지하는 데 있어, 내담자가 사랑하는 사람은 가장 좋은 지지와 동기부여의 원천이 될 수 있습니다. 개인, 커플, 가족 또는 집단과 함께 작업을 하거나 혹은 하지 않더라도, 내담자의 관계적 맥락이 가치 작업에 어떻게 포함될 수 있는지를 고려해야 합니다.

사랑하는 이들을 가치 작업에 포함시키기

내담자와 함께하는 가치 작업의 범위를 확장시키는 한 가지 방법은 사랑하는 이를 가치 과제에 포함시키는 것입니다. 예로, 가치 카드 분류 연습(제3장)을 한 뒤, 내담자에게 집에 가져갈 가치 카드 세트를 주고 내담자가 집으로 돌아가 그 활동에서 발견한 것에 대해 배우자나 파트너와 대화를 나누도록 합니다. 간혹 내담자의 파트너도 카드 분류를 하고, 커플은 각자 발견한 가치에 대한 이야기를 나눕니다. 자신이 가치를 부여해 온 것에 대해 다른 관점을 얻고자 하는 내담자들은, 자신의 파트너 또는 신뢰하는 친구에게 내담자의 행동을 기반으로 내담자가 중요하게 여긴다고 생각하는 것에 따라 카드를 분류해 달라고 요청하기도 합니다. 물론 이러한 활동을 제안하기 전에 내담자 개인의 상황을 고려해야 합니다. 특히, 이 과제를 할 때 사랑하는 사람이 나에게 도움이 되고 건설적으로 반응하는 것 같다고 느끼도록 하는 것이 중요합니다. 내담자들은 일반적으로 치료에서 진행한 가치 작업에 대해 가족들과 공유하고 싶어 합니다. 제가 가장 좋아하는 사례 중 하나는 내담자가 가치 작업을 집으로 가져가 자녀들과 함께 하면서 파급 효과를 보았던 경우입니다.

임상 사례와 도구: 일일 가치 활동

제 내담자 재스민Jasmin은 최근 힘든 이혼 과정을 겪은 후 혼자 두 딸을 키우고 있었습니다. 그녀는 새로운 삶에 있어서 가족 문화를 약간 변화시키고자 노력하고 있었습니다. 이혼 전 재스민의 가족은 무엇보다 성취를 중요시했습니다. 매일 저녁 남편은 여덟 살, 열 살인 딸들에게 학교에서 무엇을 성취했는지, 그리고 최근 시험 성적은 어땠는지를 물었습니다. 재스민은 이러한 상호작용이 아이들에게 매우 위협적이고 불쾌했다고 말했습니다.

제가 재스민에게 실천하도록 한 가치 활동 중 하나는 일일 가치 연습Value of the Day입니다. 가치 시도하기 활동Trying on a Value(Dahl et all., 2009)에 부분적으로 기반한 일일 가치 연습은 내담자에게 단기간에 잠재적인 가치를 형성하는 연습 기회를 제공하고, 특정 가치에 따라 삶을 사는 것이 어떤지 알아보기 위한 자료 수집을 위해 만들어졌습니다. 이 활동의 일환으로 매일 아침 재스민은 이전에 했던 가치 카드 분류 연습에서 자신이 매우 중요하다고 깨달은 가치 중 하나를 무작위로 선택했습니다. 그녀는 가장 중요한 가치 7개를 병 안에 넣었고, 그날 아침에 뽑은 한 가지가 '오늘의 가치'가 되었습니다. 그러고 난 뒤 그녀는 결과를 추적하면서 하루 동안 그 가치대로 살 방법들을 찾곤 했습니다. 일일 가치 연습에 대한 자세한 설명은 http://www.newharbinger.com/43218를 참고하세요.

재스민은 자신이 무엇을 하고 있는지 자녀들과 공유하기 시작했습니다. 그녀는 아이들에게 "오늘 엄마는 다른 사람들을 친절하게 대하는 연습을 했어. 그리고 알게 된 것이 뭔지 아니? 나에게 좀 못되게 굴던 손님에게 친절하게 대했을 때, 나는 스스로 자랑스러웠고 화가 덜 나는 느낌이 들면서 그 대화에서 벗어날 수 있었어. 정말 멋지지 않니?" 딸들은 재스민이 무엇을 하고 있는지 매우 관심이 많았고, 저녁 식사 자리에 앉았을 때 '오늘의 가치'가 무엇인지 물어보곤 했습니다. 아이들도 곧 학교에서 성취하고 있는 것에 두었던 초점을 어떻게 학교에서 행동하고 있는지로 이동시켰으며, 심지어 가치 관련 단어를 사용하기도 했습니다. 결국 가족들은 매주 재스민과 두 딸이 각자 실천하고 싶은 가치를 적는 '가족 가치 달력'을 만들기로 했습니다. 저녁 식사 대화는 "이번에 단어 시험에서 몇 점을 받았니?"에서 "오늘 인내의 가치를 실천하는 게 어땠니?"로 변하게 되었습니다. 그들은 서로 가치를 지지하는 것을 도왔고, 가치에 따라 살면서 알아차린 것들에 대해 서로 확인하기도 했습니다. 얼마나 멋진 일인가요?!? 여덟 살과 열 살 소녀들이 이 어린 나이에 가치에 기반한 삶을 연습하기 시작하면서 잠재적인 방향성의 변화가 어떤 결과를 만들지 상상해 보세요. 재스민의 아이디어였던 가족 가치 달력은 가족 구성원들을 가치 작업에 관여시킬 수 있는 방법 중 한 가지입니다. 이 책에서 앞서 설명한 많은 가치 활동들은 커플이나 가족이 사용할 수 있도록 수정할 수 있습니다. 예로, 커플은 본인들의 관계를 상징하고 대표하길 바라는 가치가 무엇인지 탐색하기 위해 가치 원형작업하기(제6장)를 해 볼 수 있습니다. 제4장에서 설명한 것과 같은 방식으로 가족들이 함께 가족의 최고의 순간 연습을 탐색해 볼 수도 있는데, 이번에는 모든 가족 구성원이 그 상황에 대한 각자의 관점을 반영할 수 있습니다. 그리고 집단은 경건한 추도사 연습(제5장)을 함께 해 볼 수도 있습니다.

핵심 챙김

- 우리 모두는 각자의 고유한 관점을 갖고 있으며, 문화적 편향을 지닙니다. 자신의 관점을 의식하되 자비로움을 갖고, 이로써 학습에 필요한 개방성을 증진시킬 수 있습니다.
- 문화적 겸손을 실천한다고 해서 내담자의 문화적 관점에 대한 실효성 탐색을 회피한다는 것을 의미하는 것은 아닙니다.
- 당신의 가치 작업이 개별 내담자의 요구와 문화적 맥락에 가장 적합하게 적용될 수 있는 방법을 고려해 보세요.
- 치료자의 가치가 내담자의 가치와 충돌하는 것처럼 보인다면, 먼저 치료자 자신의 문화적 맥락과 관련된 심리적 비유연성을 살펴보세요.
- 사실 가치는 개인만을 위한 것이 아닙니다. 그것은 많은 다른 사람들과의 관계를 포함하는 맥락 속에서의 개인에 관한 것입니다.

활용 단계

- 당신과 문화적 정체성이 다른 내담자를 찾아보세요. 이는 내담자의 인종, 민족성, 사회경제적 지위, 능력 지위ability status, 성별, 성정체성 또는 문화의 다른 측면일 수 있습니다. 이러한 문화적 맥락을 고려해서 내담자와의 가치 작

업이 잘 작용할 수 있는 방법은 무엇일까요? 그들의 문화적 관점과 관련해서 당신은 어떤 가정asumption이나 편견을 가질 수 있을까요? 내담자의 정체성 측면에 대해 더 잘 알기 위해 어떤 자원들(동료나 책 등)에 접근할 수 있을까요? 내담자의 문화적 관점에 대해 더 자세히 알기 위해 한 가지 구체적인 행동을 취해 보세요.

- 이 책의 이전 장에서 살펴본 다음 연습들 중 한 가지를 적용해서 내담자 이외의 다른 사람들도 포함시키는 것으로 변형해 보세요.
  - 콘텐츠 카드 연습(제2장)
  - 가치 카드 분류 연습(제3장)
  - 최고의 순간 연습(제4장)
  - 동전의 양면 연습(제5장)
  - 최악의 순간 연습(제5장)
  - 경건한 추도사 연습(제5장)
  - 일일 가치 명료화 과정 추적 양식(제6장)
  - 가치 원형작업하기(제6장)
  - 당신의 배역 작성하기 연습 또는 슈퍼히어로의 또 다른 자아 메타포(제7장)
  - 목표 밧줄 연습(제7장)
  - 일일 가치 연습(제8장)

  만약 당신이 집단을 운영한다면 상기 연습들 중 한 가지를 집단 맥락에 맞게 조정하세요. 만약 당신이 커플이나 가족 치료를 한다면, 커플 및 가족과 함께 사용할 수 있도록 연습을 조정하면 됩니다. 만약 개인 내담자와만 작업을 한다면, 그들의 파트너나 자녀, 친구 또는 다른 사랑하는 이를 활동에 포함시킬 수 있는 방법을 찾아보세요.
- **내면 통찰 학습**: 과거 또는 현재 당신만의 문화적 맥락이 당신의 가치를 형성하거나 지지하는(혹은 지지하지 않는) 방식을 생각해 보세요. 당신의 문화적 맥락과 잠재적인 특성을 고려하기 위해 http://www.newharbinger.com/

43218에 있는 질문들을 활용해 볼 수 있습니다. 이것이 내담자와의 가치 작업에 어떤 영향을 미칠까요? 당신의 문화적 편견이 맹점이라는 결과를 낳거나 내담자와의 관계에서 부정적인 영향을 미쳤던 때를 생각해 보세요. 당신은 앞으로의 상황에서 무엇을 다르게 해 보고 싶나요?

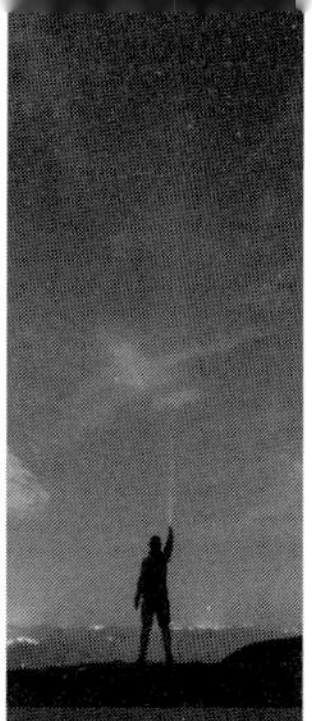

제9장

함께하는 여정: 치료자로서의 가치

> 우리는 다른 사람들을 돕기 위해 노력하고 애쓰지만,
> 다른 사람을 돕는 것은 우리 자신을 위해 애쓰는 것이기도 합니다.
>
> —페마 초드론

치료자가 되는 것은 어렵습니다. 외로울 수도 있습니다. 종종 내담자들은 그들의 고통을 덜기 위해 불가능한 것을 원하면서 우리를 찾아옵니다. 그리고 우리 역시 그들에게 그 불가능한 바람을 들어주고 싶은 생각으로 간절합니다. 우리는 그들의 깊은 앎에서 때때로 무력감을 느낄 수 있습니다. 그리고 우리가 한 사람의 괴로움을 덜어 주는 데 도움이 되었다고 해도, 다음 회기에는 또 다른 고통이 우리를 기다리고 있습니다. 그럼에도 우리는 계속 나아갑니다. 왜일까요? 우리 대부분은 이 일이 가장 편하고, 고통이 없거나, 재정적으로 수익이 좋기 때문에 하기로 결정한 것이 아닙니다. 우리가 괴로움을 겪는 이들과 함께하는 것에 삶을 바치기로 한 결정 이면에는 더 큰 가치가 있습니다. 하지만 매일 같이 고된 일을 하다 보면, 그 큰 그림과의 접촉을 잃기 쉽습니다. 우리는 내담자를 해결해야 할 문제로 보기 시작하고, 이 작업에서 우리에게 가장 중요한 것이 무엇인지를 놓치게 됩니다.

가장 중요한 것과의 연결을 유지하면 종종 어려운 일을 더 보람 있고 의미 있게 만드는 데 도움이 될 수 있습니다. 더 큰 목적의식과 연결되면, 우리는 함께 작업하는 사람들의 괴로움을 담아낼 수 있는 그릇이 됩니다. 우리의 가치를 다른 사람들과 공유함으로써, 우리는 또한 내담자 및 동료들과 연결되는 인간의 보편성 common humanity을 발견하게 됩니다. 그래서 이 책을 마무리하면서 우리는 치료자로서 우리 자신의 가치, 우리가 하는 일을 명예롭고 의미 있게 만드는 것은 무엇인지, 그리고 일상에서 그러한 가치들과 어떻게 계속 연결할 수 있는지 함께 고민해 보려 합니다.

치료자로서의 가치 탐색

많은 치료법에서 다양한 가치 명료화 연습을 활용하지만, 가치-중심 치료 values-guided therapy에서는 전체 치료 과정이 가치에 기반을 두고 있습니다. 여기에는 우리가 내담자들과 치료실에서 치료자로서 어떻게 행동하는지에 대해 안내하는 가치도 포함됩니다. 따라서 당신의 가치가 명확하지 않고, 치료 작업을 하면서 그 가치와 연결되지 않으면 필수적인 것을 놓치게 됩니다. 다음은 당신이 임상가로서 치료를 안내하기 위해 선택할 가치를 명확하게 파악하는 데 도움이 되도록 고안된 몇 가지 도구입니다.

도구: 내면 통찰 학습

이 책을 통해, 당신은 자신의 가치와 관련하여 '내면 통찰 학습'을 할 기회들이 있었습니다. 그 연습이 당신 스스로 가치를 탐색할 수 있는 기회가 되었기를 바랍니다. 만약 당신이 내면 통찰 학습 연습을 수행해 왔다면, 지금 잠시 그것을 할 때 기록했던 메모들을 검토하고, 다음을 고려해 보세요.

- 내가 치료에 가져오고 싶은 가치에 대해 지금까지 배운 것은 무엇인가요?
- 내면 통찰 학습 연습에 대한 나의 반응에서 나타난 주제가 있나요?

- 이 연습과 관련하여 후속 조치를 취하거나 다시 검토하고 싶은 사항이 있나요?

모든 내면 통찰 학습 연습을 하는 데 시간을 투자하지 않았다면, 지금 잠시 그 이유를 생각해 보세요. 하지만 판단이나 자기-비판이 아닌 호기심의 관점에서 접근해 보세요. 그러면 당신이 왜 가치 탐색 연습을 수행하지 않았는지를 고려하는 이 행동조차도 당신의 가치에 따라 안내될 수 있습니다. 자기-자비와 진정한 호기심의 관점에서 다음을 고려해 볼 수 있습니다.

- 내가 이 책에 나오는 내면 통찰 학습 연습에 시간을 할애한다면, 그것은 어떤 가치가 있을까요? 그것은 내가 가치 있게 여길 만한가요?
  - 그렇다면 그 연습을 할 시간을 따로 떼어놓기 위한 나의 계획은 무엇인가요?
  - 그렇지 않다면, 내 가치를 명확히 하거나, 가치와의 연결을 유지하는 데 도움이 될 다음 단계는 무엇인가요?

도구: 가치에 대한 자기-성찰 질문

이전 장에서 확인한 내면 통찰 학습 연습 외에도, 다음은 치료에서 적용하기 위해 가치를 더 깊이 탐색하는 데 도움이 되도록 성찰할 수 있는 몇 가지 질문입니다. 다음 질문 중 가장 적절해 보이거나, 생각할 때 불편함을 느끼는 질문을 한두 가지 선택하세요. 당신의 답변에 대해 일기를 쓰거나, 신뢰할 수 있는 동료, 사랑하는 사람과 답변을 공유할 수 있습니다.

- 만약 누군가가 당신이 직장에서 가장 좋았던 날 어떻게 지내고 있는지 설명한다면, 그들은 당신을 어떻게 설명할까요?
- 당신이 일에 정말 몰두해 있을 때, 해야만 해서 하는 것이 아니라 그 일에 매료되어 하고 있을 때 그것은 어떤가요? 당신에게 그 시간은 어떤 시간인가요?

- 당신이 무엇을 하고 있는지 아무도 모를 때, 치료자로서 어떤 사람이 되는 것이 가장 자랑스럽습니까?
- 당신이 처음부터 다시 시작하여 직장에서의 자신을 재창조할 수 있다고 상상해 보세요. 백지상태이며, 당신은 새로운 나로서 당신이 원하는 어떤 질적 특성도 구현할 수 있습니다. 만약 다시 시작할 수 있다면, 이상적으로 어떤 사람이 되고 싶나요? 재창조된 자신이 어떤 특성을 구현하기를 원하나요?
- 당신이 치료실에서 당신의 전 생애에서 만날 마지막 내담자의 맞은편에 앉아 있다고 상상해 보세요. 이것이 당신 경력의 마지막 회기입니다. 당신은 이 마지막 내담자와 함께 이 회기를 어떻게 보내고 싶나요? 모든 내담자들과의 관계에서 당신에게 중요한 것이 무엇인지에 대해 알려 줄 수 있는 것은 무엇인가요?
- 치료 일을 하면서 가장 어려운 점은 무엇인가요? 어떤 상황이 당신에게 가장 큰 고통이나 괴로움을 안겨주나요? 이 고통은 당신에게 가장 중요한 것이 무엇인지 말해 주나요?
- 매일 집으로 돌아왔을 때, 직장에서의 모든 시간이 ___________을/를 위해 쓰여졌다고 한다면, 빈칸에 무엇을 넣고 싶나요? 그런 날이 직장에서 가치 있는 하루가 될까요? 그런 날들을 보낸다는 것을 생각하면 어떤가요?

앞의 몇 가지 질문에 대해 잠시 생각해 본 후, 다음 내용으로 경험을 설명해 보세요.

- 이 연습을 하면서 어떤 생각, 감정, 충동, 판단이 떠올랐나요?
- 그것은 당신에게 무엇이 중요하다고 말해 주나요?
- 그러한 생각, 감정, 충동, 판단이 당신이 되고 싶은 사람이 되는 데 방해가 된 적이 있나요? 만약 그렇다면, 그러한 잠재적 장애물이 나타날 때 어떻게 대응하고 싶은지를 당신의 가치가 어떤 방식으로 알려 줄 수 있을까요?

도구: 도움 주기 선택 연습

내담자들과 마찬가지로, 우리 치료자들의 가치 탐색도 이론적이고 주지화된 것에서 벗어나 개인적이고 구체적인 것으로 옮기는 것이 우리에게 정말로 중요한 것과 연결하는 가장 좋은 방법일 수 있습니다. 도움 주기 선택 연습은 치료자들이 자신의 업무에 가치를 연결하도록 돕기 위해 고안된 눈을 감고 하는 연습입니다. 5~10분 정도 진행되는 이 연습은 함께 작업하는 대상에게 초점을 맞춥니다. 또한 시각화하는 동안 당신에게 떠올랐거나 당신의 가치 측면에서 당신에게 의미할 수 있는 것에 대해 성찰해 볼 수 있는 글쓰기 연습 부분도 있습니다. 이 연습은 특히 당신이 어려움을 겪고 있는 특정 내담자가 있거나, 그들의 고통이 너무 크거나 강해서 그들과 함께 있는 것이 힘들 때 매우 유용할 수 있습니다. 이것이 당신에게 도움 될 것 같다면, http://www.newharbinger.com/43218에서 도움 주기 선택 연습을 들어보세요. 연습 내용의 사본도 확인할 수 있습니다.

일상적인 업무에 가치를 부여하는 방법

내담자가 가치에 기반한 삶을 살도록 돕는 것은 단지 몇 가지 가치 명료화 연습을 하는 것만으로는 부족합니다. 우리는 그들이 특히 어려운 시기에 그들에게 가장 중요한 것을 지속적인 방식으로 다시 연결할 수 있는 방법을 갖도록 도와야 합니다. 치료자인 우리도 마찬가지입니다. 당신이 이 책에 나와 있는 모든 연습을 마쳤고, 당신의 일에 어떤 가치를 부여하고 싶은지에 대한 확고한 감각을 가지고 있더라도, 일상생활에서 그러한 가치를 계속해서 접촉할 수 있는 방법을 갖는 것은 중요합니다. 따라서 우리는 일상생활에 지속적으로 가치를 부여하는 데 도움이 되도록 고안된 다양한 전략과 연습으로 이 장과 이 책을 마무리합니다.

다른 일을 하기보다 다르게 일을 하기

이 직업은 우리에게 큰 타격을 줄 수 있습니다. 자료에 따르면 정신건강 전문가의 21~67%가 특정 시점에 높은 수준의 소진을 경험하고 있는 것으로 나타났습니다(Morse, Salyers, Rollins, Monroe-DeVita, & Pfahler, 2012). 소진이 시작되고 무기력하거나 절망적이거나 완전히 지쳤다고 느끼기 시작하면, 업무에서 하고 있는 일에 변화를 주는 방법에 대해 생각하는 것이 매우 일반적입니다. 더 적은 수의 내담자를 봐야 할까? 현재 직장을 떠나 다른 직장을 시도해 보는 게 좋을까? 임상 업무를 아예 그만둬야 하나? 이 모든 것이 고려해야 할 유용한 선택지일 수 있습니다. 일을 줄이거나 바꾸는 것이 유용한 목표일 수도 있지만, 목표보다 가치를 먼저 생각하는 것을 다시 한번 제안하고 싶습니다. 만약 해결책이 당신이 하는 일을 바꾸는 것보다 오히려 당신이 하는 일을 어떻게 하는가에 달려 있다면 어떨까요? 다시 말해, 단순히 다른 일을 하는 데에만 초점을 맞추는 대신, 당신이 일을 어떻게 다르게 하는가에 있어 가치가 도움이 될 수 있을까요? 다른 심리적 유연성 레퍼토리를 강화하는 것과 함께, 치료자가 자신의 가치와 다시 연결되도록 돕는 것이 정신 건강 종사자의 소진을 줄일 수 있음을 뒷받침하는 자료가 있습니다(Brinkborg, Michanek, Hesser, & Berglund, 2011; Hayes et al., 2004; Vilardaga et al., 2011).

저는 자신이 속한 관계에 대해 양가적인ambivalent 태도를 보이는 많은 사람들과 작업합니다. 그들은 관계를 떠나야 하는지, 이혼해야 하는지, 헤어져야 하는지, 차라리 바람을 피워야 하는지 알고 싶어 치료에 옵니다. 저는 그들에게 종종 다음과 같은 말을 합니다.

치료자: 당신은 떠나기로 선택할 수 있고, 그것이 결국 당신 가치의 관점에서 올바른 선택일 수도 있습니다. 우리는 그 모든 선택지를 함께 탐색할 수 있습니다. 그리고 바로 지금, 오늘 당신은 그 사람과의 관계 안에 있습니다. 그러니 적어도 지금 이 순간 당신

이 이 관계 안에 있다는 점을 감안할 때, 당신이 자유롭게 선택할 수 있다면 이 관계에서 어떤 것을 원하는지 알아가는 것부터 시작하면 어떨까요?

이것은 내담자가 지금-여기에서 자신의 가치를 지향하도록 돕습니다. 많은 사람들은 자신이 원하는 모습의 파트너/배우자/친구가 되어 자신의 가치에 부합하게 살기 시작하면 그 관계가 훨씬 더 의미 있고 성취감을 느낀다는 것을 알게 됩니다. 때때로 그들은 결국 그 관계를 떠나기로 결정하기도 합니다. 하지만 비록 그들이 그렇게 선택하더라도 그 결정을 이끄는 것은 그들의 가치입니다. 그것은 더 이상 참을 수 없기 때문에 누군가를 또는 무언가를 떠나기로 선택하는 것과는 매우 다른 것입니다.

이와 같은 전략은 당신의 일터에서도 적용될 수 있습니다. 만약 당신이 자신의 일에 만족하지 못한다면, 더 즐길 수 있는 다른 일을 찾는 데 집중하는 것이 매우 일반적일 것입니다. 하지만 현재의 직장에서 더 의미 있거나 목적의식을 가진 방식으로 일할 수 있는 방법을 먼저 고려해 보면 어떨까요? 예를 들어, 다른 내담자를 만나거나, 더 적은 수의 내담자를 만나거나, 내담자를 전혀 만나지 않는 것이 해결책이라고 가정하기보다는, 동일한 내담자와의 작업에서 어떻게 다른 질적 특성을 가져올 수 있을까요? 즉, 가치를 실행하는 것입니다. 이를 통해 직장에서 보내는 시간에 대해 더 만족하거나 성취감을 느낄 수 있을 것입니다. 만약 이런 가치들을 바탕으로 현재의 내담자들과의 상담에서 더 많은 자비, 호기심, 재미의 요소를 담아낼 수 있다면, 지금 느끼는 불만족감과 같을까요? 만약 당신의 일에 불만족감을 느끼고 있다면, 최소한 지금 이 순간에는 당신이 이 일을 선택해서 하고 있다는 점을 감안할 때, 당신이 이 일을 하는 동안 어떤 사람이고 싶은지 안내하는 가치의 방향을 잡는 데 도움이 되는 다음과 같은 방법을 고려해 보세요.

- 제8장의 일일 가치 연습에 직장생활의 일부로 포함시키고 싶은 이상적인 5~7가지 가치를 시도해 보세요(http://www.newharbinger.com/43218 참조).

시도 후 결과를 반드시 확인하세요. 이 연습을 통해 당신에게 가장 의미 있거나 보람 있는 잠재적인 삶의 방식에 대해 무엇을 배웠나요?

- 다음 진술을 완성해 보세요: 내가 직장에서 ____________(당신이 경험할 수 있는 감정보다는 당신 행동의 일부 질적 특성)을/를 좀 더 잘할 수 있다면, 그것은 나에게 보람되거나 중요할 것이다.
- 이 일을 처음 시작했을 때를 생각해 보세요. 그 당시 당신이 바라는 것은 무엇이었나요? 새로운 경력의 단계를 시작하면서 구현하고 싶었던 질적 특성에 대해 어떤 것을 상상했나요? 이제, 당신 경력의 특정 부분이 마지막에 다다르고 있을지라도, 여전히 동일한 질적 특성을 구현하는 것은 어떨까요? 어떻게 이것을 할 수 있을까요?
- 당신이 직장을 그만두기로 결정하고 이번 한 주 동안 마무리한다고 상상해 보세요. 직장에서의 마지막 주를 어떻게 보내고 싶나요? 당신의 내담자, 동료, 그리고 자신과 어떻게 상호작용하실 건가요? 그것이 당신의 직장에서의 경험을 어떻게 바꿀 수 있을까요? 만약 당신이 매일 직장에서 이와 동일한 질적 특성을 발휘할 수 있다면 어떨까요?
- 다른 직업을 갖거나 업무를 크게 바꾸는 것을 생각할 때, 새로운 맥락에서 자신이 어떻게 행동할 것을 상상하나요? 새로운 동료나 내담자가 당신에게서 어떤 질적 특성을 보기를 이상적으로 바라나요? 지금 당신의 업무에 이러한 질적 특성을 어떻게 적용할 수 있나요?

불만이나 소진이 더 만연한 시기에 당신을 안내하는 데 도움이 되는 가치로 전환하는 것 외에, 동기와 방향에 대한 명확성의 이점을 얻기 위해 매일 근무하는 내내 당신의 가치와 계속 접촉하는 방법을 아는 것도 중요합니다.

하루 종일 가치와 다시 연결하기

치료를 하면서 어렵다고 생각하는 것 중 하나는 제가 원하는 종류의 치료자가 되기 위해 드는 정서적인 투자의 양입니다. 저는 매우 내성적인 사람입니다. 매시간 내담자들과 긴밀하게 연결하는 네 시간을 보내는 것은 어렵고 감정적으로 지칠 수 있습니다. 솔직히 말해서 압도당하고, 부적절하고, 걱정되거나 완전히 소모되었다고 느낄 때가 많습니다. 우리 모두는 때때로 낙담하고, 정서적으로 지치거나 단절되고, 냉담해지고, 좌절감을 느낍니다. 이것들은 모두 고통받는 사람들과 함께 앉아 하루를 보내는 데 따르는 흔하고 이해할 만한 부작용입니다. 이러한 시기 동안 우리는 우리 앞에 닥친 괴로움으로부터 거리를 두려고 노력하면서 '빠져나오고' 싶은 충동을 느낄 수도 있습니다. 또한 치료자들이 자신의 감정을 무시하면서 힘을 내기 위해 단지 '극복하려' 애쓰는 것도 일반적입니다. 하지만 제 경험상, 이러한 전략들은 제가 일의 의미나 생명력과 다시 연결되는 데에는 실제로 아무런 도움이 되지 않았습니다. 그 전략들은 단순히 하루를 버티는 데 도움이 될 수 있지만, 결국에는 제가 직면한 어려움마저도 가치 있는 하루이길 원한다면, 단순히 고통을 최소화하거나 극복하는 것 이상을 해야 합니다. 나의 가치와 이 일에서 내가 가장 원하는 것에 다시 연결해야 합니다.

도구: 회기 전 가치 연습

제게 많은 것을 가르쳐 주신 훌륭한 교수님, 멘토, 슈퍼바이저, 그리고 동료들이 있었던 것이 저에게는 엄청난 행운이었습니다. 하지만 제가 되고 모습의 싶은 치료자가 되는 데 도움이 되는 단 한 가지를 골라야 한다면, 그것은 수업이나 책에서 배운 것이 아닙니다. 이는 제가 매 회기 전에 하는 연습입니다. 저는 슈퍼바이지들에게 치료자로서 제가 하는 가장 중요한 한 가지 일은 매 회기 전에 보내는 2~3분이라고 진심으로 말합니다. 의식ritual을 좋아하는 사람으로서, 저는 전환을 촉진하고 저에게 가장 중요한 것과 다시 연결될 수 있는 매 회기 전에 할 만한 아주 간단한 연습을 원했습니다. 이 과정은 시간이 부족하다면 1분도 걸리지 않으며, 누군가를 만나기 전에 항상 하는 일과의 한 부분으로 만드는 것이 도움이 된다는 것을 알게 되었습니다. 이것에 대한 서면 설명은 http://www.newharbinger.com/43218에서 찾을 수 있으며, 자신의 상황에 맞게 자유롭게 수정할 수 있습니다.

1. 치료 의자에 앉아 눈을 감고, 그동안의 분주함과 준비한 모든 것들이 사라지도록 내버려둡니다. 제가 곧 만날 내담자의 모습을 그려 봅니다. 그들이 문 밖 대기실에 앉아 있는 것을 마음의 눈으로 봅니다.
2. 그런 다음, 그 내담자가 저와 만나기를 기다리고 있는 동안 어떤 기분이 들거나 생각을 하고 있을지 상상해 봅니다. 이번 시간에 내담자에게 중요하고, 그들이 바라는 무언가가 있다는 생각을 곰곰이 해 봅니다.
3. 그러고 나서, 저는 이 사람과 좀 더 큰 의식적 존재이자 우리가 공유하는 인간의 보편성으로 연결되는 시간을 갖습니다. 저는 보통 이 내담자를 돌보는 다른 누군가의 모습을 상상해 봅니다. 그들의 파트너, 자녀, 반려동물, 친구, 또는 그들의 부모일 수도 있습니다. 저는 그 사랑하는 사람이 제 내담자를 바라보는 모습이 어떤지, 그리고 그들이 제 내담자, 즉 그들이 아끼는 이 사람에게 무엇을 바라는지를 그려 보려고 노력합니다.
4. 마지막으로, 저는 현재 순간으로 돌아와서 이 한 사람, 즉 나처럼 생각하고, 느끼고, 괴로움을 겪고, 사랑하고, 사랑받는 이 사람과 함께할 수 있는 한 시간이 있음을 인식합니다. 그런 다음 이렇게 생각해 봅니다. **내게 주어진 이 기회에 나는 앞으로 한 시간 동안 이 사람에게 어떻게 다가가고 싶은가?** 이것은 저에게 있어 가장 중요한 부분입니다. 저는 제가 하고 싶은 것이나, 회기에서 다루고 싶은 특정 계획에 대해 숙고하지 않습니다. 오히려 이 사람과 함께할 때 내가 되고 싶은 사람이 누구인지, 주어진 이 한 시간 동안 내가 어떤 질적 특성을 구현하기로 선택할 것인지에 대해 생각합니다. 한 시간이 끝났을 때 비록 나의 모든 개입이 실패하고 객관적인 '진전'이 거의 없더라도 나

는 이 사람과의 관계에서 어떤 사람이 되고 싶은가? 결과와 상관없이 어떤 것이 이 시간을 가치 있게 만들었는가? 그런 다음, 저는 나가서 내담자를 데려오고 회기를 시작합니다.

제가 인간 대 인간으로 내담자와 연결될 수 있을 때, 그리고 동료인 이 사람과 어떻게 지내고 싶은지에 대한 저의 가치와 연결될 때, 더 활력을 얻고 당면한 치료에 몰입하게 됩니다. 또한 개인적으로 훨씬 더 의미 있고 만족스러운 작업이라는 것도 깨닫게 됩니다. 때때로 저는 회기 전 연습을 내담자들과 공유하기도 합니다. 내담자들은 치료실에 들어오기 전부터 그들과 함께 작업할 때 따르고자 하는 가치를 향해 나아가기 위해 제가 준비하고 있다는 것을 알고 있습니다. 때로는 내담자가 이 방법을 스스로 채택하도록 하기도 합니다. 그들은 대기실에 앉아 자신이 말하고 싶은 것뿐만 아니라, 우리가 함께 작업하기를 바라는 가치에 대해서도 생각합니다. 때때로 우리는 회기 전 연습에서 우리에게 일어난 일을 함께 나누며 각자가 구현하고 싶은 가치를 서로 공유하면서 회기를 시작하기도 합니다. 물론 이러한 방식의 공유는 모든 내담자에게 도움이 되거나 적절하지는 않을 수 있지만, 적절한 맥락에서는 가치 안에서 함께 작업하는 강력한 방법이 될 수 있습니다.

도구: 회기 전 자비 연습

하루 종일 가장 중요한 것과 다시 연결되는 또 다른 방법은 회기 전 자비 연습입니다. 치료 회기 전에 내담자와 치료자 자신에 대한 자비와 공감을 확장하는 행동은 오전 9시에 만나는 내담자부터 오후 6시에 만나는 내담자와의 가치에도 계속 연결될 수 있도록 도와줍니다. 빌라르다가, 레빈 및 헤이즈(Vilardaga, Levin, & Hayes, 2007)가 처음 개발한 공감 연습을 기반으로 한 회기 전 자비 연습은 회기 사이에 사용할 수 있는 빠른 조망 수용perspective taking 연습으로, 업무 시 가장 중요한 것과 다시 연결하는 데 도움이 될 수 있습니다. 이는 앞에서 설명한 회기 전 가치 연습과 여러 면에서 유사하며, 해당 연습과 마찬가지로 이 연습도 몇 분밖에 걸리지 않습니다. 연습에서 질문에 대한 응답을 반드시 할 필요는 없으며, 잠시만 그것에 대해 깊이 생각해 보세요. 눈을 감고 안내하는 연습이 필요하다면 http://www.newharbinger.com/43218에서 오디오 버전의 연습을 사용할 수 있습니다.

이 연습을 하려면, 내담자를 맞으러 대기실로 나가기 전에, 자리에 앉아 당신의 계획을 내려놓고 회기에서 무엇을 할 것인지 고민하는 것을 잠시 멈추세요. 그런 다음 몇 분 동안 다음 사항에 대해 생각해 보세요.

1. 당신이 회기를 위해 밖에서 기다리고 있는 내담자라고 상상해 보세요. 약속을 기다리는 동안 그들은 무엇을 보고, 듣고, 냄새를 맡을까요? 실제로 그들의 관점에서 경험하려고 노력해 보세요. 대기실에 앉아 있는 이 사람이 지금 어떤 생각, 감정, 판단을 하고 있을지 상상해 보세요. 회기를 기다리면서 그들이 느끼고 있을지 모르는 불안이나 두려움에 주목하세요. 회기에 대해 그들이 가질 수 있는 희망이나 갈망을 알아차려 보세요. 비록 그들이 지금 경험하고 있는 것 중 일부가 불편할 수도 있지만, 그들은 여기에 있고 당신과 함께 이 작업을 하기로 선택하고 있음을 주목하세요. 이 작업에는 단순한 위로를 넘어 그들에게 중요한 무엇인가가 있지 않을까요? 그것은 무엇일까요?
2. 이제 내담자, 그들의 문제, 다가오는 회기에 대해 당신이 가지고 있는 감정, 생각 또는 판단을 알아차려 보세요. 내담자의 두려움과 연결될 때 내담자에 대한 당신의 충동, 불안 또는 희망을 알아차려 보세요. 당신이 지금 겪고 있는 경험 중 일부가 불편할 수도 있지만, 잠시 멈추어 당신의 가치를 성찰하는 행동을 통해 자신에게 중요한 것을 향해 한 걸음 나아가고 있다는 사실을 잠시 생각해 보세요. 그게 무엇일까요? 선택할 수 있다면, 이번 시간에 이 내담자와 함께 무엇을 할 것인가요?
3. 만약 지금 이 순간, 이 내담자와의 치료가 끝난 시점으로 시간이 이동한다면, 그동안의 시간을 통해 내담자가 무엇을 얻기를 원하시나요? 이것이 당신이 이 내담자를 만나는 마지막 시간이었다고 상상해 보세요. 당신과의 작업

을 통해 내담자가 얻었으면 하는 가장 중요한 것은 무엇인가요?

4. 이제 주의를 이 방에 있는 당신의 몸으로 가져옵니다. 당신의 몸과 주변의 소리를 알아차려 보세요. 그리고 중요한 무언가를 위해 앞으로의 삶을 함께 나눌 이 사람을 맞이하러 가세요.

가치에 대한 치료자의 자기-개방

당신의 업무와 관련된 가치에 대해 생각해 보았으니, 이제 고려 사항은 당신의 가치를 내담자와 얼마나 공유할 것인가입니다. 이론적 지향과 관계없이, 치료를 효과적으로 만드는지 여부의 상당 부분은 치료자-내담자 관계와 관련이 있습니다(Lambert & Barley, 2001). 우리가 가장 소중히 여기는 가치에 따라 행동하는 것은 그러한 관계에서 진정성을 갖는 데 있어 핵심 부분입니다. 우리의 가치를 내담자와 공유하는 것은, 내담자와 치료자 모두에게 작업에서 강력한 영향을 미칠 수 있습니다.

다양한 이론적 지향은 치료자가 자신에 대해 내담자에게 언제, 얼마나 개방해야 하는지에 대해 서로 다른 입장을 옹호합니다. 내담자에게 얼마나, 왜 자기-개방을 할 것인지를 생각할 때, 관련 문화적 사항을 고려하는 것도 중요합니다. 예를 들어, 일부 문화적 배경을 지닌 내담자에게는 안전한 치료 관계가 확립된 치료 후반에야 치료자의 자기-개방(therapist self-disclosure, 이하 TSD)이 도움 될 수 있습니다(Masuda, 2019). 그러나 일반적인 자료에서는 사회 문화적 배경을 지닌 내담자가 특정 유형의 TSD로부터 유익을 얻는 경향이 있음을 시사합니다(Constantine & Kwan, 2003; Hill, Knox, & Pinto-Coelho, 2018). 실제로 자료에 따르면 TSD가 문화적으로 민감하고 내담자 중심의 방식으로 수행될 때, 자신의 인종 또는 문화적으로 다른 치료자와 함께 작업하는 내담자가 자주 느끼는 인식 격차 중 일부를 메울 수 있는 것으로 알려졌습니다(Burkard, Knox , Groen, Perez, &

Hess, 2006; Constantine & Kwan, 2003). ACT 관점에서 볼 때, 일정량의 TSD는 일반적으로 허용될 수 있을 뿐만 아니라 유능한 ACT의 필수 구성 요소로 간주됩니다. TSD는 ACT 핵심 역량 지침(Luoma et al., 2017, 〈부록 A〉 참조)에도 포함되어 있으며, "치료자는 내담자의 유익을 위해 기꺼이 자기-개방을 합니다."라고 명시되어 있습니다.

하지만 내담자에게 최선의 유익이 무엇인지 어떻게 알 수 있을까요? 문화적 고려 사항(Mahalik, Van Ormer, & Simi, 2000) 외에도 과학적 연구에서는 TSD 측면에서 더 효과적이거나 덜 효과적인 가능성이 있는 것에 대한 몇 가지 지침을 제공합니다(Henretty & Levitt, 2010). 예를 들어, 내담자와 직접 관련된 자기-개방, 즉 내담자에 대한 감정이나 반응을 공유하는 것이, 치료자의 삶에 대한 정보와 같이 내담자와 직접 관련이 없는 자기-개방보다 일반적으로 내담자에게 더 선호된다는 연구 결과가 있습니다(Henretty & Levitt, 2010). 또한 자료에 따르면 개방 내용이 부정적이거나 내담자에게 직접적으로 초점을 맞추지 않는 경우에 비해, 치료자가 긍정적인 반응을 개인적으로 공유한 후에 내담자가 치료로 돌아올 가능성이 더 높다는 것을 보여 줍니다(Watkins & Schneider, 1989).

가치에 대한 TSD와 관련하여, 종종 치료 관련 가치를 내담자에게 직접적으로 설명하는 것이 도움이 됩니다. '치료 관련' 가치[1]란 특정 내담자와의 작업을 구체적으로 안내하고, 그들이 치료실에 함께하는 동안 어떤 방식으로 행동할지를 선택하는 데 있어 중요한 가치를 의미합니다. 대조적으로, 이 내담자와 어떻게 지내고 싶은지에 대한 것이 아닌, 보다 일반적인 개인적 가치에 대한 진술은 좀 더 위험하거나 잠재적으로 문제가 될 수 있습니다. 치료 관련 가치를 공유하는 것은 특정 내담자와 관련하여 어떤 사람이 되고 싶은지를 구체적으로 공유하므로, 내담자에게 긍정적인 반응을 공유하는 것을 수반할 수 있습니다. 이러한 종류의 개방

1) 치료 관련 가치: 공감, 존중, 협력, 개방성, 자기-성찰 등 치료 과정에서 치료사와 내담자에게 중요한 가치를 말한다(역자 주).

은 적절한 시기에 이루어지면 치료 관계를 공고히 하고 치료자의 진정성을 강화할 수 있습니다. 또한, 치료 관련 가치를 명시적으로 선언함으로써 내담자가 참여하도록 권장하는 가치-중심 행동의 모델을 제시하고 있습니다.

여기에서 공유하는 가치들은 반드시 치료와 관련된 가치들이어야 한다는 점을 기억하는 것이 중요합니다. 당신이 치료실 밖에서 내담자에게 중요하다고 여기는 가치와, 내담자가 그들의 삶에서 선택하는 가치가 다를 때도 있을 수 있습니다. 이

비효과적이거나 문제가 되는 치료자의 자기-개방	효과적일 가능성이 높은 치료와 관련된 자기-개방
저는 개인적으로 정직이 중요한 가치라고 생각하기 때문에 자신의 외도에 대해 파트너에게 말해야 한다고 생각합니다. (내담자에게 가치를 강요하거나 설득하려는 시도로 작용할 수 있음)	저는 우리가 함께 하는 일에 깊은 관심을 갖고 있습니다. 우리가 이 모든 고통을 헤쳐 나가는 동안 당신과 함께할 것입니다. (내담자에 대한 가치 관련, 현재에 초점을 맞추고 감정을 드러냄)
저는 모든 생명체에 대한 연민을 소중히 여기기로 선택했고, 그래서 채식주의자가 되었습니다. (치료와 관련이 없거나 내담자 중심이 아닌 가치 공유)	저는 당신이 의미 있는 삶을 살 수 있도록 제가 할 수 있는 모든 것을 하려고 최선을 다해 전념하고 있습니다. 그것이 제가 우리 관계에서 하고 싶은 일입니다. (치료와 관련된 가치가 치료자의 행동을 어떻게 안내하는지 모델링함)
당신의 영적 가치는 어떤가요? 저는 저보다 더 큰 무언가와 연결되는 것에 많은 의미를 두고 있어요. 영성이 당신에게 그다지 중요하지 않다고 말씀하신 것은 알지만, 영성을 더 깊이 생각하고 탐색해 보는 것이 도움이 될 것 같아요. (자신의 개인적 가치를 내담자에게 부과하는 것. 치료적으로 중요하다고 느낀다면, 치료자의 가치를 공유하지 않고 영성에 대한 탐색를 장려할 수 있음)	저는 당신에게 진심으로 관심 갖고 있기 때문에 당신이 이런 식으로 아파하는 것을 보기가 쉽지 않습니다. 저도 당신처럼 이 일에 대해 이야기하는 것에서 벗어나고 싶기도 합니다. 얼마나 고통스러운지 아니까요. 하지만 저는 여기서 당신과 함께하는 용기와 대담함을 가치로 선택했기 때문에 당신의 고통을 외면하지 않을 것입니다. 대신 저는 당신과 당신의 삶이 어떻게 될 것인가에 대한 믿음을 가지고 행동하기로 선택할 것입니다. (치료자와 내담자 사이의 인간의 보편성을 강조하는 치료 관련 가치의 발언)

런 경우에는 이러한 차이점을 치료자 스스로 간직하는 것이 보통 더 안전한 선택입니다. 주된 이유는 의도적이든 아니든 이러한 개방이 치료자의 가치에 부합하는 행동을 하도록 내담자에게 강요하는 역할을 할 수 있기 때문입니다. 이 책에서 여기까지 왔다면 아마도 가치는 자유롭게 선택되어야 하며, 치료자의 강요는 자유로운 선택 감각을 만드는 데 역행한다는 것을 알고 있을 것입니다. 따라서 만약 당신이 이 내담자와의 관계에서 치료자로서의 행동과 관련된 것 이상의 개인적 가치를 개방하고 싶은 유혹을 느낀다면, 먼저 개인적 가치를 개방하려는 동기에 대해 성찰해 보세요. 구체적으로 특정한 삶의 방식이 우월하다는 것을 내담자에게 확신시키고 싶은 것인지, '올바른' 삶의 방식을 가르쳐 주고 싶은지, 간접적으로 내담자를 통제하고 싶은지에 대해 스스로 돌아보기를 권합니다. 또한 TSD와 관련된 이러한 지침에 예외를 두기 전에 동료로부터 자문을 받을 수도 있습니다.

효과적이거나 비효과적일 수 있는 가치와 관련된 자기-개방의 예는 앞 페이지의 표를 참조하기 바랍니다.

당신도 한 사람입니다!

이 책 전체를 통해 당신의 일에서 지침으로 삼고 싶은 가치에 대해 생각해 보셨기를 바랍니다. 내담자들과 어떻게 함께하고 싶은지, 동료들과의 상호작용에 어떤 질적 특성을 가져오고 싶은지 생각해 보았을 것입니다. 또한 하루의 끝에 집으로 돌아왔을 때, 이러한 가치들이 당신이 사랑하는 사람들, 만나는 다른 사람들에게 어떤 영향을 미칠지 생각해 보았을 수도 있습니다. 하지만 당신이 직장에서 가장 많은 시간을 함께 보내는 사람인 당신 자신에 대해서는 어떤가요? 당신의 가치들이 자신과의 관계를 어떻게 인도할 수 있을지 생각해 본 적이 있나요? 다른 사람과의 상호작용에서 발휘하고 싶은 자질들이 자신과의 상호작용에 이상적으로 발휘하고 싶은 질적 특성들과 다른가요? 만약 당신이 친절, 자비, 유머, 개방성과 같은 것들을 가치 있게 선택한다면, 당신은 다른 사람들과의 관계에서뿐만 아니라 자신과도 그러한 가치들을 실천하고 싶은가요? 그렇지 않다면, 당신이 이상적으로 모든 다른 사람들과의 관계에서 대하고 싶은 방식으로부터 자신을 제외시키는 이유는 무엇인가요?

당신은 아마도 제가 '자기-돌봄self-care'의 중요성에 대해 설교하려 한다고 생각할 수 있습니다. 우리 대부분이 수없이 들어왔던 그 이야기 말입니다. 하지만 그렇지 않습니다. 사실 단도직입적으로 말하면, 저는 일반적으로 생각하는 자기-돌봄이라는 개념을 정말 좋아하지 않습니다. 자기-돌봄과 관련하여 제가 문제로 여기는 것은, 그것이 보통 우리가 일생 동안 일반적으로 행동하는 방식과 다소 다른 것으로 묘사된다는 점입니다. 그것은 습관적인 행동이 아니라 예외로 여겨집니다. 일반적으로 이해되는 자기-돌봄은 저희 어머니가 말하는 '디즈니랜드 부모Disneyland parent[2]'라 부르는 것과 유사합니다. '디즈니랜드 부모'는 자녀의 일상생활에 실제로 참여하지 않는 사람입니다. 그들은 큰 경기에 참석할 수는 있지만 아이를 데리고 운동하러 가지는 않습니다. 그들은 아이를 치과에 데려가거나 첫 이별을 겪으면서 울고 있는 아이의 옆에 있는 것과 같은 힘든 상황에는 함께하지 않는 부모입니다. 대신 그들은 1년에 한 번씩 아이들을 디즈니랜드로 데리고 갑니다. 그러면 마치 그것이 자신을 '좋은' 부모로 만들어 줄 수 있는 것처럼 말입니다. 그러나 자녀나 파트너 또는 자신을 돌보는 것은 사실 당신이 하는 크고 예외적인 일에 대한 것이 아닙니다. 우리의 가치는 일상의 순간, 현재 진행 중인 상황에서 우리 자신과 다른 사람을 어떻게 대하는지에 달려 있습니다.

평소 자신을 돌보는 방식에서 시간을 따로 내어 일회성 '자기-돌봄'을 실천하려고 하기보다는, 지속적으로 자신과 상호작용하는 방식에 가치를 사용하는 것을 고려해 보세요. 가치는 간헐적인 자기-돌봄 휴식 시간만으로는 부족할 정도로 일관성과 진실성을 가지고 있습니다. 그러니 수요일 오후 요가 시간을 가지세요. 한

2) 이혼 후 아이들을 일차적으로 양육하지 않고 제한이나 규율 부과 등을 피하면서, 아이들과 함께 하는 제한된 시간에 선물을 주고 특별한 여행에 데려가는 행동 등으로 참여 부족을 만회하려고 시도하는 부모를 일컫는 신조어(역자 주).

달에 한 번 마사지를 받으세요. 남성이나 여성들과 매년 스키 여행을 하세요. 그리고 원한다면 아이들을 디즈니랜드에 데려가세요. 하지만 정말로 자신을 잘 돌보고 싶다면, 일상적으로 자신과 어떻게 상호작용할지에 대해 당신의 가치가 무엇을 말해 줄 수 있는지 생각해 보세요.

도구: 자기-관련 가치 성찰 질문

자신을 돌보는 가치 지향적인 방법에 대한 아이디어를 고려하려면, 다음 질문들에 대한 답변을 적어 보세요.

- 내가 아끼는 다른 사람들을 어떻게 대할 건가요? 그것이 나에게 중요한 가치라면, 나 자신과의 관계를 포함한 나의 모든 관계에서도 이를 구현하기로 선택할 건가요? 이것이 나 자신과의 관계와 내가 나 자신을 대하는 방식의 관점에서 어떻게 보일까요?
- 내가 실패했거나 어떤 식으로든 부족하다고 느낄 때, 자신에게 어떻게 대응하고 싶은지에 대해 나의 가치는 무엇을 말해 주나요? 내담자와 씨름하고 있거나 직장에서 어려움을 겪고 있을 때 이것은 어떤 모습일까요? 나의 실패에 대해 자기-비판이나 다른 처벌로 대응하기보다 가치에 일관된 방식으로 대응하면 어떤 영향을 미칠 수 있을까요?
- 내가 나의 내담자라면 그가 가치를 사용하여 자신을 대할 수 있도록 어떻게 격려하거나 지원할 수 있을까요?
- 나 자신을 대하는 방법에 대한 지침이 되는 가치를 갖고 싶다면, 그것을 어떻게 실천할 수 있을까요? 행동을 시작하고 유지하기 위해 내가 아는 기술을 어떻게 행동으로 옮길 수 있을까요? 취할 수 있는 구체적인 다음 단계는 무엇인가요?

만약 당신이 내담자나 사랑하는 사람을 대하는 것과 같은 방식으로 자신을 대한다면 어떨지 상상해 보세요. 이것은 당신 스스로에게 주는 일회성 '대접'이 아니라, 당신과의 관계를 포함하여 모든 관계에 참여하는 방식입니다. 이것이 당신의 삶과 당신을 포함한 당신이 아끼는 사람들에게 어떤 영향을 미칠 수 있을까요?

핵심 챙김

- 가치는 단지 내담자만을 위한 것이 아닙니다. 가치-중심 치료자가 된다는 것은 가치가 당신의 행동에도 지침이 된다는 것을 의미합니다.
- 가치 명료화만으로는 충분하지 않습니다. 우리는 이것을 하면서 또한 매일 매일 우리에게 가장 중요한 것과 연결될 수 있는 방법이 필요합니다.
- 목표보다 가치를 우선시하세요. 당신이 이루고 싶은 잠재적인 변화들을 고려할 때, 때로는 다른 것을 하려고 노력하기보다, 그것을 다르게 하는 것으로 시작하는 것이 도움 됩니다.
- 하루 종일 자신의 가치와 다시 연결할 수 있는 정기적인 연습, 즉 매 회기 전에 할 수 있는 것을 개발하는 것이 도움이 될 수 있습니다.
- 적절한 시기에 치료와 관련된 가치를 공유함으로써, 가치-중심 행동을 모델링합니다. 그렇게 함으로써 치료 관계도 강화할 수 있습니다.
- 가치를 자기-돌봄의 대안으로 고려해 보세요. 다른 사람들과의 상호작용을 이끄는 가치를 생각할 때, 당신 자신과는 어떻게 상호작용하고 싶은지도 생각해 보세요.

활용 단계

- 이 장에 설명된 지침을 사용하여 이번 주에 내담자와 치료 관련 가치를 공유

하는 연습을 해 보세요. 그 순간에 당신이 가치를 공유하게 된 이유는 무엇이었나요? 그때 내담자와 무슨 일이 일어나고 있었나요? 당신이 한 자기-개방의 의도된 기능은 무엇이었나요? 그것이 얼마나 효과적이었나요?

- 이번 주의 하루를 정하여, 각 치료 회기 전에 '회기 전 가치 연습'이나 '회기 전 자비 연습'을 해 보세요. 그 결과를 추적하세요.
- 자기-관련 가치를 삶에 어떻게 통합할 수 있는지 계획을 세우고 시도해 보세요!

마무리 단계

이제 이 책을 마쳤으니, 다음 두 가지 작업을 통해 학습 내용을 종합하고 여기에서 시작한 작업을 계속해 나갈 방법에 대한 계획을 세우기를 권해 드립니다.

1. **가치기반 심리치료를 위한 자기-평가**를 다시 작성합니다(〈부록 A〉 참조). 제1장을 읽을 때 작성한 것과 지금 작성한 것 사이에 차이가 있나요? 당신이 취하고 싶은 다음 단계에 대해 무엇을 알 수 있나요?
2. **가치에 기반한 행동 계획**을 작성하고(〈부록 B〉), 가치가 치료(그리고 자신의 삶)를 안내하는 이 작업을 계속하기 위한 다음 단계에 초점을 맞춥니다.

맺음말

마지막으로, 마무리되는 이 순간에 잠시 멈추어 보시기 바랍니다. 당신이 이 책을 읽는 데 얼마나 많은 시간과 노력을 기울였는지, 그리고 그 노력이 어떤 도움이 되었는지 알아차려 보세요. 이 책을 쓰면서 가치에 대한 저의 열정을 공유할 수 있게 된 것은 정말 큰 기쁨이자 특권이었습니다. 이 책이 당신 자신과 당신이 치료하는 사람들 모두에게 유용하기를 진심으로 바랍니다.

부록 A
가치-기반 심리치료를 위한 자기-평가

다음은 내담자와 진행하는 가치 작업에 대해 스스로에게 물어볼 몇 가지 질문입니다.					
1. 그렇지 않다	2. 거의 그렇지 않다	3. 다소 그렇다	4. 대체로 그렇다	5. 매우 그렇다	? 모르겠다

지식과 도구 세트		평정
1	나는 내담자가 자신의 가치를 탐색하고 명확하게 표현하도록 돕는 데 능숙하다.	
2	나는 가치 개입 및 실천을 안내하는 이론에 대한 확고한 이해를 가지고 있다.	
3	나는 내담자와의 작업에서 다양한 가치-중심적인 도구/연습/개입을 활용한다.	
4	나는 내담자가 가치에 일치하는 생활을 더 많이 실천할 수 있도록 회기 외 연습/과제를 활용한다.	
5	나는 내담자가 자신의 가치와 연결될 수 있는 경험을 치료 회기에서 촉진한다.	
일반적인 가치-기반 심리치료의 실제		
6	나는 내담자와 가치를 명시적으로 드러나게 논의한다.	
7	나의 정보 동의 과정에는 가치가 포함된다.	
8	내담자의 가치는 우리의 치료 계획에 대한 정보를 제공한다.	
9	가치는 나의 사례개념화의 중요한 부분이다.	
10	나의 치료 개입의 궁극적인 목적은 내담자가 가치에 따라 살도록 돕는 것이다.	

지식과 도구 세트		평정
내담자의 가치에 대한 수용과 알아차림		
11	나는 보통 내담자가 무엇을 가치 있게 여기고 선택할지를 알고 있다.	
12	나는 보통 내담자에게 고통의 완화 및 경감 이상으로 그들에게 진정으로 중요한 것이 무엇인지 알고 있다.	
13	나는 종종 내담자의 고통의 시기에 내담자를 동기부여하기 위해 그들의 가치를 사용한다.	
14	나는 내담자의 가치와 일치하는 행동을 지속할 수 있도록 강화하려고 노력한다.	
15	나는 나와 다른 가치를 선택하는 내담자와 효과적으로 작업할 수 있다.	
치료자의 가치		
16	나는 치료 작업에서 내가 가장 중요하게 여기는 가치와 연결되어 있다.	
17	나의 가치는 내담자와의 상호작용 방식에 영향을 미친다.	
18	나는 치료와 관련된 나의 가치를 내담자와 명확히 공유한다.	
19	나는 치료 작업에서 힘든 시기에 동기부여를 도와주는 나의 가치와 연결할 수 있다.	
20	내담자는 나와 함께하는 치료 작업에서 내가 중요하게 여기는 것이 무엇인지 알고 있다. (즉, 내가 무엇을 가치 있게 여기는지 알고 있다).	
개인적 강점		
21	내담자와의 가치 작업에서 내가 발휘하는 몇 가지 특별한 강점과 기술을 아래에 적어 보세요.	

지식과 도구 세트	
개인적 성장 영역	
22	나의 가치 작업에서 성장하고 싶은 영역을 적어 보세요.
잠재적인 장애물	
23	내가 하는 작업에 가치를 담기 위해 노력하면서 겪는 어려운 생각과 감정들을 적어 보세요. (예: “내가 뭘 하고 있는지 모르겠어”, “내담자들이 이해하지 못할 거야”, “불안해”, “무능하다고 느껴져” 등)
24	위와 같은 잠재적인 장애물이 발생할 경우, 내가 선택하고자 하는 대응 방안을 적어 보세요. (이러한 상황에서 자신에게 어떻게 대하고 싶은지 포함하세요.)

부록 B
가치에 기반한 행동 계획

1. 이 책을 통해 작업하면서 내가 배운 가장 중요하거나 의미 있는 것은 무엇입니까?

2. 이것은 내가 어떤 것을 가치로 선택하고 싶은지에 대해 무엇을 말해 주나요?

3. 어떻게 하면 가치를 실행으로 옮길 수 있을까요? (예: 시도해 보기, 응용하기, 자세히 배우기, 연습하기 등)

4. 내가 선택하고자 하는 가치를 향해 나아가는 데 방향을 잡아 주는 달성 가능한 한 가지 구체적인 목표는 무엇입니까?

5. 가치와 관련된 이 목표를 향해 내가 할 수 있는 다음 단계의 가장 작은 행동은 무엇인가요?

6. 그 첫 단계를 밟을 날짜, 요일, 시간은 언제입니까?

7. 내가 가치를 실천하기 위해 이 단계를 밟으려 할 때, 기꺼이 받아들이고자 하는 생각, 감정, 감각, 충동은 무엇인가요?

생각:
감정:
감각:
충동:

8. 이러한 생각, 감정, 감각, 또는 충동을 마주할 때, 나의 가치에 비추어 어떻게 반응하기를 선택하겠습니까? 이러한 어려운 생각, 감정, 감각, 또는 충동을 경험할 때 나 자신을 어떻게 대하고 싶나요?

참고문헌

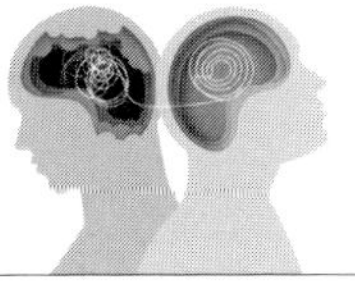

Arch, J. J., & Craske, M. G. (2008). Acceptance and commitment therapy and cognitive behavioral therapy for anxiety disorders: Different treatments, similar mechanisms? *Clinical Psychology: Science and Practice, 15*(4), 263-279.

Arch, J. J., Eifert, G. H., Davies, C., Vilardaga, J. C. P., Rose, R. D., & Craske, M. G. (2012). Randomized clinical trial of cognitive behavioral therapy (CBT) versus acceptance and commitment therapy (ACT) for mixed anxiety disorders. *Journal of Consulting and Clinical Psychology*, *80*(5), 750-765.

Banaji, M. R. (1999, October). *Unconscious isms: Examples from racism, sexism, and ageism*. Paper presented at The Way Women Lean Conference, New Haven, CT.

Bastian, B. (2018). *The other side of happiness: Embracing a more fearless approach to living*. London, UK: Penguin UK.

Bastian, B., Jetten, J., & Ferris, L. J. (2014). Pain as social glue: Shared pain increases cooperation. *Psychological Science, 25*(11), 2079-2085.

Bastian, B., Jetten, J., Hornsey, M. J., & Leknes, S. (2014). The positive consequences of pain: A biopsychosocial approach. *Personality and Social Psychology Review, 18*(3), 256-279.

Bell, K., Salmon, A., Bowers, M., Bell, J., & McCullough, L. (2010). Smoking, stigma and tobacco "denormalization": Further reflections on the use of stigma as a public health tool. A commentary on Social Science & Medicine's Stigma, Prejudice, Discrimination and Health Special Issue (67: 3). *Social Science & Medicine, 70*(6), 795-799.

Blackledge, J., & Ciarrochi, J. (2006). *Social values survey*. Unpublished manuscript, University of Wollongong, Wollongong, Australia.

Blackledge, J. T., Ciarrochi, J., & Bailey, A. (2006). *Personal Values Questionnaire*. Unpublished manuscript, University of Wollongong, Wollongong, Australia.

Boduroglu, A., Yoon, C., Luo, T., & Park, D. C. (2006). Age-related stereotypes: A comparison of American and Chinese cultures. *Gerontology, 52*(5), 324-333.

Bramwell, K., & Richardson, T. (2018). Improvements in depression and mental health after acceptance and commitment therapy are related to changes in defusion and values-based action. *Journal of Contemporary Psychotherapy, 48*(1), 9-14.

Brinkborg, H., Michanek, J., Hesser, H., & Berglund, G. (2011). Acceptance and commitment therapy for the treatment of stress among social workers: A randomized controlled trial. *Behaviour Research and Therapy, 49*(6-7), 389-398.

Brown, B. (2012). Brené Brown: Listening to shame [Video file]. Retrieved from https://www.ted.com/talks/brene_brown_listening_to_shame/up-next.

Brown, B. B., Eicher, S. A., & Petrie, S. (1986). The importance of peer group ("crowd") affiliation in adolescence. *Journal of Adolescence, 9*(1), 73-96.

Burkard, A. W., Knox, S., Groen, M., Perez, M., & Hess, S. A. (2006). European American therapist self-disclosure in cross-cultural counseling. *Journal of Counseling Psychology, 53*(1), 15-25.

Burnett, W., & Evans, D. J. (2016). *Designing your life: How to build a well-lived, joyful life*. New York: Knopf Publishing.

Cameron, A. Y., Reed, K. P., & Gaudiano, B. A. (2014). Addressing treatment motivation in borderline personality disorder: Rationale for incorporating values-based exercises into dialectical behavior therapy. *Journal of Contemporary Psychotherapy, 44*(2), 109-116.

Casas, F., Figuer, C., González, M., & Malo, S. (2007). The values adolescents aspire to, their well-being and the values parents aspire to for their children. *Social Indicators Research, 84*(3), 271-290.

Chapin, H. (1988). My grandfather. On *The gold medal collection* [CD]. New York: Elektra Records.

Chapman, A. L., Gratz, K. L., & Brown, M. Z. (2006). Solving the puzzle of deliberate self-harm: The experiential avoidance model. *Behaviour Research and Therapy, 44*(3), 371-394.

Chawla, N., & Ostafin, B. (2007). Experiential avoidance as a functional dimensional approach to psychopathology: An empirical review. *Journal of Clinical Psychology, 63*(9), 871-890.

Cherry, K. E., Brigman, S., Lyon, B. A., Blanchard, B., Walker, E. J., & Smitherman, E. A. (2016). Self-reported ageism across the lifespan: Role of aging knowledge. *The International Journal of Aging and Human Development, 83*(4), 366-380.

Christie, A. M., Atkins, P. W., & Donald, J. N. (2017). The meaning and doing of mindfulness: The role of values in the link between mindfulness and well-being. *Mindfulness, 8*(2), 368-378.

Ciarrochi, J., Blackledge, J. T., & Heaven, P. (2006, July). *Initial validation of the social values survey and personal values questionnaire*. Paper presented at the Second World Conference on ACT, RFT, and Contextual Behavioral Science, London, England.

Constantine, M. G., & Kwan, K. L. K. (2003). Cross-cultural considerations of therapist self-disclosure. *Journal of Clinical Psychology, 59*(5), 581-588.

Cooper, B. (2016). Intersectionality. In L. Disch & M. Hawkesworth (Eds.), *The Oxford handbook of feminist theory* (pp. 385-406). New York: Oxford University Press.

Crenshaw, K. (1989). Demarginalizing the intersection of race and sex: A black feminist critique of antidiscrimination doctrine, feminist theory and antiracist politics. *University of Chicago Legal Forum*, 139-167.

Creswell, J. D., Welch, W. T., Taylor, S. E., Sherman, D. K., Gruenewald, T. L., & Mann, T. (2005). Affirmation of personal values buffers neuroendocrine and psychological stress responses. *Psychological Science, 16*(11), 846-851.

Dahl, J., Lundgren, T., Plumb, J., & Stewart, I. (2009). *The art and science of valuing in psychotherapy: Helping clients discover, explore, and commit to valued action using acceptance and commitment therapy*. Oakland, CA: New Harbinger Publications.

Dahl, J., Wilson, K., Luciano, C., & Hayes, S. C. (2005). *ACT for chronic pain*. Oakland, CA: Context Press.

Davison, T. E., Eppingstall, B., Runci, S., & O'Connor, D. W. (2017). A pilot trial of acceptance and commitment therapy for symptoms of depression and anxiety in older adults residing in long-term care facilities. *Aging & Mental Health, 21*(7), 766-773.

Duarte, C., Stubbs, J., Pinto-Gouveia, J., Matos, M., Gale, C., Morris, L., & Gilbert, P. (2017). The impact of self-criticism and self-reassurance on weight-related affect and well-being in participants of a commercial weight management programme. *Obesity Facts, 10*(2), 65-75.

Durant, W. (1961). *The story of philosophy.* New York: Simon and Schuster.

Durso, G. R., Luttrell, A., & Way, B. M. (2015). Over-the-counter relief from pains and pleasures alike: Acetaminophen blunts evaluation sensitivity to both negative and positive stimuli. *Psychological Science, 26*(6), 750-758.

Falk, E. B., O'Donnell, M. B., Cascio, C. N., Tinney, F., Kang, Y., Lieberman, M. D., ... & Strecher, V. J. (2015). Self-affirmation alters the brain's response to health messages and subsequent behavior change. *Proceedings of the National Academy of Sciences, 112*(7), 1977-1982.

Felce, D. (1997). Defining and applying the concept of quality of life. *Journal of Intellectual Disability Research, 41*(2), 126-135.

Follette, V., Heffner, M., & Pearson, A. (2010). *Acceptance and commitment therapy for body image dissatisfaction: A practitioner's guide to using mindfulness, acceptance, and values-based behavior change strategies*. Oakland, CA: New Harbinger Publications.

Forman, E. M., Butryn, M. L., Hoffman, K. L., & Herbert, J. D. (2009). An open trial of an acceptance-based behavioral intervention for weight loss. *Cognitive and Behavioral Practice, 16*(2), 223-235.

Forsyth, J. P., & Forsyth, J. R. (2015, October). *The sphere-a-flex model.* Paper presented at Acceptance and Commitment Therapy: A Practical Introduction in Clinical Practice, Portland, OR.

Forsyth, J. P., Parker, J. D., & Finlay, C. G. (2003). Anxiety sensitivity, controllability, and experiential avoidance and their relation to drug of choice and addiction severity in a residential sample of substance-abusing veterans. *Addictive*

Behaviors, 28(5), 851-870.

Frankl, V. E. (1946/1984). *Man's search for meaning: Revised and updated.* New York: Washington Square.

Gardner, W. L., Gabriel, S., & Lee, A. Y. (1999). "I" value freedom, but "we" value relationships: Self-construal priming mirrors cultural differences in judgment. *Psychological Science, 10*(4), 321-326.

Gibran, K. (1995). *The prophet.* New York: Knopf Publishing.

Gilbert, P. (2010). *Compassion focused therapy: Distinctive features.* London, UK: Routledge Press.

Gloster, A. T., Klotsche, J., Ciarrochi, J., Eifert, G., Sonntag, R., Wittchen, H. U., & Hoyer, J. (2017). Increasing valued behaviors precedes reduction in suffering: Findings from a randomized controlled trial using ACT. *Behaviour Research and Therapy, 91*, 64-71.

Goodall, J. (n.d.). Retrieved from http://team.janegoodall.org/site/PageServer?pagename=ieatmeatless_pledge.

Greenberg, L. S. (2015). *Emotion-focused therapy: Coaching clients to work through their feelings* (2nd ed.). Washington, DC: American Psychological Association.

Gregg, J. A., Callaghan, G. M., Hayes, S. C., & Glenn-Lawson, J. L. (2007). Improving diabetes self-management through acceptance, mindfulness, and values: A randomized controlled trial. *Journal of Consulting and Clinical Psychology, 75*(2), 336-334.

Grumet, R., & Fitzpatrick, M. (2016). A case for integrating values clarification work into cognitive behavioral therapy for social anxiety disorder. *Journal of Psychotherapy Integration, 26*(1), 11-21.

Hadjistavropoulos, T., Craig, K. D., Duck, S., Cano, A., Goubert, L., Jackson, P. L., Mogil, J. S., Rainville, P., Sullivan, M. J., Williams, A. C., & Vervoort, T. (2011). A biopsychosocial formulation of pain communication. *Psychological Bulletin, 137*(6), 910-939.

Halliburton, A. E., & Cooper, L. D. (2015). Applications and adaptations of acceptance and commitment therapy (ACT) for adolescents. *Journal of Contextual Behavioral Science, 4*(1), 1-11.

Harper, S. K., Webb, T. L., & Rayner, K. (2013). The effectiveness of mindfulness-based interventions for supporting people with intellectual disabilities: A narrative review. *Behavior Modification, 37*(3), 431-453.

Harris, R. (2009). *ACT made simple*. Oakland, CA: New Harbinger Publications.

Hayes, L. L., & Ciarrochi, J. V. (2015). *The thriving adolescent: Using acceptance and commitment therapy and positive psychology to help teens manage emotions, achieve goals, and build connection*. Oakland, CA: New Harbinger Publications.

Hayes, S. C. (2005). *Get out of your mind and into your life: The new acceptance and commitment therapy*. Oakland, CA: New Harbinger Publications.

Hayes, S. C., Barnes-Holmes, D., & Roche, B. (Eds.). (2001). *Relational frame theory: A Post-Skinnerian account of human language and cognition*. New York: Plenum Press.

Hayes, S. C., Bissett, R., Roget, N., Padilla, M., Kohlenberg, B. S., Fisher, G., … & Niccolls, R. (2004). The impact of acceptance and commitment training and multicultural training on the stigmatizing attitudes and professional burnout of substance abuse counselors. *Behavior Therapy, 35*(4), 821-835.

Hayes, S. C., Pistorello, J., & Levin, M. E. (2012). Acceptance and commitment therapy as a unified model of behavior change. *The Counseling Psychologist, 40*(7), 976-1002.

Hayes, S. C., Strosahl, K. D., & Wilson, K. G. (2012). *Acceptance and commitment therapy: The process and practice of mindful change* (2nd ed.). New York: Guilford Press.

Hayes, S. C., Strosahl, K., Wilson, K. G., Bissett, R. T., Pistorello, J., Toarmino, D., ... & McCurry, S. M. (2004). Measuring experiential avoidance: A preliminary test of a working model. *The Psychological Record, 54*(4), 553-578.

Henretty, J. R., & Levitt, H. M. (2010). The role of therapist self-disclosure in psychotherapy: A qualitative review. *Clinical Psychology Review, 30*(1), 63-77.

Hill, C. E., Knox, S., & Pinto-Coelho, K. G. (2018). Therapist self-disclosure and immediacy: A qualitative meta-analysis. *Psychotherapy, 55*(4), 445-460.

Hinds, E., Jones, L. B., Gau, J. M., Forrester, K. K., & Biglan, A. (2015). Teacher distress and the role of experiential avoidance. *Psychology in the Schools, 52*(3),

284–297.

Holmes, J. (1996). *Attachment, intimacy, autonomy: Using attachment theory in adult psychotherapy*. Northvale, NJ: Jason Aronson.

hooks, b. (1992). Agent of change: An interview with bell hooks (H. Tworkov, Interviewer). *Tricycle: The Buddhist Review, 2*(1), 48–57.

Howe-Martin, L. S., Murrell, A. R., & Guarnaccia, C. A. (2012). Repetitive nonsuicidal self-injury as experiential avoidance among a community sample of adolescents. *Journal of Clinical Psychology, 68*(7), 809–829.

Iyengar, S. S., & Lepper, M. R. (1999). Rethinking the value of choice: A cultural perspective on intrinsic motivation. *Journal of Personality and Social Psychology, 76*(3), 349–366.

Janoff-Bulman, R. (1992). *Shattered assumptions: Towards a new psychology of trauma*. New York: Free Press.

Joseph, S., Linley, P. A., & Harris, G. J. (2004). Understanding positive change following trauma and adversity: Structural clarification. *Journal of Loss and Trauma, 10*(1), 83–96.

Katz, B. A., Catane, S., & Yovel, I. (2016). Pushed by symptoms, pulled by values: Promotion goals increase motivation in therapeutic tasks. *Behavior Therapy, 47*(2), 239–247.

Koder, D. A., & Ferguson, S. J. (1998). The status of geropsychology in Australia: Exploring why Australian psychologists are not working with elderly clients. *Australian Psychologist, 33*(2), 96–100.

Kohlenberg, R. J., & Tsai, M. (1991). *Functional analytic psychotherapy: Creating intense and curative therapeutic relationships*. New York: Springer Publishing.

Labelle, L. E., Campbell, T. S., & Carlson, L. E. (2010). Mindfulness-based stress reduction in oncology: Evaluating mindfulness and rumination as mediators of change in depressive symptoms. *Mindfulness, 1*(1), 28–40.

Lambert, M. J., & Barley, D. E. (2001). Research summary on the therapeutic relationship and psychotherapy outcome. *Psychotherapy: Theory, Research, Practice, Training, 38*(4), 357–361.

Levy, B. R., Hausdorff, J. M., Hencke, R., & Wei, J. Y. (2000). Reducing cardiovascular stress with positive self-stereotypes of aging. *The Journals of Gerontology Series B: Psychological Sciences and Social Sciences*, *55*(4), pp. 205-213.

Lewis, C. S. (1960). *The four loves.* New York: Harcourt.

Lindsley, O. R. (1968). *Training parents and teachers to precisely manage children's behavior.* Paper presented at the C. S. Mott Foundation Children's Health Center, Flint, MI.

Liu, W. S., Liu, N. K., & Elliott, R. (2010). Ouch!-a logotherapeutic discourse of butch and tattooed in China. *Journal of Consumer Behaviour, 9*(4), 293-302.

Lundgren, A. T., Dahl, J., Melin, L., & Kees, B. (2006). Evaluation of acceptance and commitment therapy for drug refractory epilepsy: A randomized controlled trial in South Africa. *Epilepsia, 47*(12), 2173-2179.

Lundgren, T., Luoma, J. B., Dahl, J., Strosahl, K., & Melin, L. (2012). The bull's-eye values survey: A psychometric evaluation. *Cognitive and Behavioral Practice, 19*(4), 518-526.

Luoma, J. B., Hayes, S. C., & Walser, R. D. (2017). *Learning ACT: An acceptance & commitment therapy skills-training manual for therapists* (2nd ed.). Oakland, CA: New Harbinger Publications.

Macrae, C. N., Bodenhausen, G. V., Milne, A. B., & Jetten, J. (1994). Out of mind but back in sight: Stereotypes on the rebound. *Journal of Personality and Social Psychology, 67*(5), 808-817.

Mahalik, J. R., Van Ormer, E. A., & Simi, N. L. (2000). Ethical issues in using self-disclosure in feminist therapy. In M. M. Brabeck (Ed.), *Psychology of women book series. Practicing feminist ethics in psychology* (pp. 189-201). Washington, DC: American Psychological Association.

Markus, H. R., & Kitayama, S. (2010). Cultures and selves: A cycle of mutual constitution. *Perspectives on Psychological Science*, *5*(4), 420-430.

Masuda, A. (accepted for publication). Adapting acceptance and commitment therapy to diverse cultures. In M. E. Levin, M. P. Twohig, & J. Krafft (Eds.), *Innovation in ACT* (tentative title). Oakland, CA: Context Press/New Harbinger Publications.

Masuda, A. (Ed.). (2014). *Mindfulness and acceptance in multicultural competency: A contextual approach to sociocultural diversity in theory and practice.* Oakland,

CA: Context Press.

May, R. (1975). *The courage to create.* New York: W. W. Norton & Co.

McCall, L. (2005). The complexity of intersectionality. *Signs: Journal of Women in Culture and Society, 30*(3), 1771-1800.

McCracken, L. M., & Yang, S. Y. (2006). The role of values in a contextual cognitive-behavioral approach to chronic pain. *Pain, 123*(1-2), 137-145.

McHugh, L., & Stewart, I. (2012). *The self and perspective taking: Contributions and applications from modern behavioral science.* Oakland, CA: New Harbinger Publications.

Mellick, W., Vanwoerden, S., & Sharp, C. (2017). Experiential avoidance in the vulnerability to depression among adolescent females. *Journal of Affective Disorders, 208*, 497-502.

Miller, M. B., Meier, E., Lombardi, N., Leavens, E. L., Grant, D. M., & Leffingwell, T. R. (2016). The Valued Living Questionnaire for Alcohol Use: Measuring value-behavior discrepancy in college student drinking. *Psychological Assessment, 28*(9), 1051-1060.

Milton, J. (2007). *Paradise lost.* London: Pearson Education.

Miselli, G., Cavagnola, R., Leoni, M., & Corti, S. (2017, June). Altering the value of reinforcers: Values conversations for intellectual disabilities. In G. Miselli (Chair), *Working with values and values-consistent behavior.* Symposium conducted at the meeting of the Association for Contextual Behavioral Science, Seville, Spain.

Moran, D. J., Bach, P. A., & Batten, S. J. (2018). *Committed action in practice: A clinician's guide to assessing, planning, and supporting change in your client.* Oakland, CA: New Harbinger Publications.

Morse, G., Salyers, M. P., Rollins, A. L., Monroe-DeVita, M., & Pfahler, C. (2012). Burnout in mental health services: A review of the problem and its remediation. *Administration and Policy in Mental Health and Mental Health Services Research, 39*(5), 341-352.

Nagayama Hall, G. C., Hong, J. J., Zane, N. W., & Meyer, O. L. (2011). Culturally competent treatments for Asian Americans: The relevance of mindfulness and acceptance-based psychotherapies. *Clinical Psychology: Science and Practice,*

18(3), 215-231.

Neacsiu, A. D., Lungu, A., Harned, M. S., Rizvi, S. L., & Linehan, M. M. (2014). Impact of dialectical behavior therapy versus community treatment by experts on emotional experience, expression, and acceptance in borderline personality disorder. *Behaviour Research and Therapy*, *53*, 47-54.

Neff, K. D., & Germer, C. K. (2013). A pilot study and randomized controlled trial of the mindful self-compassion program. *Journal of Clinical Psychology*, *69*(1), 28-44.

Nesse, R. M. (1991). What good is feeling bad? The evolutionary benefits of psychic pain. *The Sciences, 31*(6), 30-37.

Newman, L. S., Caldwall, T. L., Chamberlin, B., & Griffin, T. (2005). Thought suppression, projection, and the development of stereotypes. *Basic and Applied Social Psychology, 27*(3), 259-266.

North, M. S., & Fiske, S. T. (2013). Act your (old) age: Prescriptive, ageist biases over succession, consumption, and identity. *Personality and Social Psychology Bulletin, 39*(6), 720-734.

O'Connor, M., Tennyson, A., Timmons, M., & McHugh, L. (2019). The development and preliminary psychometric properties of the Values Wheel. *Journal of Contextual Behavioral Science 12*, 39-46.

Oliver, M. (2017, June). *Working with ACT with people with intellectual disabilities: Lessons learned and areas for development.* Paper presented at the Association for Contextual Behavioral Science, Seville, Spain.

Osbon, D. K. (Ed.). (1995). *A Joseph Campbell companion: Reflections on the art of living*. New York: Harper Perennial.

Owen, J. (2018). Introduction to special issue: Cultural processes in psychotherapy. *Psychotherapy, 55*(1), 1-2.

Oxford Dictionary. Morals. (n.d.). Retrieved from https://en.oxforddictionaries.com/definition/moral.

Páez-Blarrina, M., Luciano, C., Gutiérrez-Martínez, O., Valdivia, S., Ortega, J., & Rodríguez-Valverde, M. (2008). The role of values with personal examples in altering the functions of pain: Comparison between acceptance-based and cognitive-control-based protocols. *Behaviour Research and Therapy, 46*(1), 84-97.

Pielech, M., Bailey, R. W., McEntee, M. L., Ashworth, J., Levell, J., Sowden, G., & Vowles, K. E. (2016). Preliminary evaluation of the Values Tracker: A two-item measure of engagement in valued activities in those with chronic pain. *Behavior Modification, 40*(1-2), 239-256.

Polk, K. (2014). The Psychological Flexibility Warm-Up. In K. L. Polk & B. Schoendorff (Eds.), *The ACT matrix: A new approach to building psychological flexibility across settings and populations*. Oakland, CA: New Harbinger Publications.

Porges, S. W. (2003). Social engagement and attachment. *Annals of the New York Academy of Sciences, 1008*(1), 31-47.

Powers, T. A., Koestner, R., Zuroff, D. C., Milyavskaya, M., & Gorin, A. A. (2011). The effects of self-criticism and self-oriented perfectionism on goal pursuit. *Personality and Social Psychology Bulletin, 37*(7), 964-975.

Quayle, E., Vaughan, M., & Taylor, M. (2006). Sex offenders, internet child abuse images and emotional avoidance: The importance of values. *Aggression and Violent Behavior, 11*(1), 1-11.

Roberts, S. L., & Sedley, B. (2016). Acceptance and commitment therapy with older adults: Rationale and case study of an 89-year-old with depression and generalized anxiety disorder. *Clinical Case Studies, 15*(1), 53-67.

Rogers, C. R. (1961). *On becoming a person*. Boston: Houghton Mifflin.

Rupp, D. E., Vodanovich, S. J., & Credé, M. (2006). Age bias in the workplace: The impact of ageism and causal attributions. *Journal of Applied Social Psychology, 36*(6), 1337-1364.

Schaie, K. W., & Willis, S. L. (2000). A stage theory model of adult cognitive development revisited. In B. Rubinstein, M. Moss, & M. Kleban (Eds.), *The many dimensions of aging: Essays in honor of M. Powell Lawton* (pp. 175-193). New York: Springer.

Sheldon, K. M., & Elliot, A. J. (1999). Goal striving, need satisfaction, and longitudinal well-being: The Self-Concordance Model. *Journal of Personality and Social Psychology*, *76*(3), 482-497.

Skinta, M., & Curtin, A. (Eds.). (2016). *Mindfulness and acceptance for gender and sexual minorities: A clinician's guide to fostering compassion, connection, and equality using contextual strategies.* Oakland, CA: New Harbinger Publications.

Spinhoven, P., Drost, J., de Rooij, M., van Hemert, A. M., & Penninx, B. W. (2014). A longitudinal study of experiential avoidance in emotional disorders. *Behavior Therapy, 45*(6), 840-850.

Stattin, H., & Kerr, M. (2001). Adolescents' values matter. In J.-E. Nurmi (Ed.), *Navigating through adolescence: European perspectives* (pp. 21-58). London, UK: Routledge.

Stoddard, J. A., & Afari, N. (2014). *The big book of ACT metaphors: A practitioner's guide to experiential exercises and metaphors in acceptance and commitment therapy.* Oakland, CA: New Harbinger Publications.

Sue, D. W., Sue, D., Neville, H. A., & Smith, L. (2019). *Counseling the culturally diverse: Theory and* practice (8th ed.). Hoboken, NJ: Wiley & Sons.

Thompson, B. L., Luoma, J. B., & LeJeune, J. T. (2013). Using acceptance and commitment therapy to guide exposure-based interventions for posttraumatic stress disorder. *Journal of Contemporary Psychotherapy, 43*(3), 133-140.

Tull, M. T., Gratz, K. L., Salters, K., & Roemer, L. (2004). The role of experiential avoidance in posttraumatic stress symptoms and symptoms of depression, anxiety, and somatization. *The Journal of Nervous and Mental Disease, 192*(11), 754-761.

Twohig, M. P. (2009). Acceptance and commitment therapy for treatment-resistant post-traumatic stress disorder: A case study. *Cognitive and Behavioral Practice, 16*(3), 243-252.

Törneke, N. (2010). *Learning RFT: An introduction to relational frame theory and its clinical application.* Oakland, CA: New Harbinger Publications.

Vilardaga, R., Levin, M., & Hayes, S. C. (2007, November). A comprehensive review of perspective taking procedures in the psychological literature. In R. Vilardaga (chair), *A psychological analysis of perspective taking: Research and applications informed by relational frame theory*. Symposium presented at the 41st Annual Convention of the Association for Behavioral and Cognitive Therapies, Philadelphia, PA.

Vilardaga, R., Luoma, J. B., Hayes, S. C., Pistorello, J., Levin, M. E., Hildebrandt, M. J., Kohlenberg, B., Roget, N. A., & Bond, F. (2011). Burnout among the addiction counseling workforce: The differential roles of mindfulness and values-based processes and work-site factors. *Journal of Substance Abuse Treatment, 40*(4), 323-335.

Villatte, J. L., Vilardaga, R., Villatte, M., Vilardaga, J. C. P., Atkins, D. C., & Hayes, S. C. (2016). Acceptance and commitment therapy modules: Differential impact on treatment processes and outcomes. *Behaviour Research and Therapy, 77*, 52-61.

Villatte, M., Villatte, J. L., & Hayes, S. C. (2015). *Mastering the clinical conversation: Language as intervention*. New York: Guilford Press.

Vowles, K. E., & McCracken, L. M. (2008). Acceptance and values-based action in chronic pain: A study of treatment effectiveness and process. *Journal of Consulting and Clinical Psychology, 76*(3), 397-407.

Watkins Jr, C. E., & Schneider, L. J. (1989). Self-involving versus self-disclosing counselor statements during an initial interview. *Journal of Counseling & Development, 67*(6), 345-349.

Wilson, D. S. (2015). *Does altruism exist?: Culture, genes, and the welfare of others*. New Haven, CT: Yale University Press.

Wilson, K. G., & DuFrene, T. (2009). *Mindfulness for two: An acceptance and commitment therapy approach to mindfulness in psychotherapy*. Oakland, CA: New Harbinger Publications.

Wilson, K. G., & Sandoz, E. K. (2008). Mindfulness, values, and the therapeutic relationship in acceptance and commitment therapy. In S. Hick & T. Bien (Eds.), *Mindfulness and the therapeutic relationship* (pp. 89-106). New York, NY: Guildford Press.

Wilson, K., Sandoz, E. K., Flynn, M. K., Slater, R. M., & DuFrene, T. (2010). Understanding, assessing, and treating values processes in mindfulness-and acceptance-based therapies. In R. A. Baer (Ed.), *Assessing mindfulness and acceptance processes in clients: Illuminating the theory and practice of change* (pp. 77-106). Oakland, CA: New Harbinger Publications.

Wong, P. T. (1997). Meaning-centered counseling: A cognitive-behavioral approach to logotherapy. *The International Forum for Logotherapy, 20*, 85-94.

Woods, D. W., Wetterneck, C. T., & Flessner, C. A. (2006). A controlled evaluation of acceptance and commitment therapy plus habit reversal for trichotillomania. *Behaviour Research and Therapy*, *44*(5), 639-656.

Yun, R. J., & Lachman, M. E. (2006). Perceptions of aging in two cultures: Korean and American views on old age. *Journal of Cross-Cultural Gerontology, 21*(1-2), 55-70.

연습 목록

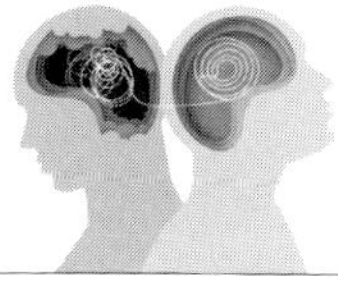

메타포 목록

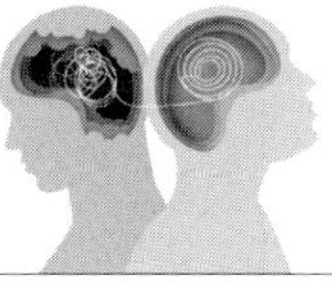

찾아보기

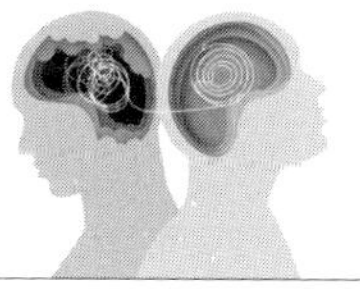

인명

내용

저자 소개

제나 르준(Jenna LeJeune)

임상심리학자로 오리건주 포틀랜드에 있는 포틀랜드 심리치료 클리닉, 연구 및 훈련 센터의 공동 창립자이자 대표이다. 임상심리학자로서 사람들이 괴로움 속에서도 의미와 목적을 가지고 살아가도록 돕는 데 관심이 있다. 그녀는 친밀감과 성 문제를 포함하여 트라우마와 관련된 관계 어려움을 겪는 내담자들의 치료를 전문으로 한다. 또한, ACT 동료 평가자이자 전 세계의 전문가들을 위한 ACT 트레이너로 활동하고 있다.

제이슨 B. 루오마(Jason B. Luoma)

임상심리학자로 오리건주 포틀랜드에 있는 포틀랜드 심리치료 클리닉, 연구 및 훈련 센터의 공동 창립자이자 감독자이다. 이 센터는 사업 수익을 과학 연구 자금으로 사용하는 사회적 기업 모델에 기반한 연구 및 교육 클리닉으로, 그는 소규모의 임상 실습을 유지하고 있다. 그의 연구는 수치심, 자기-비판, 감정이 대인관계에 미치는 영향에 초점을 맞추고 있으며, ACT 동료 평가자이자 ACT 트레이너이며 맥락행동과학회(ACBS)의 전임 회장이다.

역자 소개

–심리학자 송승훈(Song, Seunghoon)
한국인지행동치료학회 CBT전문가, 수련감독자
한국심리학회 공인 상담 및 임상심리전문가, 수련감독자
보건복지부 공인 정신건강임상심리사 1급
마음사랑의 집, 수용전념치료 익스턴 과정 1기
자유ON 심리상담센터/ACT인지행동치료연구소 대표
ACT인지행동치료연구회 회장, ACT트레이너
이메일: actcure@hanmail.net

–심리학자 한송이(Han, Songyi)
한국인지행동치료학회 CBT전문가, 수련감독자
한국심리학회 공인 건강 및 상담심리전문가, 수련감독자
보건복지부 공인 임상심리사 1급
마음사랑의 집, 수용전념치료 익스턴 과정 1기
ACT인지행동치료연구회

–심리학자 류은영(Ryu, Eunyeong)
한국심리학회 공인 임상심리전문가, 수련감독자
보건복지부 공인 정신건강임상심리사 1급
마음사랑의 집, 수용전념치료 익스턴 과정 1기
ACT인지행동치료연구회

–심리학자 김명지(Kim, Myungji)
한국심리학회 공인 임상심리전문가, 수련감독자
보건복지부 공인 정신건강임상심리사 1급
ACT 인지행동치료연구소, 수용전념치료 익스턴 과정 1기
ACT인지행동치료연구회

–심리학자 김민정(Kim, Minjeong)
한국심리학회 공인 건강심리전문가
보건복지부 공인 정신건강임상심리사 1급
ACT인지행동치료연구소, 수용전념치료 익스턴 과정 1기
ACT인지행동치료연구회

–심리학자 진시영(Jin, Siyoung)
교육부 공인 전문상담교사
한국심리학회 및 한국인지행동치료학회 정회원
ACT인지행동치료연구소, 수용전념치료 익스턴 과정 1기
ACT인지행동치료연구회

♣ ACT인지행동치료연구회
ACTA(Acceptance commitment & Cognitive behavioral Therapy Association)는 인지행동치료 우산 아래 수용전념치료, 마음챙김, 과정 기반 심리치료를 공부하고 상담 및 임상에 적용하며 연구하는 국내의 심리치료자 모임이다. 역서로는 『우울과 수치심의 수용전념치료』, 『트라우마 초점 심리치료 ACT』, 『수용전념치료 매트릭스와 유연한 프레임』, 『아동 청소년을 위한 수용전념치료』 등이 있다.
이메일: actinst@hanmail.net

가치 기반 수용전념치료
가치를 효과적으로 다루는 심리치료 ACT

Values in Therapy

A Clinician's Guide to Helping Clients Explore Values, Increase Psychological Flexibility, and Live a More Meaningful Life

2025년 4월 3일 1판 1쇄 인쇄
2025년 4월 10일 1판 1쇄 발행

지은이 • Jenna LeJeune · Jason B. Luoma
옮긴이 • ACT인지행동치료연구회
송승훈 · 한송이 · 류은영 · 김명지 · 김민정 · 진시영
펴낸이 • 김진환
펴낸곳 • (주)학지사
04031 서울특별시 마포구 양화로 15길 20 마인드월드빌딩
대표전화 • 02-330-5114 팩스 • 02-324-2345
등록번호 • 제313-2006-000265호

홈페이지 • http://www.hakjisa.co.kr
인스타그램 • https://www.instagram.com/hakjisabook

ISBN 978-89-997-3382-6 93180

정가 24,000원

역자와의 협약으로 인지는 생략합니다.
파본은 구입처에서 교환해 드립니다.